제2판

네오 에듀케이션

시대정신에 부합하는 교육학 창조

신창호

박영story

제2판 머리말

　네오에듀케이션 1판이 나온 지 4년이 조금 지났다. 2019년 8월에 초판이 나왔으니, 2020년 초반부터 시작된 코로나 팬데믹이 거의 겹치는 시기에 학생들과 함께 했다. 힘겨운 시간이었다. 교육에서 유례를 찾아보기 힘든 양상들이 등장했다. '대면' 수업이냐? '비대면' 수업이냐? '동영상 녹화' 강의냐? '실시간 화상' 강의냐? 등등, 첨단과학기술문명과 더불어 역동성을 더하는 거대한 전환이 교육으로 파고들었다. 그것은 인간 사회 전체를 새로운 카오스(Chaos)의 시공으로 삼키는, 삶의 대전환이었다.

　텍스트와 이미지, 오디오와 영상, 검색 엔진과 데이터, 광고와 마케팅, 콘텐츠와 미디어, 금융과 회계, 법률, 디자인 등 사회를 이끌어가는 수많은 영역에서 다양한 분석이 진행되고 있고, 이들은 교육에 막대한 영향을 미치고 있다. 이게 뭐지? 단순하게 변화(變化: change)라는 말로 해소하기에는 너무나 거대한 물결이다.

　인간의 '수명(壽命)'과 첨단과학(尖端科學)의 두 영역에 관한 현재의 분석을 언급하면서 고심(苦心: 高深)해 본다. 이런 변화 앞에서 '교육'은 무엇이어야 할까? 어떤 물결을 타고 가야 할까?

　인간의 수명? 젊고 오래 사는 시대가 온다. 인류는 머지않아 30대의 몸으로 150세 이상 살게 된다. 인간이 원하든 원하지 않든 그렇게 된다. 노화(老化)와 장수(長壽)에 관한 인식이 전혀 새로운 단계로 접어들었다. 상당수의 전문가들이 인간의 수명이 파격적으로 연장되고 거의 모든 인류가 장수하는 시대가 온다고 입을 모은다. 인류가 단순히 죽지 않고 오래 사는 상황이 아니라, 노화 자체를 예방하고, 멈추게 만들고, 역전시켜, 젊음을 유지한 채 오래 사는 상태가 온다는 의미다. 150세나 200세까지 살게 된다면, 인생은 어떠해야 하는가? 전통적으로 교육을 인생의 원형적 현상으로 정돈하곤 했는데, 이런 시대의 교육은 무엇으로 존재할 수 있을까?

거기에 더해지는 첨단우주과학 기술문명? 인공지능(AI), 그것도 생성형 인공 지능의 문제가 교육에서 뜨거운 논쟁거리다. 특히, 챗 지피티(Chat GPT: Generative Pre-Trained Transformer)가 문제다. 챗 지피티로 만든 교육의 양상은 스스로 학습하고 사고하여 펼쳐낸 결과물이 아니다. 타인이 대신 만들어준 것과 다름없다. 물론 생성형 인공 지능을 교육혁신의 도구로 활용할 수는 있다. 교육의 방식 자체를 전환시킬 수도 있다. 이미 이런 기술을 활용한 교육콘텐츠가 다양하게 출시되고 있다. 이런 첨단 기술 문명의 진보가 인류의 교육을 담보하는가?

이런 상황을 앞에 두고, 교육학 원론에 해당하는 전통 방식의 교재를 다시 출간 한다는 것이 매우 엄중하게 느껴졌다. 그래도 학생들에게 교육(학)에 관한 관점과 교육을 마주하는 자세를 소통해야 하는 것이 교육자의 임무 아니던가! 균형 잡힌 시각과 비판적 태도, 시대를 선도할 수 있는 진보적 자세를 가질 수 있기를 소망하 며, 초판에 없던 내용을 상당 부분 보완했다.

기본적으로 초판의 체제를 유지하되, 초판에 없던 동양의 전통 교육, 평생교육 (성인교육), 교사에 관한 내용 등을 집중적으로 추가하였다. 또한 매 강의마다 논의를 보다 활성화하기 위해 논쟁의 양식을 바꾸었다. 초판에서 제시했던 '강(講)−습(習)− 토(討)−론(論)'의 양식은 학생들에게 상당히 긍정적인 평가를 받았다. 전통 수업에서 경험하지 못했던 새롭고 의미 있는 방식으로서 고등교육의 참 맛을 보는데 도움이 되었다는 것이다. 이에, 이를 단순화하고 명확한 형식으로 전환하여, 매주 수업에서 활성화를 기하도록 고민했다. 교육을 이해하고 응용하는 학생들의 성장과 진보가 이루어지기를 소망할 뿐이다. 마지막으로 개정판을 제안해준 박영스토리 노현 대표 와 편집을 맡아 고생해 준 배근하 선생에게 감사의 인사를 전한다.

2024. 2.

신창호

　대학의 교직과정이나 교육학 전공 학생들에게 <교육학개론> 강의를 한 지 20여 년이 훨씬 넘었다. 그러나 21세기에 들어서면서 강의 내용에 대해 조금씩 회의가 들기 시작했다. 이유를 별도로 설명할 필요도 없다. 시대상황의 변화 때문이었다. 스마트폰을 비롯한 첨단과학기술 문명은 전통 교육학을 거의 해체하는 수준으로 만들어 버렸다. 그렇다고 전통 교육학의 내용 자체가 잘못된 것은 결코 아니다. 거기에는 여전히 동서고금의 교육사상가들이 강조한 사유가 보석처럼 빛나고 있다. 그 교육학 이론은 앞으로도 참고해야 할 학문적 텍스트이고, 콘텐츠이다.

　문제는 교육학 지식을 마주하는 학생들과의 소통이었다. '이때－여기'에서 교육학개론은 무엇인가? 어떻게 '과거－현재－미래'를 유기적으로 연결하며, 교육 이론의 전통을 빚어내야 하는가? 기존 교육학 지식의 상당수는 다양한 형태로 이미 인터넷상에 공개되어 있다. 그 동일한 내용을 그대로 강의한다면, 강의는 재미없다. 재미의 문제가 아니라 현대적 의미가 희석된다.

　5~6년 전쯤부터 나는 심사숙고했다. 어떤 강의가 시대정신에 부합할까? 학생들의 탐구·연구 능력을 고취할 수 있을까?

　거기서 내린 결단이 두 가지이다. 하나는 학생들에게 동료들과 더불어 하는 학습 상황을 제공하는 일이고, 다른 하나는 학생들이 자문자답(自問自答)하여 자신의 학문을 성숙하게 가꾸어 갈 수 있도록 유도하는 일이었다.

　나는 학생들의 자발성과 자율성을 믿고 실제 수업에서 모험을 감행했다. 학생들은 이런 강의를 대단히 낯설어 했다. 무엇보다도 교수자로서 일방적 강의를 철저히 배제하는 대신 필요한 경우에만 강의했다. 개인이 미리 학습하고 동료 학생들과 논쟁 토론할 수 있도록 배려했고, 스스로 질문을 신중하게 만들고 깊이 생각하여 답변할 수 있는 분위기를 만들었다. 학생들의 학습량은 일방적인 강의의 서너 배를 능가하는 것으로 판단되었다. 거기에서 나는 학생들이 스스로 탐구하고 자신의 학문을 만들어 갈 수 있는 가능성을 보았다.

이 워크북 형식의 책은, 그 결과를 반영하여 재 정돈한 것이다. <참고문헌>에 밝혀 놓았지만, 그동안 출간했던 <교육학개론> 관련 서적(『교육학개설』(2005), 『교육이란 무엇인가』(2012), 『한국교육 무엇을 고민해야 하는가』(2017/2018) 등)의 내용 가운데서 발췌하여, 논의와 자문자답에 맞추어 주제를 도출했다. 선학들의 논거는 기존에 출간한 책에 구체적으로 인용되어 있으므로, 이 책의 본문에서는 편의상 별도로 논거를 제시하지 않았다. 전통적인 내용의 일부를 간략하게 파악하되, 무게 중심은 학생들 스스로 창조해내는 새로운 교육학이다. 그것을 '네오－에듀케이션(Neo-Education)'으로 이름 붙여 보았다.

이 책 한 권으로 교육학개론을 완결 지을 수는 없다. 하지만 한 학기 동안, 학생들이 자신의 동료들과 함께 주요 문제를 논의하고 자문자답하면서, 시대정신에 부합할 수 있는 교육학 이론을 고민한다면, 그에 상응하는 교육학 지식과 지혜를 빚어낼 수 있다고 판단한다.

혁명적으로 변하는 시대에 생산적인 교육학 이론의 혁신을 갈망하며, 시대정신을 고려한 교육학개론을 빚을 준비를 해 본다. 바쁜 와중에도 출판을 맡아준 박영스토리 노현 대표님과 편집을 도맡아 고생해 준 배근하 선생에게 고마운 마음을 전한다.

2019. 8.

신창호

책의 구성과 활용 방법

이 책은 매주 강의별로 2개의 핵심 주제가 제시되어 있다. <주제1>과 <주제2>이다. 두 주제를 이어 그것을 보완하거나 보충 설명을 하는 <보론>을 붙였다. <보론>의 끝에는 <논의>를 덧붙여 한 주의 내용을 최종 정돈할 수 있도록 배치하였다. 그리고 뒷부분에는 <읽기 자료>를 제시하여 동서양의 고전에 나타난 교육이나 교육사상의 특징들을 검토할 수 있도록 하였다.

다시 정돈하면, <주제 제시> – <보론> – <논의> – <읽기자료>의 4단계로 자율적으로 탐구할 수 있도록 구성하였다.

- 1단계: 핵심 <주제> 제시
- 2단계: <보론> 비평
- 3단계: <논의> 정돈
- 4단계: <읽기 자료>

1단계 핵심 <주제> 제시

제1단계 <주제1> <주제2>는 매주 탐구할 핵심 내용이다. 학생들은 자율적으로 사전에 스스로 자료를 점검하고, 사회 변화를 염두에 두고 요약 정돈하여 수렴하며 독해한다.

2단계   <보론> 비평

제2단계의 <보론>은 1단계의 내용을 간략하게 확산하여 제시한 것이다. 모든 <보론>의 말미에는 <비평>란을 제시해 놓았는데, 이는 <보론>으로 제시한 내용에 대해, 비판적 시각으로 논평하도록 안배한 것이다. 비판적 시각은 ①긍정[찬성], ②부정[반대], ③우회로[시대정신을 고려한 제3의 길] 등을 자발적으로 반영하는 작업이다.

3단계   <논의> 정돈

제3단계의 <논의>는 1단계 및 2단계에서의 '요약 정돈'과 '논평'을 바탕으로 '논쟁적 토론'을 종합적으로 소화하여, 한 주의 강의를 마무리하는 학습이다. 그 과정은 기본적으로 '① 자기 주장 → ② 타자 비판 → ③ 배려와 협력적 논의 → ④ 합의 도출과 전망'으로 진행한다.

① 자기 주장: 1단계와 2단계에서 요약 정돈하고 논평한 내용을 자신의 목소리로 독해하여 의견으로 제시한다.
② 타자 비판: 타자(조별)와의 논의 과정에서 '비판적 시각'의 차이를 명확하게 확인하여 정돈한다.
③ 배려와 협력적 논의: 자기 주장과 타자 비판 사이에 찬성과 반대, 또 다른 의견을 확인하고, 공감할 수 있는 다양한 방식을 배려와 협력의 관점에서 비평한다.
④ 합의 도출과 전망: ①-②-③의 과정을 통해 논의한 내용을 바탕으로, 각 주제에 관한 합의점을 도출하고 자기 관점에서 교육의 비전을 정리한다.

제4단계의 읽기 자료는 학습자가 자율적으로 자신의 교양 수준을 높이는 데 활용한다.

Contents 차 례

제1강

교육의 근거

주제 1) 대한민국 교육의 근거 - 「대한민국헌법」 제31조

교육은 무엇을 기준으로 이루어져야 하는가? 특히, 대한민국 국민은 어떤 근거를 통해 교육에 임하는가? 서구 근대 사회 이후 민주주의 혁명과 산업의 혁신적 발달을 바탕으로 하는 경제 체제의 변화는 어떤 교육을 요청하는가? 교육의 이론과 실천을 이해하기에 앞서, 그것을 확인하는 작업은 매우 중요하다. 왜냐하면 인간의 생활을 구현하기 위한 기준이나 지침이 있듯이, 교육도 구체적 준거에 의해 실천되기 때문이다.

대한민국 교육을 이해하기 위해서는 가장 먼저 '대한민국(大韓民國, Republic of Korea)'이라는 국가 체제의 특성을 인지해야 한다. 대한민국은 약칭 '한국(韓國)'이라고도 하고, 한반도의 남쪽에 위치하고 있어 '남한(南韓, South Korea)'이라고도 한다. 이 국체(國體)를 담보하는 근본법이자 기본법이 「대한민국헌법」이다.

현재의 「대한민국헌법」은 1987년 10월 29일에 개정되었다. 그 제1장(총강) 제1조에는 "① 대한민국은 민주공화국이다. ② 대한민국의 주권은 국민에게 있고, 모든 권력은 국민으로부터 나온다."라고 규정하였고, 그 이하 「헌법」 조문에서 '교육'과 관련한 권리와 의무를 다양하게 제시하고 있다.

「헌법」 제31조에는 교육과 관련한 권리와 의무에 대해 구체적으로 6개 조항을 두고 있다.

> ① 모든 국민은 능력에 따라 균등하게 교육을 받을 권리를 가진다.
> ② 모든 국민은 그 보호하는 자녀에게 적어도 초등교육과 법률이 정하는 교육을 받게 할 의무를 진다.
> ③ 의무교육은 무상으로 한다.
> ④ 교육의 자주성·전문성·정치적 중립성 및 대학의 자율성은 법률이 정하는 바에 의하여 보장된다.
> ⑤ 국가는 평생교육을 진흥하여야 한다.

⑥ 학교교육 및 평생교육을 포함한 교육제도와 그 운영, 교육재정 및 교원의 지위
   에 관한 기본적인 사항은 법률로 정한다.

각 항에 내포되어 있는 실제적 의미는 다음과 같이 구체적으로 설명할 수 있다.

제1항 "모든 국민은 능력에 따라 균등하게 교육을 받을 권리를 가진다."

이 조항은 '교육의 기회균등'에 대해 명시적으로 규정하고 있다. 교육의 기회균등은 모든 국민이 예외 없이 똑같은, 즉 동일한 교육을 받아야 한다는 것을 의미하지는 않는다. 하지만 '취학의 기회균등'은 반드시 보장되어야 한다. 취학의 기회균등은 '능력에 따라' 보장될 수 있다. 이때의 능력은 학생의 수학 능력만을 의미한다. 따라서 수학 능력 이외에 재산, 성별, 종교, 출신 지역, 사상 등의 요소가 취학의 기회균등을 방해해서는 안 된다.

제2항 "모든 국민은 그 보호하는 자녀에게 적어도 초등교육과 법률이 정하는 교육을 받게 할 의무를 진다."

이 조항은 부모와 보호자가 자녀에게 초등교육과 법률이 정한 교육을 받게 할 의무를 부여하고 있다.

제3항 "의무교육은 무상으로 한다."

이는 의무교육에 관한 조항이다. 의무교육은 무상으로 해야 한다는 국가의 의무를 규정하고 있다. 현재 우리나라의 무상교육 범위는 지방자치정부의 규정이나 특별한 상황에 따라 약간의 차이는 있으나 일반적으로는 중학교까지 한정되어 있다. 하지만, 국가는 가능한 한 넓은 범위와 높은 단계까지 의무 무상교육을 실시하고, 경제적 이유에 의하여 진학을 방해하지 않도록 장학 정책 등을 시행하여야 한다. 그것이 교육에 대한 국가의 의무이므로, 이 조항은 그런 사안까지 포함하는 개념이다.

제4항 "교육의 자주성·전문성·정치적 중립성 및 대학의 자율성은 법률이 정하

는 바에 의하여 보장된다.”

이 조항은 교육의 목적 달성이 교육의 자주성, 전문성, 정치적 중립성에 기반을 두어야 하고, 고등교육기관이자 전문성을 추구하는 학교기관인 대학은 '대학의 자치' 등 자율성을 보장받아야 한다는 규정이다. 이는 「헌법」 제22조의 '학문의 자유'와 밀접한 연관을 이루고 있다. 학문의 자유를 구현하기 위해서는 학문 연구의 자유, 학술 활동의 자유, 학문 기관의 자유 등이 보장되어야 하는데, 이 조항은 이 가운데 학문 기관의 자유와 긴밀히 연계되어 있다. 대학의 자유는 학문 연구 기관으로서 대학의 운영에 관한 모든 사항을 외부의 간섭 없이 자율적으로 결정할 수 있을 때, 그 실효성을 기대할 수 있다. 때문에 '대학의 자치'가 그 본질이 된다. 이러한 대학의 자치는 외부의 부당한 간섭이나 견제를 줄이되, 외부의 지원이나 적절한 견제는 받아들이며, 대학 본연의 임무에 충실할 수 있는 내용과 형식의 안전판을 만드는 데 있다.

제5항 "국가는 평생교육을 진흥하여야 한다."

이 조항은 시대 변화에 따라 평생교육과 평생학습의 필요성이 제기되면서, 국가가 평생교육을 진흥해야 한다는 의지의 천명이다. 이에 따라 우리 국민은 다양한 형태의 평생교육을 제공받고 있다. 각급 지방자치정부는 평생학습관이나 시민대학 등을 설치하고, 각종 평생교육 프로그램을 마련하여 지역 주민들에게 적극적으로 평생학습의 기회를 제공하고 있는 실정이다.

제6항 "학교교육 및 평생교육을 포함한 교육제도와 그 운영, 교육재정 및 교원의 지위에 관한 기본적인 사항은 법률로 정한다."

이 조항은 교육에 관한 모든 사항을 법률로 정한다는 '교육 법치주의'의 선언이다. 학교교육의 경우, 유아교육법, 초등교육법, 중등교육법, 고등교육법 등급별로 법률이 마련되어 있고, 평생교육의 경우 평생교육법을 제정하여 적용하고 있다.

주제 2) 대한민국 교육의 근거 - 「교육기본법」

대한민국은 「헌법」 제31조 6항에서 명시하였듯이, 교육에 관한 사항을 법률로 규정하였다. 그것은 「교육기본법」에 잘 담겨 있다. 「교육기본법」은 '교육에 관한 국민의 권리와 의무, 국가 및 지방자치정부의 책임을 정하고, 교육제도와 그 운영에 대한 기본적 사항'을 규정하고 있다.

교육과 관련하여, 모든 국민은 「헌법」이 명시하고 있는 규정과 「교육기본법」이 정하는 바에 따라 교육받을 권리와 의무를 가진다. 즉 모든 국민은 평생에 걸쳐 학습하고, 능력과 적성에 따라 교육받을 권리로서 '학습권'을 갖고 있다. 교육의 기회는 성별, 종교, 신념, 인종, 사회적 신분, 경제적 지위 또는 신체적 조건 등을 이유로 교육에서 차별받지 아니하게, 모든 국민에게 균등하게 제공되어야 한다.

이러한 권리를 보장하기 위해 국가와 지방자치정부는 국민이 평등하게 교육받을 수 있도록, 지역 간의 교원 수급을 비롯하여 행정적·재정적 시책을 마련하여 시행해야 한다. 특히, 국가와 지방자치정부는 국가가 설립한 국립학교나 지방자치정부가 설립한 공립학교만을 대상으로 하는 교육을 고려해서는 안 된다. 왜냐하면 국민의 교육권을 보장하기 위해서는 설립 주체와 무관하게 국민이 재학 중인 모든 학교를 대상으로 해야 하기 때문이다. 이에 대해 「교육기본법」은 제25조에서 '사립학교의 육성'에 관한 조항을 두고 있다. 이는 '국가와 지방자치정부는 사립학교를 지원·육성하여야 하며, 사립학교의 다양하고 특성 있는 설립목적이 존중되도록 하여야 한다.'고 규정하고 있다.

뿐만 아니라 사립학교의 특수성에 비추어 그 자주성을 확보하고 공공성을 앙양함으로써 사립학교의 건전한 발달을 도모하기 위해 별도로 「사립학교법」을 제정하여 운용하고 있다. 「사립학교법」은 사립학교의 자주성을 확보하는 동시에 사립학교에 대한 국가와 지방자치정부의 적절한 개입을 통해 사립학교의 공공성을 앙양하고 건전한 발달을 도모하기 위한 것이다. 따라서 사립학교의 경우에도

국·공립학교와 동일하게 「헌법」과 <법률>에 의한 공교육 체제에서 교육이 진행된다. 중요한 것은 사립학교의 설립취지와 특성을 고려하여 사립학교의 자주성을 보장하는 동시에 국민의 교육받을 권리도 보장하는, 공공성을 가미한 구조를 갖추게 한 점이다.

\<보론\>

01

　「헌법」상 '교육을 받을 권리'는 다른 기본권의 예와 같이 '교육의 권리', '교육권'이라 하지 않고, '교육을 받을 권리'로 규정하고 있다. 하지만 이러한 표현에 구속되지 않고, '노동기본권'이라는 표현과 같은 맥락에서 '교육기본권' 또는 '교육권'으로 이해할 수도 있다.

[비평]

02

　'교육기본권'은 '학습권'과 '교육권'을 포괄하는 상위개념으로 구체적 관련당사자들의 권리·의무 관계를 명확히 제시할 기준으로서의 의미를 가질 수 있다. 따라서 종래의 역사적 과정에서 '교육에 관한 권리의 총칭'으로 사용되었던 것과 같은 넓은 의미의 교육권과 구별하여, 좁은 의미의 교육권은 '국민의 교육기본권을 실현하기 위해 각 주체(관련 당사자)가 가질 수 있는 개별·구체적 권리 또는 권한'을 뜻할 수 있다.

[비평]

03

　교육을 받을 권리에서 설명하는 '교육을 할 자유[교육을 시킬 자유]', 즉 '교육의 자유'도 개별적 기본권으로서 교육의 권리와 자유에서 종합적으로 고려할 수 있다. 좁은 의미의 '수학권(修學權)'에서, 넓은 의미의 '교육기회제공청구권'까지 포괄하는 교육의 자유와 권리의 정립이 가능하다.

[비평]

04

　넓은 의미의 교육을 받을 권리는 개개인이 능력에 따라 균등하게 교육을 받을 수 있는 '수학권'뿐만 아니라 학부모가 그 보호하에 있는 자녀에게 적절한 교육의 기회를 제공하도록 요구할 수 있는 '교육기회제공청구권'까지 포괄한다. 그러나 좁은 의미에서 교육을 받을 권리는 교육받을 일을 국가로부터 방해받지 않음은 물론 교육을 받을 수 있도록 국가가 적극적으로 배려하여 주도록 요구하는 권리[수학권]를 말한다.

[비평]

05

교육을 받을 권리는 다음과 같은 차원에서 헌법이 추구하는 사회국가, 복지국가의 이념을 실현하는 의의와 기능을 가진다.

첫째, 교육을 통해 개인의 잠재적 능력을 계발시켜줌으로써 인간다운 문화생활과 직업생활을 할 수 있는 기초를 마련한다.

둘째, 문화적이고 지적인 사회풍토를 조성하고 문화 창조의 바탕을 마련함으로써 헌법이 추구하는 문화국가를 촉진한다.

셋째, 합리적이고 계속적인 교육을 통해 민주주의가 필요로 하는 민주시민의 윤리적 생활철학을 어렸을 때부터 습성화시킴으로서 헌법이 추구하는 민주주의의 토착화에 이바지한다.

넷째, 능력에 따른 균등한 교육을 통해 직업생활과 경제생활의 영역에서 실질적인 평등을 실현한다.

┌─────┐
│ 비평 │
└─────┘

06

학교교육 및 평생교육을 포함한 교육제도와 그 운영, 교육재정 및 교원의 지위에 관한 기본적 사항은 법률로 정한다. 입법자는 국민들의 요청과 시대적 상황 등을 고려하여 최적의 교육기반을 조성함에 광범위한 재량을 가진다. '교육제도법정주의(教育制度法定主義)'에 따라 교육기본법을 비롯한 각종 교육관련 법률들이 제정되어 있다.

특히, 학교교육의 중요성에 비추어 교육에 관한 기본정책 또는 기본방침 등 교육의 기본사항을 국민의 대표기관인 국회가 직접 입법절차를 거쳐 제정한 형식적 의미의 법률로 규정하게 하여, 국민의 교육 받을 권리가 행정기관에 의해 자의적으로 무시되거나 침해당하지 않도록 하고, 교육의 자주성과 중립성을 유지해야 한다.

[비평]

<논의>

① 자기 주장

② 타자 비판:

→

③ 배려와 협력적 논의:

↓

④ 합의 도출과 전망:

제2강

'교육'의 동양적 개념

주제 1) 한국어[한글]에서 '가르치다'와 '기르다'의 뜻

교육(敎育, Education)에 해당하는 한국어, 즉 한글은 '가르치고 기르다'이다. 현재 우리가 사용하고 있는 '가르치다'라는 말은 옛날 한글로는 'ᄀᆞᄅᆞ치다'였다. 'ᄀᆞᄅᆞ치다'는 그 의미가 상당히 융·복합적이다. 대표적인 말이 '가르치다'와 '가리키다'라는, 유사하면서도 변별성을 갖는 이중적 의미로 드러난다. '가르치다'는 교수자가 학습자를 '가르치다'라고 할 때 주로 쓰는 표현이고, '가리키다'는 어떤 대상을 구체적으로 지시하거나 지적할 때 사용하는 용어이다.

'ᄀᆞᄅᆞ치다'라는 말을 보다 세밀하게 분석하면, 'ᄀᆞᄅᆞ'와 '치다'가 합해서 이루어져 있다.

먼저, 'ᄀᆞᄅᆞ'라는 말을 분석해보면, 여기에도 융·복합적 의미가 담보되어 있다.

첫째, 'ᄀᆞᄅᆞ'는 '가로대' 또는 '가라사대'를 뜻한다. 『논어(論語)』나 『맹자(孟子)』에서 '공자왈(孔子曰)', '맹자왈(孟子曰)'이라 하고, 『성경(Bible)』에서 '예수 가라사대(Jesus said)'라고 할 때의 '가로 왈[曰]'이나 '가라사대'와 같은 말이다. 이는 '이르다', 또는 '말하다'의 의미로 쓰였다. 따라서 'ᄀᆞᄅᆞ치다'의 앞 부분인 'ᄀᆞᄅᆞ'는 인간의 언표(言表)와 직접적으로 연관된다. 그것이 확장되어, 말을 통해 '교훈을 주다', '소통하다' 등의 여러 의미를 파생시켰다.

둘째, 'ᄀᆞᄅᆞ'는 '갈다'라는 뜻으로 사용되기도 한다. '갈다'라는 말 또한 매우 복합적 의미가 어우러져 있다. 일상생활에 몸을 수련하거나 학문을 연마할 때, 흔히 '갈고 닦는다'라고 한다. 이때의 '갈고'가 '갈다'이다. 또한 '낡은 것을 새 것으로 바꾸다'라고 할 때 '갈아 치운다'고 하는데, 여기에서 '갈아'가 다름 아닌 '갈다'이다. 나아가 무디어진 칼이나 송곳을 '숫돌에 문질러서 날이 서게 하다', 곡식을 '맷돌로 갈아서 가루를 만들다', 때가 묻은 물건을 '갈아 문질러 광채 나게 하다', 곡식의 씨앗을 심기 위해 '논밭의 흙을 갈아 뒤집다' 등 일상에서 '갈다'라는 말은 다양하게 사용된다. 이처럼 '갈다'라는 용어는 '노력하다', '애쓰다', '준비하다', '새롭게 만들다' 등 상황에 따라 개념을 확장한다.

셋째, '가르다'는 말 그대로 '가르는 행위'를 뜻한다. 위/아래, 앞/뒤, 왼쪽/오른쪽, 여기/저기, 이쪽/저쪽, 내 편/네 편 등, 상대를 두고 나누고 가르듯이, 이것과 저것의 '차이'나 '다름'을 알리는 언표이다. 인간은 수시로 선(善)과 악(惡)을 가르고, 바른 일과 그른 일을 가리며 행동한다. 이른바, '시비선악(是非善惡)'을 판단한다. 따라서 '가르다'는 A와 B를 '분리'하거나 '분별'하며, 여러 가지 가운데 특정한 것을 '선택'하는 문제와 관련된다.

다음으로 'ᄀᄅ'에 덧붙인 '치다'의 의미이다.

'치다'라는 말도 'ᄀᄅ' 만큼이나 융·복합적 의미를 지니고 있다. 사람을 일깨워 줄 때, 회초리로 살짝 건드려주는 행위가 '치다'의 대표적인 의미이고, 스님들이 선방(禪房)에서 죽비(竹篦)를 '치다'라고 할 때도 '치다'이다. 또한 정원에 있는 나무를 정돈하며 가꿀 때, 가지를 자르는 것을 '가지를 치다'라고 한다. 뿐만 아니라, 양(羊)을 기르는 목동(牧童)에 대해 '양치기'라고 말하듯이, '가축을 기르는 일'을 '가축을 치다'라고 한다.

이런 측면에서 이해하면, '치다'라는 용어는 사람을 일깨워주고, 식물을 가꾸며, 동물을 기르는 일과 관계된다. 사람의 경우에는 일깨워준 만큼 이전보다 나은 행위를 보일 수 있고, 식물은 가꾼 만큼 다른 양상으로 자라나며, 동물도 기른 만큼 잘 자랄 것으로 기대한다. 다시 말하면, '치다'라는 행위를 두고 그 이전과 이후를 비교하면, 인간이건 동·식물이건 관계없이, 사물을 있는 그대로, 변함없이 유지하는 작업이 아니라, 어떤 행위를 더하여 새로움을 추구한다. 그것은 이미 존재를 양육(養育)하는 전제 요건으로 자리매김 된다.

이렇게 볼 때, '갈다[ᄀᄅ]'와 '치다'가 합쳐진 '가르치다'라는 말은 다음과 같은 근원적 요소를 포함한다.

① 인간은 언어를 사용한다.
② 인간은 자신을 갈고 닦는 존재이다.

③ 인간은 사물을 분별하고 판단한다.

④ 인간은 깨우치고 가꾸어갈 준비를 한다.

⑤ 인간은 보다 나은 방향으로 새로움을 추구한다.

요컨대, '가르치다'라는 용어에는 인간이 언표를 구사하면서, 무엇이 좋고 나쁜지, 또는 옳은 일인지 그른 일인지를 판단하여, 올바른 일은 발전적으로 이어가고, 그른 일은 새롭게 다듬어 좋고 옳은 방향으로 만들어 나가려는 의도가 담겨 있다. 그것은 언표를 통한 '판단 능력'과 행위를 통한 '관리[운영] 능력'을 지향한다.

이러한 관점에 기초하여, 넓은 의미에서 '가르침'의 요체는 다음과 같이 정돈할 수 있다.

인간은 말을 통해 교류하고 소통한다. 그 과정에서 자신을 점검하고 갈고 닦으며 세상의 시비선악과 긍·부정을 인식한다. 그리고 발생하는 삶의 문제를 깨우치고 세상을 합리적으로 운영하고 경영하는 원리와 법칙을 터득해 나간다.

'기르다'는 말도 재미있다. '화초(花草)를 기르다', '나무를 기르다', '반려동물을 기르다', '자식을 기르다' 등, 수많은 일상의 용례가 존재한다. 이렇게 사용되는 '기르다'의 뜻은 대략 다음과 같은 의미로 정돈할 수 있다.

① 동·식물에게 영양분을 주다.

② 동·식물이 영양분을 섭취하여 생명을 지속하게 하다.

③ 인간의 육체나 정신에 도움이 될 양식을 주다.

④ 인간이 육체적·정신적으로 쇠약하지 않고 건강을 유지하게 하다.

⑤ 인간이 육체적·정신적으로 행복하게 살 수 있도록 도움을 주다.

나아가, '기르다'는 소나 말과 같은 짐승을 '쓸모 있게' 길들이거나 물을 '이용하기 위해' 우물에서 두레박으로 물을 길러 올리는 일도 연관이 있는 것처럼 보인다.

요약하면, '기르다'는 식물의 재배(栽培)나 동물의 사육(飼育), 그리고 인간의 성숙(成熟)과 직접적으로 통하는 용어이다. 동·식물을 잘 자라게 하는 일은 물론이고, 인간을 양육하고 육성하는 데 투여하는 전반적인 행위를 말한다. 세상에 존재하는 생명이 반짝반짝 윤이 나도록, 지속적으로 성장하는 데 필요한 영양을 공급하는 일련의 과정이다.

주제 2) 한자[漢字]에서 '교육[教育]'의 의미

한문(漢文; 漢字)은 중국을 비롯하여 한국, 일본 등 동아시아 문명에서 언어적 보편성을 지닌다. 따라서 교육(敎育)의 문자적 어원이나 기원을 이해하면, 동아시아 한자 문화권의 교육 개념을 탐구하는 데 도움이 된다.

한자에서 '교(敎)'는 여러 가지 뜻으로 쓰이는데, 사전적 의미를 살펴보면 다음과 같다.

① **가르치다**: 알려주다. 지식·기술·이치·도리 등을 알려주어 깨닫게 하다. 올바른 길로 일깨우다. 그릇된 사안을 고치어 바로잡아 주다. 훈육하다.
② **가르침**: 지도, 일깨움, 종교, 종지, 교리, 훈계, 교훈.
③ **익히다**: 연습하다. 훈련하다.
④ **전해주다**: 전수하다.
⑤ **학교**: 중국 고대 하(夏)나라 때의 학교 명칭을 '교(校)'라고 하는데, 이때 교(校)가 교(敎)와 같다.
⑥ **스승**: 선생(先生), 교사.

'교(敎)'라는 글자를 자형 그대로 분석하면, '교(敎: 가르치다)' 개념의 원형을 찾는데 도움이 된다.

'교(敎)'자의 왼쪽 윗부분은 효(爻)이고 아랫부분은 자(子)이다.

효(爻)는 '엇갈리다', '사귀다'라는 말이다. 효(爻)는 마치 엑스(X)자 두 개가 위아래에 쓰여 있는 모양으로, 서로 다른 성질의 사물이 교차하고 있는 모습이다. 그것은 사람 사이의 교제나 사물 간의 '교차'나 '얽힘', 또는 '섞임'처럼 그물과 같은 관계의 망[網]을 보여준다. 세상 자체가 그렇다는 의미이다. 이 세상의 사물은 단독으로 존재하기 어렵다. 서로 다른 것이 어우러져 세계의 존재상을 만들어낸다. '하늘 아래 - 땅 위'의 사이 세계에는 인간을 비롯한 우주의 모든 사물이 서로 의지하며 존재를 드러낸다. 날실과 씨실이 '가로－세로'로 짜여나가 듯이, 직물 짜기[textile]를 통해 하나의 천이 탄생하듯이, 세계는 일종의 텍스트[Text] 자체이다. 요컨대, 교(敎)의 왼쪽 윗부분인 효(爻)는 원초적으로 사귀며 관계하고 있는 우주 사물의 존재 상황을 상징한다.

교(敎)의 왼쪽 아랫부분인 자(子)는 '어린이', 즉 '아기'를 나타낸다. 글자의 모양은 아기가 포대기에 싸여 있는 형상이다. 위의 둥글고 뭉툭한 부분은 머리를 본떴고 가운데의 십자가 모양이 위로 구부러진 것은 두 팔을 본떴다. 아랫부분은 다리를 본떴는데, 다리가 하나로 보이는 것은 아이가 강보[襁褓: 포대기]에 싸여 있기 때문이다. 여기에서 아기는 생물학적으로 갓 태어난 어린이로 보는 것이 원칙이다. 그러나 지혜롭지 못한 '어리석은 사람'이라는 의미로 확장할 수 있다. 세종대왕이 한글[훈민정음]을 창제할 때, '나라 말씀이 중국과 달라 어린 백성에게 이르고자'라고 할 때, '어린'은 단순히 생물학적으로 어린아이만을 지칭하는 것이 아니다. 어른일지라도 '어리석은 사람'은 '어린이'이다.

이렇게 분석한다면, 교(敎)의 왼쪽 부분인 효(爻)와 자(子)는 복잡하게 얽혀 있는 우주 세계를 어린이[어리석은 사람]가 접촉하는 모양이다. 어린이가 이 세상에 태어나서 우주 사물의 관계와 질서 체계를 전면적으로 마주친 상황이다. 또는 어리석은 사람이 세상에 복잡하게 얽혀 있는 상황을 맞이한 격이다.

교(敎)의 오른쪽 부분인 복(攵: 攴)은 '가볍게 살짝 때리다'라는 뜻을 지니고 있다. 글자 자체의 소리는 복(卜)을 따랐으나 의미는 우(又: 손)를 나타낸다. 본래 조그마한 회초리나 막대기 같은 것을 손으로 잡아 쥐는 모양을 본떴다. '손으로 때려준다'는 의미는 매우 상징적이다. 물리적으로 회초리를 치는 것이 글자의 본래 모습이지만, 윗사람이 말로 꾸중을 하거나 '격려'나 '위로', '충고'나 '동기부여' 등 다양한 양상의 깨우침을 주는 것이 여기에 포함될 수 있다. 또한 외부의 사물을 통해 스스로 깨닫는 일도 자기 채찍이라는 의미에서 깨달음의 하나이다.

전체적으로 정돈하면, 교육(敎育)에서 '교(敎)'는 '우주 만물의 어우러짐[爻]',

'어린이[子: 어리석은 사람]', '치다' 또는 '때리다[攴]'라는 의미의 융·복합체이다. 그것은 왼쪽 부분[爻+子]에서 '어린이가 우주의 상황과 마주치고 어우러져 본받는다.'는 의미를 지닌다. 즉 우주의 얽힌 존재 근원을 어린이가 인식하고 모방하는 것과 관련된다. 오른쪽 부분[攵: 攴]은 손으로 쳐서 사람을 일깨우고 인도한다는 의미가 깃들어 있다.

이런 차원을 통합하면 교(敎)는 세상의 어우러진 사물에 대해 어린이가 이해하려고 할 때, 윗사람이 손으로 살짝 때려 깨우쳐 조심하도록 주의를 주니 아랫사람이 이에 따르는 것을 말한다. 중국 고대의 유명한 글자풀이 책인 『설문해자(說文解字)』에서는 이를 "위에서 베푸는 것을 아래에서 본받는다. ─상소시(上所施), 하소효야(下所效也)."라는 말로 압축하여 표현했다.

요컨대, 교(敎)는 세상의 사물을 마주하고 있는 어리석은 인간에 대해, 스승이 한 손에 회초리를 들고 공부하라고 재촉하는 모습이다. 이는 세상을 마주하는 어리석은 제자에게 스승이 회초리로 일깨워, 삶에 생명력을 불어 넣는 작용이다.

'육(育)'은 두 개의 글자로 구성되어 있다. 윗부분은 '어린 아이' 자(子)를 뒤집어 놓은 글자이고, 아래는 엄마의 몸을 나타내는 '육(肉)'이다. 옛날 글자의 모습으로 보면, 한 여자와 그녀의 몸 아래에 머리를 밑으로 한 아기가 있고, 그 옆에는 약간의 물이 있는 모습이다. 이는 산모가 아이를 낳을 때의 모양을 상징적으로 보여준다. 그러므로 육(育)은 본래 '아이를 낳는다'라는 의미를 지니고 있다.

또 다른 해석은 포대기에 쌓인 아기를 나타내는 자(子)와 사람의 몸을 표현하는 육(肉)이 합쳐진 모습이다. 여기에서 육(肉)은 여자의 몸으로 이해할 수 있다. 이에 근거해 볼 때, 육(肉)은 아기를 밴 엄마의 몸, 또는 엄마가 자식을 낳아 기르는 데 비유된다. 그러므로 육(育)은 '기르다'라는 의미로 동일하게 사용되는 '양(養)'과 통용된다.

그런데 육(育)의 윗부분은 '자(子)'를 거꾸로 쓴 글자이다. 아이가 거꾸로 있는 모습에는 크게 두 가지의 해석이 있다. 하나는 엄마 뱃속에서 아기가 출생할 때, 머리 부분부터 세상에 나오는 것을 상징한다. 정상 분만이다. 다른 하나는 아이가 엄마 뱃속에서 순탄하게 출산하지 못할 정도로 구부려 있거나 뒤집어진 자세를 하고 있어, 그것을 바로 잡아 출산함을 의미한다. 다시 말하면, 육(育)은 '정상 분만으로 출산하다.' 또는 '뱃속에서 제자리를 잡지 못하고 뒤집어진 채로 자리하고 있는 아기가 순탄하게 출산하도록 아기의 자세를 바로 잡아주다.' 라는 의미가 담겨 있다.

이것이 『설문해자』에서는 "자녀를 길러 착하게 만든다. ─ 양자사작선야(養子使作善也)."라는 의미로 확장되었다

요컨대, 교육(敎育)에서 '육(育)'은 출생과 직접적으로 결부된다. 순산에 의한 인간의 탄생, 또는 난산을 순산으로 바로 잡는 과정을 통해 탄생하는 인간의 출현으로 이해할 수 있다.

이렇게 본다면, 교육(敎育)은 그 기원에서, 인간의 탄생, 그리고 출생 이후의 세계와 마주치고 깨닫는 지속적인 성장을 통해, 자신을 생성해 가는 삶의 과정으로 재해석할 수 있다.

<보론>

01

　동양의 고대 사회에서 '교육(敎育)'이라는 말은 『맹자(孟子)』에 구체적으로 기록되어 있다. 맹자가 말하였다. "건전한 인격자[군자]는 세 가지 즐거움이 있는데, 정의롭지 않은 방법으로 권력을 쟁취하여 왕 노릇하는 일은 여기에 해당되지 않는다. 부모님이 모두 생존해 계시고 형제들이 무사하게 잘 살고 있는 것이 첫 번째 즐거움이다. 나 자신이 하늘을 우러러 부끄럽지 않고 다른 사람에게 내놓아도 마음이 떳떳한 것이 두 번째 즐거움이다. 세상을 살아가는 평범한 사람[영재]을 건전한 인간으로 교육하는 것이 세 번째 즐거움이다." 건전한 인격자는 세 가지 즐거움이 있는데, 세상에서 올바르지 않은 방법으로 권력을 쟁취하여 왕 노릇 하는 일은 여기에 해당되지 않는다—군자유삼락(君子有三樂), 이왕천하불여존언(而王天下不與存焉). 부모구존(父母俱存), 형제무고(兄弟無故), 일락야(一樂也). 앙불괴어천(仰不愧於天), 부부작어인(俯不怍於人), 이락야(二樂也). 득천하영재이교육지(得天下英才而敎育之), 삼락야(三樂也).

[비평]

02

맹자가 말하는 세 가지 즐거움 가운데, 세 번째 즐거움에 '교육(敎育)'이라는 말이 자리한다. 주자(朱子)는 세 번째 즐거움인 교육에 대하여 다음과 같이 해석한다. "세상의 밝고 지혜로운 품성을 지닌 인재를 얻어 자기가 즐거워하는 사안을 가지고 자신을 기른다면, 세상의 이치와 법칙, 인간의 도리를 전하는 사람이 많아져서 세상 사람들이 그 혜택을 입지 않은 이가 없을 것이다."

주자는 '자기 즐거움[희열]'과 '타자에 대한 혜택'을 교육의 중심 문제로 부각시켰다. 자기 희구와 타인에게 미치는 영향력의 문제를 동시에 거론하였다. 이는 자기 교육과 타자 교육이 연속적으로 이루어지는 차원이다.

[비평]

03

맹자가 말한 건전한 인격자[군자]는 어떠한 즐거움을 지니고 있는가? 왜 굳이 세 가지 즐거움을 말했는가? 그것은 인간 삶의 전체 면모와 관련된다.

- 첫 번째 즐거움: 혈연관계인 부모 형제들의 생존과 무사함 – 개인의 존재 근거
- 두 번째 즐거움: 나 자신의 양심에 기초한 떳떳한 삶 – 자기 확인과 충실
- 세 번째 즐거움: 다른 사람에 대한 교육 – 타자에 대한 배려와 이해

'군자삼락(君子三樂)'에서 맹자의 언급은 크게 '하늘에 달려 있는 부분[천도(天道)/천명(天命)]'과 '인간에게 해당하는 부분[인도(人道)/인사(人事)]'으로 나누어볼 수 있다. 첫 번째 즐거움은 하늘에 달린 숙명적(宿命的)인 일이고 두 번째/세 번째 즐거움은 인간 자신의 노력에 달린 운명적(運命的) 차원이다.

첫 번째 즐거움은 생사(生死)와 관련된 문제로 인간이 마음대로 조절할 수 있는 것이 아니다. 건전한 인간이라면 대부분 부모님이 오래도록 장수하기를 소망하며 효도를 다하고, 형제가 무사하기를 기원한다. 부모는 내 생명의 존재 근거이자 내 삶의 근원이고, 형제는 그것을 공유하는 혈육이기 때문이다. 이는 부모라는 인간의 수직 질서와 형제라는 수평 질서를 통해 우주 세상의 이치와 법칙 체계를 담고 있다. 하지만 부모에 대한 효도나 형제자매 사이의 우애가 아무리 극진하더라도 부모님의 목숨이나 형제의 삶을 내가 책임질 수는 없다. 이는 인간의 능력 범주를 넘어서 있는 숙명적 상황이다. 그러기에 하늘에 달린 일이라고 한다.

두 번째 즐거움은 부끄럽지 않은 인생과 관련되는 문제로 자기성찰과 수양, 양심의 지속을 통해 달성할 수 있는 개인적 작업이다. 인간의 자기 존재 확인이자 삶의 방향을 찾는 주체적 활동이다. 이때 중요한 문제는 얼마만큼 충실하고 성실히 하느냐, 나의 책임과 임무를 다하여 이 우주 내에서 본분에 맞는 역할을 제대로 수행하느냐와 관련된다. 이는 전반적으로 인간의 자기노력 여하에 달린 문제로 각자의 몫이다. 교육적으로 말하면, '자기교육(自己敎育, Self - Education)'이자 인격의 완성을

추구하는 과정이다.

세 번째 즐거움인 교육은 개인적 작업이긴 하지만, 자신의 인덕(人德)과 학덕(學德)을 후세에 전하여 사회에 기여하는 데 무게중심이 있다. 교육은 두 번째 즐거움처럼 개인의 인격교육(人格教育, character building)이 기본이다. 그러나 '영재(英才)를 얻어 교육한다!'라고 했을 때, 영재는 내가 아닌 타인이다. 즉 인격이 일정한 수준에 도달한 스승이 타인인 제자를 맞아들여 가르치고 기르는 일이다. 이는 개인적 작업이 타인이나 타인과 관계하는 사회 공동체로 확장된다는 점에서 사회적 특성이 강하다. 타인을 교육하는 행위는 개인교육의 사회적 확대이자 공동체교육(共同體教育, Community Education)으로 자리한다.

[비평]

04

　<군자삼락>의 구조에서 본 교육의 위상은 다음과 같이 도식화 할 수 있다.

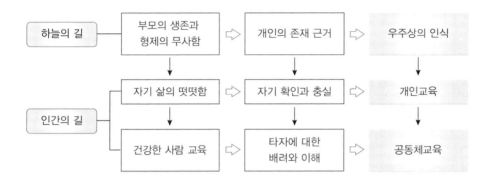

비평

<논의>

① 자기 주장

② 타자 비판:

③ 배려와 협력적 논의:

↓

④ 합의 도출과 전망:

제3강

'교육'의 서구적 개념

주제 1) 서구교육의 기원: 고대 그리스의 '파이데이아(paideia)'

서구 문명의 기원으로 거론되는 고대 그리스 시대에 교육을 의미하는 말은 '파이데이아(paideia)'이다. 파이데이아는 '어린이'를 뜻하는 그리스어 파이스(pais)가 어원이다. 파이스(pais)에 '상태'를 나타내는 접미어 에우오(euo)가 이어지면, 파이데우오(paideuo)가 되어 '어린이와 함께 있다'라는 뜻으로 의미가 확장된다. '파이데이아'는 '파이데우오'의 변형으로 '어른이 어린이와 함께 있는 상황'을 표현한다. 그러기에 어른과 어린이, 즉 인간이 함께 있을 때 발생하는 삶의 전반적 작용과 활동이 교육을 의미하는 '파이데이아'로 귀결되었다.

'어른이 어린이와 함께 있다'라는 말은 무엇을 뜻하는가? 함께 있기 위한 필요충분조건은 무엇인가? 가장 먼저 생각할 수 있는 것이 어른인 부모가 아이인 자식을 출생시키고 양육하는 작업이다.

앞의 동아시아 '교육(敎育)' 의미에서도 보았듯이, 아이의 출생에는 반드시 부모가 존재한다. 부모인 어른과 그 보호를 받는 자식이 함께 있는 상황, '아이 – 어른의 동시적 탄생'이 바로 파이데이아에 담겨 있는 교육현상이다.

'부모 – 자식'/'어른 – 아이'의 관계에는 인간으로서 근원적 요청이 있다. 부모와 어른은 자식과 아이를 보호하고, 자식과 아이는 부모와 어른을 따르면서, 상호작용하는 삶을 영위해야 한다. 여기에서 '훈련하다', '도야하다', '수업하다', '길들이다'와 같은 의미가 도출되었다.

훈련이나 도야, 수업이나 길들이기를 핵심 요소로 하는 파이데이아를 한마디로 표현하면, '인간을 인간답게 하는 모든 활동'이다. 인간을 개나 돼지와 같은 동물로 만들 수는 없다! 여자[남자]를 남자[여자]로 만들 수도 없다! 타인에게 자신을 닮도록 강요해서도 안 된다! 자식을 부모처럼 키우려고 해서도 안 된다. 이런 일을 시도한다면, 그것은 '파이데이아'에서 추구하는 본질, 즉 인간답게 하는 활동이 아니다.

'인간답게'란 사람마다 각자의 영혼에 딱 들어맞는 '명예를 부여하는 일'이다. 그것은 각자의 잠재능력(潛在能力, latent faculties)과 소질(素質, talent)에 따라, 인간으로서 탁월하게 자라날 수 있게 하는 작업이다.

주제 2) 서구 교육개념의 중심: 에듀케이션(education) · 페다고지 (pedagogy) · 빌둥(Bildung)

'파이데이아' 외에도 교육을 뜻하는 서구어에는 '에듀케이션(education)'과 '페다고 지(pedagogy)'가 있다.

에듀케이션은 라틴어 '에듀카레(educare)'에서 유래하였다. 이는 '무엇 무엇으로부터[from]', 또는 '밖으로[out]'를 의미하는 '에(e)'와 '이끌다[lead]'라는 의미를 지닌 '듀카레(ducare)'의 합성어이다. 이런 점에서 에듀케이션은 인간이 지니고 있는 것을 '밖으로 꺼내어 키워준다'는 말이다. 인간이 선천적으로 타고난 여러가지 자질을 잘 길러주는 일이다. 의미를 확장하면, 학습자가 지니고 있는 선천적 소질 또는 잠재능력을 바람직한 방향으로 표출할 수 있도록 신장·발전시킨다는 뜻이다.

'페다고지'는 그리스어의 '파이다고고스(paidagogos)'에서 유래하였다. '어린 아이'를 의미하는 '파이도스(paidos)'와 '이끌다'라는 의미인 '아고고스(agogos)'의 합성어이다. 이끄는 일은 귀족의 자제들을 학교나 체육관, 기타 공공장소로 데리고 다니며 인도하는 교복(敎僕), 즉 가르침을 맡은 하인(下人)이 담당한다. 다시 말하면, 페다고지는 '교복(敎僕)이 어린이를 이끈다'는 말이다. 여기에서 '어른인 교사가 학생인 어린이를 지도한다'는 의미로 전이되었다.

이런 측면에서 에듀케이션과 페다고지는 '어린이를 바람직한 방향으로 이끌어 소질을 계발시켜 준다'는 뜻을 담고 있다. 그것이 교육을 대변한다.

또한 독일어의 빌둥(Bildung)이라는 개념이 있다. 이는 교육(학)에서 가장 기본이 되는 의미이다. 빌둥은 한국어로 '도야(陶冶, cultivation)'로 번역된다. 인간에게 주어진 고유한 사명으로서 각 개인이 자신의 개별성을 뚜렷이 드러내는 일을 말한다. 고유한 사명이나 개별성은 다른 사람의 개성과 혼동되거나 반복될 수 없는 자신의 고유함을 내보이는 일이다. 그것은 자유로운 개성의 발현에서 절정을 달한다. 그리하여 궁극적으로 자신의 고유한 모습을 추구하고 획득하는 과정이 된다.

이런 차원에서 교육의 개념은 다음과 같은 차원으로 정돈할 수 있다.

첫째, 어린이가 지닌 자연적 성장의 힘인 잠재능력(potentiality), 가능성(possibility), 소질(disposition)을 교육자[또는 자신]의 노력으로 이끌어낸다.

둘째, 불완전한 상태에 있는 존재를 완전한 상태로 발달시키고, 미성숙 상태에 있는 인간을 성숙한 상태로 나아가게 하며, 잠재되어 있는 개인적·사회적 가능성을 계발하여 온전하게 실현한다.

이 과정에는 여러 측면이 작용한다. 인간의 행위에서 볼 때, 그것은 자기노력에 의한 자율적 전개와 타자의 개입과 추동에 의한 타율적 전개로 대별할 수 있다. 또한 표출의 방향으로 볼 때, 그것은 어린이의 내적 능력을 외부로 표출하는 계발·전개가 있고, 외부의 지식과 가치를 어린이의 내면으로 주입·훈련하는 부분이 있다.

<보론>

01

가장 좁은 의미의 교육은 '교수(敎授, teaching, instruction)－학습(學習, learning, study) 활동'이다. 이는 '가르침과 배움'을 기본으로 한다. 일반적으로 학교와 같은 공식적 교육기관에서 많이 이루어진다. 인간이 갖추어야 할 기본 자질이나 교양을 쌓기 위하여 보편적 가치를 지닌 교육내용을 매개로 교사와 학생 사이에 일어나는 상호작용을 말한다.

[비평]

02

교육과 유사한 용어로 자주 쓰이는 말은 '훈육(訓育, discipline)'이다. 훈육은 정해진 규칙을 따라 배우는 일을 기본으로 한다. 예를 들면, 문법의 규칙과 같은 교과 자체와 관련된 규칙, 주의집중에 관한 규칙과 같은 학습방식에 관한 규칙, 출석이나 전학, 긴급 상황에서의 조치 등과 같은 효율적 운영을 위한 규칙 등이 그것에 해당한다. 이런 다양한 규칙은 훈육을 통해 이루어진다.

[비평]

03

교육과 유사한 말로 '훈련(訓練, training)'이 있다. 이는 주로 특정한 직종에서의 업무능력 개발을 의미한다. 예컨대, 군대에서 사격술을 연마하는 일에 대해 사격교육이라기보다는 사격 '훈련'이라고 한다. 컴퓨터 자판기에서 타자연습을 하는 것도 마찬가지이다. 그러므로 교육내용이 갖는 가치도 특수한 상황에 처한 개인의 가치실현을 지향한다. 때문에 훈련은 교육과 결정적으로 다르게 '가치지향적' 활동이 아니라, '가치중립적' 활동이다.

(비평)

04

군주(君主) 시대의 전통 교육을 지칭하는 말로 '교화(教化, enlightenment)'가 있다. 교화는 훈련과 유사하게 특수한 상황에 처한 개인의 입장을 고려한 교육활동이다. 이는 특정한 목적과 이데올로기를 일방적으로 주입하는 과정이다. 예를 들면, 유교·기독교·이슬람교 같은 종교나 공산주의 국가에서 그들의 교리나 이론을 주입(注入)하여 국민들을 무장시키거나 의식화하는 경우가 이에 해당한다.

(비평)

05

    교육과 유사한 의미로 '품성형성(品性形成, character formation)'이 있다. 품성형성은 사회 환경과 조직풍토의 영향 속에서 자신도 의식하지 못하는 사이에 교육이 이루어지는 의도하지 않은 교육 작용이다. 이는 가치 수용이나 태도 형성, 지식이나 기능의 습득 등 다양한 측면에서 일어난다.

[비평]

06

    또한 교육과 유사한 말로 '사회화(社會化, socialization)'가 있다. 사회화는 인간이 성장·발달해 가면서 자기가 속한 집단의 문화, 즉 생활양식이나 행동양식 등을 내면화하고, 자신의 독특한 개성과 자아를 형성해 가는 과정을 말한다.

[비평]

<논의>

① 자기 주장

② 타자 비판:

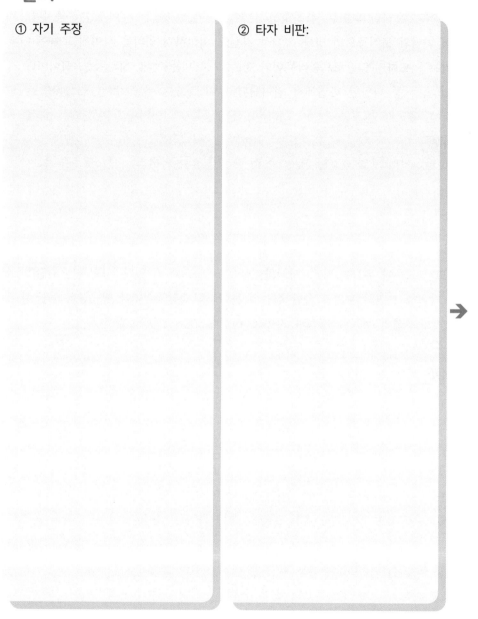

③ 배려와 협력적 논의:

↓

④ 합의 도출과 전망:

제4강

교육을 정의하는 방식

주제 1) 교육의 목적론적 정의: 규범적 정의

교육을 규범적으로 정의할 때, 핵심적으로 이해해야 할 말은 '규범(規範, norm)'이다. 규범은 사람이 어떤 사물에 대해 '판단'하고 '평가'하고 '실천'하여 가장 좋은 결과를 얻기 위한 행위와 원리이다. 즉 인간이 설정한 목적을 향한 기준이자 열망이다. 따라서 규범적 정의는 어떤 대상이 바라는 '궁극적 목적'과 연관된 규정이다.

인간은 짐승과 달리, 교육을 통해 인격완성을 꾀하면서 '인간됨' 또는 '된 사람', 나아가 '인간다운 사람'이라는 궁극적 이상을 지닌다. 그것은 인간이라는 가치실현(價値實現)을 위해 인간 자신의 성장(成長, growth)을 주요 목적으로 설정하는 작업이다. 인간을 '인간답게' 형성하려는 수많은 노력들이 이에 해당한다.

교육을 규범적으로 정의할 때, 현재 인간의 모습이나 현재 사회의 상태에 초점을 맞추지 않는다. '미래에 당연히 확보해야 할 이상'을 그려낸다. 그러기에 '단순히 있는 것 그대로'를 기술하기보다는 '일어나야만 할 일' 또는 '반드시 있어야만 할 것'에 주안점을 둔다. 때문에 교육은 현재보다 미래에 더욱 가치 있고 의미 있는 것을 추구하며 계발하는 과정으로 이해된다. 다시 말하면, 규범적 정의는 교육의 가치실현을 위한 인간교육에서 자체의 발전에 무게중심을 둔다. 개인적 차원에서나 공동체의 차원에서 인격완성이나 자아실현이라는 '내재적 가치의 실현' 또는 영원한 진리나 가치를 추구하는 것을 교육의 중요한 목표로 제시한다. 예를 들면, 다음과 같은 정의가 가능하다.

- 교육은 민주시민으로서의 자질을 함양해 가는 과정이다.
- 교육은 영원한 진리나 가치로 접근하는 과정이다.
- 교육은 인간을 인간답게 형성하는 과정이다.
- 교육은 인간을 창조한 신의 모습을 닮도록 하는 과정이다.

이런 규범적 정의는 '주관적'인 차원에서 이해될 수 있다. 왜냐하면 인간에게서 기본적 규범에 해당하는 인격완성이나 자아실현 등은 내재적 가치의 실현이자 진리의 추구로, 객관화하기 어렵기 때문이다. 규범적 정의는 그 자체의 행위나 실천이 목적을 지향하고 있으므로 '목적론적 정의(目的論的 定義)'라고도 한다.

주제 2) 교육의 기능적 · 조작적 정의

기능적 정의는 교육의 '도구적(道具的)' 가치를 강조하는 관점이다. 기능(機能, func-tion)은 말 그대로, 어떤 분야에서 담당하고 있는 구실이나 작용이다. 구실이나 작용은 사람이 속한 집단에서 역할(役割)과 연관되고, 그 역할은 집단의 발전을 위한 도구로 이해된다. 교육의 도구적 가치에서 '도구적'이라는 말은 수단(手段)을 강조하는 것이다. 수단의 강조는 교육의 기능을 '어떤 것을 이루기 위한 수단'으로 이해한다. 특히, 사회 문화의 계승이나 사회 발전의 도구로 본다.

다시 말하면, 교육은 무엇을 위한 수단인가? 교육은 어떤 일에 이바지해야 하는가? 국가나 사회와 같은 공동체에 기여해야 하는가? 정치나 경제발전의 수단이 되어야 하는가? 종교에 봉사해야 하는가? 대상을 어떻게 정하느냐에 따라 다양한 기능적 정의가 가능하다. 예를 들면, 다음과 같이 정의할 수 있다.

- 교육은 국가 사회 발전을 위한 수단이다.
- 교육은 사회문화의 계승 및 발전을 위한 주요한 수단이다.
- 교육은 개인의 직업선택과 취업을 위한 수단이다.
- 교육은 합리적 경제활동을 위한 자질을 길러주는 수단이다.
- 교육은 개인의 사회적 출세를 위한 수단이다.

이러한 기능적 정의는 지나치게 기능적이고 도구적이며 수단적이다. 따라서 교육 본래의 가치실현에 소홀히 할 소지가 있고, 교육 자체의 발전에 지장을 줄 수도 있다. 무엇보다도 개인의 출세를 위한 수단으로 전락하여 부조리를 초래할 수도 있다.

'규범적 정의'는 지나치게 주관적일 수 있고, '기능적 정의'는 수단적 가치로 전락할 우려가 있다. 이에 새로운 차원의 정의가 요청되었다. 그것이 '조작적 정의'이다. 조작적 정의는 어쩌면 전통적인 이 두 가지 정의의 모순을 보완하기 위해 마련된, 교육을 이해하기 위한 개념적 장치이다.

조작적 정의는 말 그대로 교육을 '조작(操作, operation)'하여 사람을 다루어 움직여나가는 데 초점을 둔다. 따라서 '계획적(計劃的, planned)이고 의도적(意圖的, intentional)인 인간행동(行動, behavior)의 변화(變化, change)'를 핵심으로 한다.

조작적 정의는 교육을 '인간의 행동특성을 계획적으로 변화시키려는 과정'으로 본다. 이 때 인간의 행동특성은 심리학적 개념이다. 인간의 행동은 웃거나 울거나 슬퍼하거나 기뻐하는 등, 겉으로 드러난 행동인 외현적인 것뿐만 아니라, 지식이나 사고, 태도, 자아개념과 같은 포착하기 힘든 내면적 행동까지도 포함한다. 즉 인지적(認知的)·정의적(情意的)·운동기능적(運動機能的) 영역을 포괄한다.

교육은 학생들의 내·외면을 포괄하는 행동특성을 우선순위에 둔다. 특히, 겉으로 드러난 행동보다 포착하기 어려운 내면의 세계에 보다 관심을 둔다. 그리하여 그것을 육성하고 함양하고 계발하고 교정하며 인간의 발달을 도모한다. 그것은 교육하기 이전과 이후의 인간 발달이 유의미한 차이가 드러나도록 변화를 유도하는 작업이다. 지식을 습득하면서 지성인으로 거듭나고, 창의적 사고력을 증진하며, 새로운 관점으로 세계를 바라보는 능력을 획득하는 일이다. 이 과정은 저절로 이루어지기보다는 명확한 목표와 과정에 의하여 진행된다.

'계획적 변화'라는 말은 인간의 행동이 자연적으로 변화해 가는 데 관심을 두기보다, '의도적'이고 '인위적'으로 변화시키는 데 관심을 둔다. 어떤 인간으로 기르려고 하는지에 대한 교육적 모델을 설정하고, 그것을 기를 수 있는 실제적인 계획과 과정을 수립한다. 다시 말하면, 교육에서 구체적 교육목적과 교육과정, 그리고 교육방법을 갖추는 작업이다. 대표적인 조작적 정의는 다음과 같이 표현된다.

교육은 인간행동의 계획적 변화이다.

인간행동의 계획적 변화라는 측면에서, 조작적 정의는 규범적 정의나 기능적 정의에 비해, 교육활동이 전개되는 전체 과정을 비교적 포괄적이고 합리적이며 과학적으로 설명해 준다.

<보론>

01

　인류 역사에서 가장 위대한 성인(聖人)으로, 흔히 공자와 소크라테스, 예수와 마호메트, 그리고 석가모니를 꼽는다. 이 중에서 공자와 소크라테스는 종교적 색채가 상대적으로 적은 교육자의 모습으로 잘 알려져 있다.

　동양의 경우, 공자는 최고의 스승이자 교육자로 인식된다. 공자는 『논어(論語)』를 통해 그의 사상을 드러내는데, 교육과 관련하여 중요한 이야기를 했다. "인간의 성품은 서로 비슷하나 교육에 따라 달라진다[성상근(性相近) 습상원(習相遠)]."는 교육의 가능성을 제기한 것이다. 이는 인간의 유전적 자질과 후천적 환경을 구분하면서도, 교육을 통해 건전한 인간을 양성할 수 있다는 일종의 교육적 선언이다. 공자는 인간 개개인이 타고나는 본성에는 큰 차이가 있다고 생각하지 않았다. 그러나 한 개인을 둘러싸고 있는 개인적·사회적 환경에 따라 본성이 다르게 표출된다고 보았다. 본성은 인간이 자연적으로 타고난 천성을 의미하고, 습관은 교육이나 학습, 경험과 환경 등으로 형성된 후천적인 인간의 자기습득이다. 따라서 인간의 자연적 천성(天性, nature)은 서로 가까운데, 교육이나 학습 등 습관(習慣, habit)의 차이 때문에 도덕성에서 거리가 엄청나게 멀어진다. 인간이라면 누구나 공통적으로 가지는 능력이 있다. 그러나 이것의 발현 여부는 후천적으로 다듬어가는 과정에서 다른 양식으로 표출된다. 바로 학습이나 교육을 통해 결정되는 것이다.

　공자는 이러한 인간관과 교육관에 기반을 두고, 인격의 최고 수준인 '군자(君子, gentleman)' 양성을 교육의 목적으로 삼았다. 군자는 심성수양(心性修養)을 통해 지(智)·인(仁)·용(勇)을 겸비한다. 그리하여 일정한 형식과 격식에 구속되지 않으며, 편견이나 편파적이지 않은 조화로운 인간이 된다. 그리고 경(敬: 자기깨달음)을 통해 자신의 몸을 닦아서 사람을 편안하게 해주고 이를 통해 모든 사람을 어루만져 주는 존재이다. 이처럼 현실 생활 속에서 고상한 도덕과 탁월한 재능을 가진 지도자를 양성하는 일이 공자가 추구한 교육의 목적이었다. 군지는 도덕과 지식으로 무장한 인격자이므로, 공자의 교육은 궁극적으로 군자라는 인격체를 지향하는 인격교육에 해당한다.

[비평]

_____

_____

_____

_____

02

서구 고대 교육의 메카로 손꼽을 수 있는 곳은 단연 고대 그리스이다. 기원전 4∼5세기, 그 곳에는 소크라테스와 플라톤이라는 위대한 교육사상가가 활동했다. 그 중 소크라테스는 별도의 저서를 남기지 않았는데, 대신 그의 사상은 플라톤의 저술을 통해 구체적으로 드러나 있다.

플라톤은 그의 주요 저서인 『국가』에서 '정의(正義)의 구현'을 교육의 목적으로 두고 있다. 이 목적은 일반 개인을 위한 것과 최고통치자를 위한 것, 두 가지로 구분할 수 있다. 개인교육의 목적은 '인간의 영혼이 정의로운 상태'가 되도록 하는 일이고, 통치자교육의 목적은 '좋음'의 이데아(idea)를 보고 이를 통해 국가를 훌륭하게 다스릴 수 있는 지도자를 길러내는 일이다.

플라톤에 의하면, 국가는 생산자(生産者), 수호자(守護者), 통치자(統治者)라는 세 계층으로 구분된다. 마찬가지로 개인의 영혼도 욕구(欲求), 격정(激情), 이성(理性)이라는 세 가지로 나눌 수 있다. 플라톤은 영혼의 각 부류가 서로를 참견하거나 간섭하지 않는다고 본다. 참된 의미에서 자신의 것들을 잘 조절하고 스스로를 지배하며 통솔하고, 또한 자기 자신과 화목한 상태를 개인의 영혼이 정의롭게 되는 것으로 묘사하고 있다. '이성 – 격정 – 욕구'가 조화되어 각자의 역할을 잘 수행하는 상태가 플라톤이 생각한 개인의 정의로움이다. 그 세 가지는 개인의 성향에 따라 행동하며 다른 사람들의 일에 관여하지 않는다.

통치자가 알아야 할 지식은 다름 아닌 '통치술'이다. 이 통치술의 목적은 삶의 궁극, 또는 완전함, 인간의 행복에 있다. 인간이 '좋음'을 행하는 데 목적을 둔다. 그러나 좋음은 '좋음 그 자체'라는 말 이상의 의미를 지닌다. 좋음은 '정의'나 '용기'와 같은 윤리적 좋음의 일종일 뿐만 아니라, 모든 자연과 천상(天上) 사물들의 아름답고 조화로운 질서를 의미하는 이데아(idea)이다. 그것은 모든 개인이 동일한 수준의 행복을 누릴 수 있는 사회를 건설하고, 사회적이고 행복한 인간을 만들며, 고결한 인격발달을 도모하는 일이다.

요컨대, '좋음'은 개인의 영혼이나 국가 공동체 내에서 모든 사회 구성원의 조화와 행복을 보장하는 교육적 노력이다.

비평

03

그리스 로마시대 이후, 서양의 중세사회는 대체로 게르만족의 이동으로 서로마 제국이 멸망(476년)한 때로부터 문예부흥이 일어나고 동로마 제국이 멸망(1453년)한 때까지의 약 1,000년을 말한다. 중세의 문화는 '그리스 로마 ─ 기독교 ─ 게르만'의 세 요소가 어우러져 형성되었다. 하지만 기독교 문화가 가장 지배적이었다.

때문에 서구 중세의 교육은 크게 기독교에 복무하는 기독교 교육과 세속 교육으로 나누어볼 수 있다. 특히, 중세 기독교 교육의 목표는 일차적으로 인간을 기독교에 순종하고 신앙심 깊은 인간으로 인도하는 일이었다. 그리하여 이들을 교회공동체(教會共同體, church community)에서 종교적 활동을 하는 구성원으로 육성하여 천국(天國)의 시민이 될 수 있게 하는 것이다. 이러한 중세의 상황을 근대의 입장에서는 '암흑(暗黑)의 시대(the Dark Ages)'로 규정하기도 한다.

[비평]

04

중세 이후, 서구 사회는 15~16세기 종교개혁과 르네상스를 거쳐, 근대사회로 들어선다. 중세 봉건 시대의 귀족을 비롯하여 지배계급 중심의 사회에서 민주시민 사회로 전환되고 근대과학이 발달하면서 인간의 사고방식은 필연적으로 바뀌게 되었다. 새로운 지적 태도와 정신은 시대가 직면하고 있는 혼란과 위기에 대한 해결책으로 새로운 교육을 요구하였다. 특히, 17~18세기에 코메니우스, 로크, 루소, 칸트와 같은 주목할 만한 교육사상가들이 활동하였다.

코메니우스(J. A. Comenius, 1592~1670)는 "인간이 인간으로 살기 위해서는 교육을 받아야 한다!"라고 주장한다. 인간에게 교육은 필연적이고 본질적인 것이다. 왜냐하면 인간은 다른 피조물과는 달리 교육에 의해 하나님의 뜻을 깨닫고 그것을 위해 살아갈 힘을 길러야 한다고 보기 때문이다. 이런 코메니우스의 교육을 '팜파에디아(Pampaedia) ─ 범교육(汎敎育)', 또는 '판소피아(Pansophia) ─ 범지학(汎智學)'이라고 한다. 간략하게 말하면, 범교육은 "모든 아동이 교육을 받아야 하고, 철저하게 받아야 하며, 모든 것을 배워야 한다!"라는 의미를 담고 있다. 그것은 모든 사람들에게 전체적이고 완전한 진리를 쉽고 철저하게 가르치는 일이다.

우리에게 "인간은 백지(白紙)다! ─ 타불라 라사(Tabula Rasa)"라는 유명한 말로 잘 알려져 있는 로크(J. Locke, 1632~1704)는 "어린이의 생동성(生動性)과 즐거움을 지속하게 만드는" 교육을 주장하였다. 교육과정에서 생동성을 유지하기 위해서는 무엇보다 어린이의 개별적 성향(性向)을 잘 파악하여 가장 적절한 방법으로 다루어야 한다. 그것은 개별 경험을 권장하는 교육의 기본 노선이 학습과정에 제대로 반영되게 하는 일이다. 학습은 자연스럽게 어린이에 맞게 진행되어야 하고, 어린이에게 과중한 짐을 부여하거나 고통스러운 과제를 요구해서는 안 된다. 효과적인 교육은 놀이를 적극 권장하여 어린이들이 즐거운 마음 상태에서 긴장을 풀고 자발적으로 흥미를 일으키는 학습이다.

유명한 교육소설 『에밀(*Emile*)』을 쓴 루소(J. J. Rousseau, 1712~1778)의 경우, "교육

은 인간의 자연스런 발전을 위한 조성작용이다."라고 하여, 인간의 자연성[본성, nature]에 중점을 두었다. 교육은 자연의 이법에 따라 개제의 발달을 지성적으로 조장하려는 인간이 지닌 고유한 사업이다. 그리고 미성숙한 자연인을 자율적이고 독립적인 생활인으로 성장할 수 있도록, 성숙한 교사가 미성숙한 학생을 육성하는 모든 작용이다.

근대 관념론을 완성시킨 독일의 철학자 칸트(I. Kant, 1724~1804)는 "교육은 인간을 인간답게 형성하는 작용이다."라고 하여 도덕적·인격적 측면을 중시하였다. 특히, 칸트는 독일의 쾨니히스베르그 대학에서 <교육학 강의>를 개설하여 직접 강의하고 교육학을 학문 체계로 인정하기 시작한 철학자이다. 이 때 교육의 목표를 도덕적 인간형성에 두고 인격적 측면을 핵심으로 여겼다.

(비평)

05

　근대 교육학을 이론적으로 정립한 사상가로 평가받는 헤르바르트(J. F. Herbart, 1776~1841)는 구체적인 교육현상에서 출발하여 교육을 이해하고 규명하려고 노력하였다. 때문에 그를 근대 교육학의 아버지라고도 한다. 헤르바르트는 교육현상을 통해 교육학을 구성하는 기본 개념을 정립하고 교육학 체계를 세웠다. 교육현상을 관찰하고 반성하고 해석하는 작업을 바탕으로 교육이론을 정립하였다.

　"교육학은 실천철학[윤리학(倫理學, ethics)]과 심리학(心理學, psychology)에 의존한다. 실천철학은 '교육의 목적'을 제시하고 심리학은 '교육의 방법'을 정해준다." 이것이 그의 학문적 신념이다.

　헤르바르트는 이전까지 논의되던 교육이론을 체계화하여 하나의 학문인 교육학을 수립하였다. 교육학의 고유한 개념들인 '교육, 수업, 훈육, 도야 가능성' 등을 찾아내고, 이를 기초로 교육목적을 제시하였다. 또한 교육방법과 관련된 '교수학', 교육기관과 관련한 '학교론', 학생과 연관한 '교육인간학', 교사와 연관된 '교사교육론' 등, 다양한 이론을 체계화하였다. 여기에서 헤르바르트는 교육의 궁극적인 목적을 인간의 '품격형성'에 두고 어린이에게 '윤리적 감각'을 일깨워줄 것을 당부한다. 어린이는 '윤리적 품성도야'라는 목적 실현을 위해 관리되고 교수되고 훈련되어야 한다.

　비평

\<논의\>

① 자기 주장

② 타자 비판:

③ 배려와 협력적 논의:

⬇

④ 합의 도출과 전망:

제5강

교육의 본질 탐구

주제 1) 교육의 가능성과 한계성: 유전과 환경 요인

 교육의 기능과 역할, 필요성을 살펴보기에 앞서, 깊이 생각해볼 문제가 있다. 인간의 성장과 발전, 교육은 어떤 요인들이 영향을 미치느냐에 따라 그 역할과 기능, 필요성이 달라질 수 있다. 선천적 요인이나 후천적 요인, 자연적 요인이나 사회적 요인, 물질적 요인이나 정신적 요인, 행동의 자율성과 타율성에 따라 교육 자체의 본질적 기능을 다르게 생각할 수 있다.

 인간의 교육에 영향을 미치는 기본 요소는 유전적 요인과 환경적 요인이다. 인간이 태어났을 때, 어떤 조치가 필요한가? 특히, 신생아는 전적으로 의존하는 상태에서 세상에 태어난다. 태어난 직후, 생존을 위한 노력과 생존에 필요한 적응체제를 형성하고, 그것을 더욱 발전시키는 데 시간을 보낸다. 이것이야말로 유전적 힘을 바탕으로 환경과 어울리는 최초의 장면이다.

 그런데 모든 인간의 삶이나 능력이 태어나면서 유전적으로 결정되어 있다고 주장한다면, 교육은 어디에서 그 필요성을 찾을 수 있을까? "인간의 성격은 변하지 않는다!"고 믿는 쇼펜하우어(A. Schopenhauer, 1788~1860)와 같은 비관주의 또는 염세주의적인 철학자들은 교육의 효과를 상당히 과소평가한다. 왜냐하면 인간의 능력은 선천적으로 유전적 요인에 의해 결정되어 있다고 보기 때문이다. 유전학적 결정론자들에게 인간은 전반적으로 이미 예정되어 있는 존재이다. 따라서 인간의 성장을 위한 교육은 의미 없는 작업이 될 수밖에 없다.

 반면, 로크나 칸트, 공자와 같은 사상가들은 교육의 가능성을 적극적으로 주장한다. 로크의 경우, 인간을 태어날 때부터 아무것도 쓰여 있지 않은 백지와 같은 상태로 보고, 교육을 통해 학습경험을 채워야 한다고 인식한다. 그것은 교육이 인간 삶의 모든 것을 가능하게 할 수 있는 지나친 낙관주의나 낙천주의로 흐를 수 있다.

 그런데 교육이 비관주의나 낙관주의 가운데 어느 한쪽으로 치우친다면, 오류를 낳기 쉽다. 그런 만큼 인간에게 주어지는 유전적·환경적 요인을 깊이 고려해야 한다. 유전적 환경적 요인의 영향이 어떠한지를 장악할 때, 인간의 발달 과정에서 이루어지는 교육의 핵심 사안을 제대로 점검할 수 있다. 그러기에 교육에서 신체의 발달, 지능, 사회성, 정서, 도덕성의 발달 등의 전반적 영역을 심사숙고해야 한다.

특히, 인간의 신체적·정신적 기능의 잠재능력인 소질은 유전적 성향이 있다. 이 중에서도 인종, 성별, 눈동자의 색깔 등 육체적 특성은 환경이 바뀌어도 달라지지 않는다. 정신적 능력도 유전형질에 의해 결정되는 부분이 많다. 타고난 디엔에이(DNA) 구조를 바꿀 수는 없다. 문제는 후천적 환경에 의한 영향이다. 가정환경이나 사회문화적 환경은 인간의 성장에 주요한 영향을 미친다. 그렇다고 교육에서 환경적 요인이 유전적 요인보다 결정적이라고 단정하기는 어렵다.

유전적 요인은 결정론적 시각을 보여줌으로써 교육의 가능성 측면에서 심각한 한계를 제시한다. 환경적 요인은 과정적 차원을 열어줌으로써 상당 부분 인간의 한계를 극복할 수 있고 변화시킬 수 있다는 관점을 제공한다. 여기에서 교육의 가능성이 적극적으로 옹호된다. 때문에 유전적·환경적 요인을 비롯하여 인간교육에 대한 관점을 정돈한 후, 교육의 역할과 기능, 필요성을 살펴보고, 그 의미를 찾아야 한다.

주제 2) 교육의 필요성: 준비 · 가치 · 문화 · 능력

▌장기간의 준비와 성숙

인간은 태어날 때 인간으로서 살아갈 수 있는 모든 조건을 갖추고 탄생하지 않는다. 출생 때부터 여러 측면에서 부족한 상태로 미성숙하게 태어난다. 그러므로 인간으로서 제대로 살아가기 위해서는 부족한 것을 채우기 위해 '오랜 기간의 준비가 필요하다!' 이것이 인간이 교육해야 하는 첫 번째 이유이다.

동물의 경우, 몸집은 작지만 거의 성숙한 상태의 개체로 출생한다. 예컨대, 송아지는 태어나자마자 네 다리로 일어나서 어미의 젖을 빨고, 얼마 지나지 않아 걷고 뛰어다니며 풀을 뜯어먹고 독립적인 생활을 한다. 그리고 1~2년 정도 지나면 완전한 어미 소가 된다. 하지만 인간은 태어날 때, 아주 연약하고 불완전한 상태에서 세상에 나온다. 갓 태어난 아이는 손발이 있어도 그 기능을 제대로 발휘하지 못한다. 서서 걷는 데도 1년 가까이 걸린다. 교양 있는 문화인으로 또는 직업을 갖고 사회를 제대로 살아가려면, 인간은 적어도 20여 년의 세월을 양육해야 한다. 그 기간 동안 인간으로서의 구실을 할 수 있도록 신체적 발육과 건강한 체력을 준비해야 한다. 그것이 바로 교육이다.

인생은 장기간의 준비와 노력을 통해 인격을 완성해 나가는 일련의 과정이다. 이때의 의지와 노력은 태어나서 죽을 때까지 평생 동안 진행된다. 그런 점에서 교육은 기본적으로 평생교육(平生敎育, life - long education)이다. 송아지와 비교하며 살펴본 것처럼, 인간은 출생에서 성숙에 이르는 기간이 다른 어떤 동물보다도 길다. 성숙한 후에도 죽음에 이르기까지 삶의 과정에서 지속적으로 가치의식을 품고 성장을 계속해야 한다. 그것을 추진하는 원동력이 교육이다.

인간은 선천적으로 지니고 있는 내적 발전가능성과 후천적으로 이루어지는 교육을 통해 성장의 정도를 달리한다. 왜냐하면 인간은 선천적으로 타고난 가능성, 이른바 '자질'을 지니고 있고, 이를 가치 있는 방향으로 계발하려는 자발적 활동성을 지니고 있으며, 동시에 외부와의 상호작용과 도움을 통해, 보다 완전한 의미에서의 자기실현이나 인격완성을 꾀하는 존재이기 때문이다.

특히, 성숙을 향한 노력, 그 준비기간에는 육체적 측면의 양육과 건강은 물론, 정신적 측면의 교육이 매우 중요하다. 감각, 지각, 기억, 사유, 상상, 의지력과 흥미, 기질, 성격과 같은 심리적 발달은 교육을 통해 촉진되어야 한다. 그리하여 우리 인간이 지나온 과거의 발자취와 현재 우리가 살아가고 있는 현실의 문화 특징이 무엇인지 알아야 한다. 이를 바탕으로 현재와 미래에 훌륭한 문화를 획득하고 즐길 수 있는 인격을 갖추어야 한다.

▌가치지향과 실현

인간에게 교육이 필요한 두 번째 이유는, '인간이 가치를 지향한다'라는 점이다. 동물은 본능(本能, instinct)에 따라 행동한다. 그러기에 고상한 가치나 진리에 대한 감각이 없다. 하지만 인간은 다른 어떤 생리적 욕구보다도 나름대로 꿈꾸는 이상이 있고, 추구하는 가치에 집착한다. 인간은 단순하게 주어진 낮은 차원의 가치체계에 만족하지 않고, 현실에 존재하지 않는 높은 차원의 새로운 가치체계를 희구한다. 또한 남이 만들어놓은 것에 만족하지 않고 자기 스스로 만족할 만한 일들을 찾아 나선다. 어제의 것에 만족하지 않고 내일의 것을 희구하면서 도전하고 모험하며 한 차원 높은 삶을 추구한다.

인류의 모범이 되고 있는 예수나 석가모니, 마호메트나 공자, 소크라테스와 같은 세계의 위대한 성인들은 온갖 고통을 겪으면서도 진리와 인간의 진정한 가치를 찾아 나섰다. 그리고는 감각적 가치, 생명적 가치, 정신적 가치를 거쳐, 드디어는 종교적 가치를 지향하였고, 거기에서 인간의 삶에 빛이 될 만한 진리를 던져주고 있다.

교육은 이런 가치의 추구와 진리의 발견을 위한 징검다리이다. 왜냐하면 인간은 교육을 통해 자연의 법칙과 삶의 관계를 이해하고, 보다 높은 차원의 가치체계를 꿈꿀 수 있기 때문이다.

▌문화 경험의 전달과 재획득

인간에게 교육이 필요한 세 번째 이유는, '인간이 삶의 양식인 문화 내용을 전달하고 재획득한다'는 점이다. 동물의 경우, 그들 나름대로 의사소통의 체계가 있겠지만, 인간처럼 말과 글, 제도, 법과 같은 문화를 갖추지는 못했다. 문화는 인간에게 가장 소중한 삶의 방식이다. 문화는 인류가 역사적으로 쌓아온 지식, 기능, 태도, 법률, 습관 등 생활양식의 총체이다. 이러한 문화를 통해 인간은 인간임을 확인하고, 인간됨이나 인간다움을 지향한다. 문화는 단순하게 어떤 집단에서 다른 집단으로 넘겨지는 도구나 기계의 차원을 넘어서 있다. 그것은 삶의 경험이 녹아 있는 행동양식이다. 그러므로 그것을 체험하고 체득한 집단, 즉 문화를 공유하고 있는 사람들에 의해 전달되고 다시 획득된다.

이러한 문화는 인간경험의 총체이다. 그러므로 문화를 전달하고 습득하는 일은 인간경험의 전달이다. 경험의 전달은 공동체의 입장에서 볼 때 미래 세대에게 공동체의 과업을 완수하게 만드는 동시에, 개인의 입장에서는 공동체 내에서 자립적으로 살아갈 수 있게 한다. 동물은 현재 세대의 소중하고 의미 있는 경험을 미래 세대에게 전달하는 작용이 없다. 그러나 인간은 자신의 경험을 타인에게, 또는 미래 세대에게 전달하며 교훈으로 삼게 한다. 그것은 역사를 통해 지속되고 반복된다. 그렇다고 문화의 전달이 단순히 문화를 답습하는 차원에 그쳐서는 안 된다.

교육은 인류의 경험인 문화유산을 과거 세대로부터 물려받아 미래 세대에 전달해야 하며, 부족한 것은 개선하고 더 나은 방향으로 개조해야 한다. 문화유산을 다음 세대에게 계승·유지하게 하고, 나아가 그들의 내면적 각성을 통해 확충·발전시켜야 한다. 이처럼 교육은 바로 인간이 축적한 문화와 경험을 역사를 통해 전달하고 비판하는 디딤돌이다.

▌능력훈련, 습관형성, 문제해결, 자극과 격려

이외에도 교육은 인간의 능력을 훈련하고 습관을 형성하며, 문제해결 능력의 배양은 물론, 삶의 자극과 격려에도 기여한다.

'능력훈련'의 측면에서 보면 인간은 기억, 추리, 의지, 감성 등 다양한 능력 요소를 지니고 있다. 교육은 이러한 능력을 최대한 끌어올리는 기능을 한다. 일반적으로 지적 능력과 정서적 능력, 이른바 '지능지수(IQ: intelligence quotient), 감성지수(EQ: emotional quotient), 영성지수(SQ: spiritual quotient)' 등을 극대화하여 인간의 발달과 성숙을 도모하는 제도적 장치이다. 문제는 지금까지 교육의 무게중심이 지능의 비대화, 즉 지적 능력의 함양에 치중되었다는 점이다.

다음으로, 교육은 '습관형성'에 기여한다. 지능정보사회의 필수도구인 컴퓨터를 다룬다거나, 인터넷을 통해 다양한 사이버 체험을 한다거나, 수영이나 테니스와 같은 운동을 한다거나, 자동차 운전이나 직업상 필요한 습관형성도 교육의 효과이다. 원래부터 능숙하게 할 수 있었던 일이 아닌 한, 남이 하는 것을 관찰하고 모방하며 다시 성찰하여 성공과 실패의 원인을 검토하면서 연습에 연습을 거듭한 결과, 어떤 기술을 몸에 지니게 되는 것이다. 이렇게 하여 진정 자기 몸에 어떤 기술을 지니게 될 때, 습관이 형성되었다고 한다.

또한 교육은 어떤 문제에 봉착했을 때, 그것을 해결할 수 있는 능력을 함양하는데 도움을 준다. 우리는 매일 크고 작은 문제에 직면하고 그것을 해결하며 살아가고 있다. 특히, 지능정보사회에서는 지식이 폭증하고, 전혀 예상하기 힘든 새로운 문제가 발생한다. 따라서 교육을 통해 스스로 문제를 해결하고 능동적인 지식 구성력을 갖추도록 적극적으로 노력해야 한다.

뿐만 아니라, 교육은 학습자를 자극하고 격려하여 새로운 삶의 세계로 인도한다. 어린 학습자일수록 자신의 소질이나 자질, 잠재능력에 대해 정확하게 이해하지 못하는 경우가 많다. 따라서 경험이 풍부한 교육자는 상황에 맞는 자극과 격려를 통해, 학습자가 장차 선택해야 할 직업 또는 그 전제가 되는 진학 및 진로지도 등을 적절하게 해야 한다.

\<보론\>

01

　교육의 가능성과 필요성을 이해하기 전에, 교육이 인간의 고유한 현상이라고 볼 때, 인간의 특징을 고려할 필요가 있다. 인간의 특징 가운데 중요한 기능이 이성(理性, reason) 또는 사고(思考, thinking)이다. 인간은 사고한다. 동시에 행위(行爲, doing)하는 동물이다. 사고와 행위의 변증법적 지속을 통해, 인간은 삶을 영위한다. 그러므로 인간의 삶에서 생각하는 일, 고차원적 사고는 인간을 상징하는 본질적 요소이다. 우리의 의식은 항상 무엇에 대해 작용하고 있고, 그것은 사고 작용으로 나타나며, 사고 작용은 어떤 내용을 낳는다. 이 내용에 체계와 통일이 주어질 때, 견해나 개념으로 표현된다.

　특히, 구체적 상황에 봉착한 개인이나 집단은 자신이 처해 있는 현실에 정당하게 대처하여 의미 있는 행동을 실천하기 위한 실천적 규준을 사상(思想, thought)이라 부른다. 이때의 사상은 각 시대의 개인·사회·민족·인류 속에 잠재하여 그 시대의 현실을 움직이는 원동력이 된다. 때로는 정치·경제·사회·문화 일반을 지도하고 변혁을 일으키기도 한다. 여기에 이르면 사상은 단순한 사고의 내용이 아니라, '〜설(說)', '〜주의(主義)' 등으로 표현된다. 그리하여 사상은 이상(理想)과 정의(正義) 또는 선악(善惡)과 관련을 갖는다. 뿐만 아니라, 예술적 아름다움과 추함, 문화적 가치, 나아가서는 종교적 영혼·해탈·구원 등 고차원적 가치의 실현에까지 '사상'이라는 말을 사용하게 된다. 이념은 바로 이러한 주의나 사상의 체계이다. 사전적 의미로 "이상적인 것으로 여겨지는 관념[Idea]"이다.

　이런 차원에서 교육이념은 교육에서 이상적인 것으로 여겨지는 관념이 된다. 교육이념은 인간됨이나 인간다움에 기여하는 핵심 사상이고, 교육의 기본 원리이며, 기본 정신이자 지도 원리이다. 따라서 교육이념은 교육의 방향을 지시하는 지남(指南) 역할을 한다. 교육이념은 대소(大小)의 개념을 모순 없이 포함하는 총괄적인 것이어야 하고, 어느 일부분에만 반영되거나 실천되는 것이 아니어야 한다. 동시에 모든 교육활동을 정당화하는 근거가 되어야 한다. 시간과 장소에 따라 변하지 않아야 하며, 비교적 장시간 계속되어야 한다. 뿐만 아니라, 확고한 기초와 항구성을 지니려면 부정적인 것보다는 긍정적인 것이 바람직하다. 다시 말하면, 교육이념은 포괄성과 보편성, 기본성과 일관성, 지속성과 긍정성을 지니고 있어야 한다. 그런 점에서 교육이념은, 한 사회의 모든 교육정책, 교육제도, 교육내용 및 교육방법 등을 포함하는 교육의 전 과정을 지배하는 신념체계를 의미한다. 그만큼 교육이념은 모든 교육적 행위의 방향을 제시하는 구체적 의도를 내포하고 있어야 한다. 동시에 모든 교육적 행위의 결과에 대한 평가의 준거가 되는 사회 윤리적 가치체계를 드러내야 한다.

[비평]

02

교육의 필요성을 국가 차원에서 인정하고, 교육을 실천하는 대한민국은 교육이념과 교육목적을 「교육기본법」 제1장 제2조에서 다음과 같이 기술하고 있다.

> "교육은 홍익인간의 이념 아래 모든 국민으로 하여금 인격을 도야하고 자주적 생활능력과 민주시민으로서 필요한 자질을 갖추게 하여 인간다운 삶을 영위하게 하고 민주국가의 발전과 인류공영의 이상을 실현하는 데 이바지하게 함을 목적으로 한다."

이는 심신의 건강, 애국·애족·인류평화, 민족문화 유산의 계승 및 세계평화에의 기여, 진리탐구와 창의적 활동, 자유·협동·신의의 정신함양, 정서함양 및 여가 선용, 근검·노력과 현명한 소비 등 구체적인 교육목표를 통해 달성될 수 있다.

한편, 한반도의 경우, 남쪽의 대한민국과 북쪽의 조선민주주의 인민공화국은 체제를 달리하는 만큼 교육의 필요성이 달라진다. 조선민주주의 인민공화국 사회주의 헌법 제43조에서 다음과 같이 교육목적을 규정하고 있다.

"국가는 사회주의 교육학의 원리를 구현하여 후대들을 사회와 인민을 위하여 투쟁하는 견결한 혁명가로 지덕체를 갖춘 공산주의적 새 인간으로 키운다."

구분	대한민국(남한)	조선민주주의 인민공화국(북한)
이념	홍익인간(弘益人間)	사회주의 교육학 원리
목적	• 인격도야 • 자주적 생활능력 • 민주시민의 자질 • 인간다운 삶 영위 • 민주국가 발전 • 인류공영	• 견결한 혁명가 • 지·덕·체 구비 • 공산주의적 새 인간

비평

03

전통적으로 교육은 국가사회주의를 지향하는 '공동체적 경향'과 인격계발적인 '개인적 경향'이 변증법적 조화를 이루며 진행되어 왔다. 개인주의와 공동체주의를 지향하는 이념을 바탕에 두고 교육의 목적이 시대상황과 여건에 따라 그 특성을 드러내며 추구되었다.

서구의 경우, 공동체교육은 플라톤에 의해 주창되었다. 플라톤은 시민훈련이 시민에게 공적인 선(善, Good)을 가르쳐 실천하도록 준비시켜야 한다는 전통적 그리스의 견해를 기꺼이 수용했다. 개인은 공공의 목적 달성을 위해 국가에 이용되는 도구이다. 다시 말하면, 개인행동의 규제를 통해 출생 때부터 모든 시민에게 국가에 대한 엄격한 헌신을 주입시킴으로써 국가 단위를 유지하고 보존하려는 데 뜻을 둔다.

인격계발적인 측면은 페스탈로치(J. H. Pestalozzi, 1746~1827)에 의해 강조되었다. 페스탈로치는 기본적으로 인간을 사회적·국가적 굴레에서 해방시켜 개인으로서 행복한 인간을 일깨워주는 데 초점을 두었다. 그는 "우리에게는 현재 글자를 가르치는 학교도 있고 문장을 가르치는 학교도 있으며 교리문답을 외우는 학교도 있다. 그러나 진정 필요로 하는 것은 인간을 키우는 학교이다!"라고 언급하면서 인격계발을 최우선시 하였다.

이러한 교육의 목적은 시대와 사회, 사람에 따라 다르게 설정된다. 일반적으로 고대 사회에서는 '사회체제의 존속과 계승'이 중시되었고, 근대사회는 '개인의 인격 도야'가 중시되었으며, 현대사회는 '인간의 사회적 효율성 제고'가 부각되었다.

또한, 교육은 교육활동의 필요성과 관점에 따라, 내재적 목적(內在的 目的, intrinsic aim)과 외재적 목적(外在的 目的, extrinsic aim)으로 구분하기도 한다. 내재적 목적은 교육활동 내에서 인생의 의미와 가치, 이상을 발견하려는 것이다. 예컨대, 이해관계를 초월한 호기심이나 지적 정직성, 정확성, 근면, 진리와 정의에 대한 사랑 등의 지적인 덕목과 선, 절제, 관용, 정의, 동정 등의 도덕적 덕목, 합리성과 자율성 등이 이에 포함된다. 반면, 외재적 목적은 교육활동을 수단으로 삼아 어떤 가치를 실현하려는 것이다. 외재적 목적은 교육을 수단으로 삼기 때문에 당장 눈에 드러날 뿐만 아니라, 실제적 이익을 가져온다. 그러므로 현실적으로 중시된다. 외재적 목적은 특히, 생계의 문제와 관련되는데, 교육을 많이 받으면 받을수록 훌륭한 직업과 직장을 구할 수 있고, 높은 보수와 사회경제적 지위, 명예를 누릴 수 있다고 생각한다.

하지만 이 두 가지 목적 중 어느 것이 더 중요하다고 단정 짓기는 매우 어렵다. 가능한 한 내재적 목적을 추구할 때, 외재적 목적이 부수적으로 실현되는 것이 바람직하다. 외재적 목적이 지나치게 팽배하면, 교육이 정치나 경제의 도구로 악용될 소지가 있고, 출세와 치부의 수단으로 전락할 수 있다.

[비평]

04

교육이 필요하다는 적극적이고 긍정적 차원을 기초로, 교육이념이나 교육목적이 다양하게 표현될지라도, 인간사회에 보편적으로 존재하는 교육 작용이 있다. 그것은 네 가지 차원으로 구분하여 생각할 수 있다.

첫째, 인간은 하나의 '생물'이라는 차원이다. 앞에서 설명했듯이 인간은 생물 중에서도 성장을 위해 긴 시간을 필요로 한다. 이 기간 동안 역사적·사회적 보호 영역 안에서 언어를 비롯한 상징형식들을 배우고, 특수한 사회적 질서를 배운다. 그리하여 생물학적 영역을 벗어나 문화적 영역으로 들어간다.

둘째, 교육은 '역사적·사회적' 차원이라는 점이다. 인간의 교육은 한편으로는 기술, 제도, 과학, 사상, 예술, 종교를 포함한 모든 문화적 전승을 그 형식과 정신 측면에서 미래 세대에게 전달하는 과정이다. 다른 한편으로는 자라나는 개인을 그 사회의 정신적 내용과 형식 속에서 받아들여 문화적 전승 속에 편입하는 과정이다.

셋째, 자아의식을 불러일으키는 '이상적' 차원이다. 그것은 개인과 사회의 가치와 의미에 눈뜨게 하여 올바른 정신과 이상을 심어주는 작업이다. 이 사회 문화의 긍정·부정을 파악하고 그것을 새롭게 창조하기 위한 정신자세를 다듬어 그 의미와 가치를 깨닫게 하여, 이상을 지향하는 일이다.

넷째, '인격적' 차원이다. 한 인간이 삶의 방향을 전환하고 절대적 세계관이나 신념에 도달하며, 도덕적 양심을 불러일으키는 것은 전인(全人)과 전인의 만남을 통해 가능하다. 이것은 교육 작용에서 가장 중요한 본질로 자리매김 된다.

비평

05

교육 작용을 사회적 차원에서 확장하면, 크게 네 가지로 요약할 수 있다.

첫째, 교육은 현재 세대가 미래 세대들에게 좋은 문화나 삶의 양식, 질서나 체제를 현상 유지하는 차원에서 이어받게 한다. 인간의 삶에서 긍정적이고 좋은 문화는 지속적으로 이어지게 마련이다. 교육은 그런 문화에 대해 애착을 갖고 그것을 계승하기 위한 능력과 태도를 갖게 하는 기능을 지닌다.

둘째, 교육은 인격의 조화적 도야를 가능하게 한다. 인간의 참된 삶은 인격완성을 위한 의지와 끊임없는 노력의 과정이다. 이때 인격완성은 인간의 조화적 발전으로 인간성 안에 내재해 있는 여러 소질들을 조화롭게 발전시키는 일이다. 교육은 어떤 사회에서건 인간으로서 개인의 완성을 추구하며 자아를 실현하는 데 기여한다. 그것은 흔히 자기수양으로 표현된다.

셋째, 교육은 정신문화를 계승한다. 문화는 어떤 특정한 개인에서 다른 개인으로 계승되는 것이 아니다. 어떤 집단에서 보편적으로 받아들여지는 가치 있는 것이 다른 집단으로 계승된다. 더구나 문화는 개인이 태어나면서부터 지닌 것이 아니고, 집단 속에 살면서 몸에 익히는 것이다. 특히, 정신문화는 각 개인의 이지적이고 능동적인 노력으로 획득된다. 이때의 노력은 교육이 담보한다. 인간은 교육을 통해 자신이 속한 사회의 정신적 가치를 이어받고 자기정체성을 확보한다.

넷째, 교육은 인간을 한 사회의 성원으로서 사회화한다. 교육을 통해 인간은 자기가 속한 사회의 상황을 이해하고 가치를 확인할 수 있으며, 그런 과정을 통해 점차 적응해 갈 수 있다. 그리고 그 사회에 살면서 사회성원으로서 사회적 문제의식을 발견하게 된다. 교육은 이런 상황에서 사회를 긍정적으로 이어가게 하지만, 부정적 문제가 발생했을 때, 보다 나은 사회를 이룩하려는 사회혁신기반을 조성하기도 한다.

비평

<논의>

① 자기 주장

② 타자 비판:

③ 배려와 협력적 논의:

↓

④ 합의 도출과 전망:

제6강

교육의 공간

주제 1) 교육의 공간 변화 추세

인간의 바람직한 성장을 촉진하고 전달할 수 있는 합리적 공간이 '교육의 장소'이다. 교육의 장소는 교육의 장(場) 또는 교육의 마당(the field of education)이라고도 한다. 전통적으로 교육은 '가정(家庭, home) — 학교(學校, school) — 사회(社會, society)'로 이어지는 세 마당에서 이루어진다고 보았다. 그러나 첨단우주과학(尖端宇宙科學) 시대에 접어들면서 정보통신혁명과 더불어 교육의 장은 가상공간, 이른바 인터넷(internet) 사이버(cyber) 공간으로 확대되었다.

교육의 공간은 그 특성상 크게 둘로 나눌 수 있다. 하나는 형식을 완전히 갖춘 형식교육(formal education)이고, 다른 하나는 형식을 불완전하게 갖춘 비형식교육(informal education)이다. 형식을 완전히 갖춘 교육은 교육의 기본 요소인 '교사—학생—교육내용'이 조직적으로 작용하여 이루어진다. 의도적이고 계획적인 '교수—학습 시스템'을 갖추고 지속적으로 교육 작용이 진행된다. 형식교육을 대표할 수 있는 교육공간은 '학교'이다. 이외에 가정이나 사회교육 등 교육시스템을 완벽하게 갖추지 못한 다양한 교육공간은 비형식교육을 실천한다.

인간의 삶에서 교육은 형식교육 이전에 비형식교육으로 이루어지고, 주로 가정교육에서 시작된다. 특히, 가정교육은 자녀를 대상으로, 가정이 주체가 되어, 생활을 통해 전개된다. 현대 사회의 가정은 1인 가정을 비롯하여 대가족에 이르기까지 다양한 형태로 존재하고 있어 전통 가정교육의 내용을 일괄적으로 적용하기 어려운 실정이다. 그러나 전통적으로 가정은 삶다운 삶, 사람다운 사람의 올바른 기초를 마련하는 교육이 전개되는 마당이었고, 교육적 영향력이 가장 크게 미치는 인생 최초의 교육기관이었다. 가정은 정서적·성격적인 면에서 자녀를 바람직하게 성장시킬 수 있는, 기초적인 인간화·사회화가 이루어진다는 점에서 교육의 기본 공간이었다.

학교는 가장 체계적이고 조직적인 사회화 기관이다. 지능정보사회에서 첨단과학기술과 고도의 전문지식이 폭증하면서 학교를 비롯한 전문교육기관의 역할도 중요하게 되었다. 특히, 학교교육은 근대 공교육 이후, 평등이념의 보급과 너불어 모든 국민들이 균등하게 교육받아야 한다는 사고에 기초한다. 초·중등학교의 경우, 의무교육과 연결되고, 국민의식 수준의 제고와 국력신장의 기초가 된다는 점에서 그 존재 의의를 확인할 수 있다.

직장교육은 최근 세계경제 환경의 변화와 직결된다. 글로벌화로 인한 세계시장의 변화, 기업조직의 다양화에 따른 직장 내의 변화, 문화의 다양성과 상대성에 기인한 인력의 가치관 변화 등 새로운 질서에 대응하기 위한 조직적 몸짓으로 볼 수 있다. 이는 조직구성원의 직무향상과 구성원의 성장발전, 조직의 생산성 향상을 위한 벤치마킹, 리엔지니어링, 아웃소싱, 다운사이징 등과 같은 경영혁신과 맞물려 있다.

사회교육은 지역주민과 시민들을 위한 다양한 사회기관과 시설에서 이루어지는 교육활동이다. 이는 자치제도의 등장과 더불어 더욱 활기차게 진행되고 있고, 평생교육의 차원에서도 다양한 형태로 이루어지고 있다. 가정이나 학교, 직장에서 못다한 사안들에 대해 교육의 공간을 저렴하게 제공하고, 체계적인 프로그램으로 시민들의 다양한 교육적 욕구를 충족시켜 주고 있다.

지능정보사회의 심화에 따른 가상공간, 인터넷 사이버 공간은 새롭게 등장한 교육장소이다. 이는 전통교육 패러다임의 양식을 획기적으로 바꿀 수 있는 통신망의 보급과 연관된다. 정보 인프라가 구축된다면, 인터넷 사이버 공간은 온라인(on - line)을 통해 모든 사람에게 개방된 교육장소이다. 이는 교육기회의 평등을 실현할 수 있다는 측면에서 의미심장하다.

주제 2) 교육 공간 확장의 정당성

▌학교

학교는 일정한 교직원, 장소, 건물, 설비를 갖추고 일정한 교육과정에 의하여 전문적인 지식을 계속적으로 가르치며 배우는 교육의 공간이다. 역사적으로 볼 때, 모든 나라들이 학교를 통해서 사회와 국가, 인류에 기여할 수 있는 인간을 양성하고자 노력해 왔다. 특히, 근대 민족국가가 성립된 이후, 학교는 국가의 요구를 국민들에게 교육시키고, 개인의 생존권을 보장해 주었으며, 사회이동이 가능할 수 있는 통로 역할을 하였다. 이런 양식이 발달하여 오늘날 우리나라를 비롯한 대부분의 선진국들은 10년 전후의 의무교육을 실시하고 있다.

학교는 일정한 발달수준에 있는 학생들을 일정한 건물에서, 교직원이 일정한 교과를, 일정한 계획에 따라 조직적으로 교육하는 기관이다. 그러므로 특별한 사유가 없는 한, 국민 모두에게 교육의 기회균등을 실현해 줄 수 있는 가장 효율적인 교육의 마당이다.

이러한 학교의 긍정적 역할에도 불구하고, 오늘날 학교제도는 계층 간의 교육기회를 불평등하게 제공하거나 본연의 임무에 충실하지 못하는 폐해가 발생하기도 했다. 예를 들면, 학교 본연의 임무인 개인의 잠재능력을 계발하고, 전인적 인간으로서 성장할 수 있는 가능성을 신장시키기보다는, 특정 정권의 이데올로기를 주입함으로써 정권에 봉사하는 인력양성 수단으로 전락하기도 했다. 그렇다 하더라도 학교는 여전히 대부분의 국민이 교육받고 있는 가장 중요한 교육의 장소임에 분명하다.

이러한 학교교육은 크게 두 가지 차원으로 그 특징을 정리할 수 있다. 하나는 개인의 성장과 발달이고, 다른 하나는 사회의 유지와 발전이다.

먼저, 개인의 성장과 발달의 관점에서 보면, 인간에게는 변화가능성이 있고, 개인마다 특성도 있다. 교육은 이러한 전제에서 성립한다. 교육은 기본적으로 개인에서 출발하며, 교육의 목적 또한 개인의 전인적 성장과 발달을 기초로 한다. 따라서 학교는 개인의 자질과 능력을 신장·계발하기 위하여 최선의 교육방법과 환경을 마련해야 한다. 학교는 학습자들을 발달시키기 위해 학습자의 자질과 성향을 정돈하고 질서화하며, 현재의 사회적 습관을 정화하고 이상화한다. 왜냐하면 학교는 보다 체계적이고 균형 잡힌 교육환경을 창조해야 하기 때문이다.

이를 위해 학교는 교육내용을 단순화하거나 순화할 필요가 있다. 인류의 문화유산은 복잡하고 다양하다. 역사의 진보를 저해하는 부정적 유산도 있고, 지속적으로 이어가야 할 소중한 전통도 있다. 이를 제한된 학교교육에서 모두 소화할 수는 없다. 따라서 학교에서는 전달할 내용을 분석하고 선정하여, 연령과 능력에 따라 이해할 수 있는 범위로 재편성해야 한다.

또한 교육방법에서의 조직화도 필수적이다. 학생들의 체계적 학습과 통합된 발달을 돕기 위하여, 그들이 얻은 학습경험에 이론적 질서나 심리적 순서가 뒷받침되어야 한다. 즉, 쉬운 것에서 어려운 것, 구체적인 것에서 추상적인 것, 본질적인 것에서 지엽적인 것, 가까운 것에서 먼 것, 이미 알고 있는 것으로부터 모르고 있는 것으로, 학습하고 탐구해 갈 수 있도록 방법을 강구해야 한다. 학생 개인의 발달과 조성을 위해, 학교교육에서 무엇보다도 중요한 것은 학생에 대한 관심과 개성에 대한 배려이다. 개체의 완성이나 자아실현, 인격완성에 기초가 되는 것이 개성이다. 따라서 개인 간의 차이를 정확히 파악하고, 학습을 계열화하여 발달을 통합하여야 한다.

학습의 계열화는 교육효과를 극대화하는 적합한 방식이다. 적절한 예습과 복습, 선행학습, 하위의 학습에서 상위의 학습으로 질적 심화를 도모할 수 있어야 한다. 즉, 계열을 찾아가는 나선형 지도와 같은 교육이 어떤 교육기관보다도 학교에서 철저하게 이루어져야 한다. 발달의 통합은 학생이 한쪽으로만 발달하지 않도록 주의하는 일이다. 학교에서 진행되는 교과과정과 과외활동을 기본교육 과정으로 하고, 학습지도와 생활지도가 적절하게 통합되어 전인으로 성장할 수 있도록 도와주어야 한다.

다음으로, 학교교육은 사회의 유지와 발전의 차원에서 성찰할 수 있다. 학교는 하나의 객관적 실체이다. 학교는 어떤 사회 기관보다도 세련된 사회제도적 성격을 지닌 공동체이다. 뒤르켐은 교육을 사회화 과정으로 보았다. 따라서 교육의 목적을 개인의 발달보다는 사회의 분화와 전문에서 찾으려고 하였다. 그것은 학교교육의 성격을 사회적 측면에서 이해하려는 관점이다. 듀이의 경우에도 개인의 발달을 중시하면서도 학교를 사회화 기관으로 인식하였다.

일반적으로 학교를 개인주의적 입장에서 교사와 학생, 교사와 학부모 사이에 상호작용하는 교육의 마당으로 간주하려는 경향이 있다. 따라서 우리의 관심은 교육에 직면한 학생, 자녀의 성장과 발달, 삶의 진보라는 사실에 집중된다. 학생의 정상적인 신체적 발달, 읽기 – 쓰기 – 셈하기의 능력 향상, 지리나 역사와 같은 지식의 증진, 예의나 태도의 개선, 민첩함 – 질서 – 근면성과 같은 습관의 양성 등이 관심대상이 되며, 이러한 기준에 의해 학교경영의 성패를 판단하기도 한다.

그러나 우리는 시야를 넓힐 필요가 있다. 선량하고 현명한 부모가 자녀에게 희구하는 것을 사회는 모든 아동을 위하여 희구해야 한다. 이러한 견지를 벗어난다면, 어떠한 학교도 그 이상(理想)은 협소하고 불미하게 될 것이다. 아울러 그런 좁은 시각을 행동으로 옮길 때 우리의 민주주의는 진보하기보다 퇴보하기 쉽고, 건설되기보다 파괴되기 쉽다. 사회가 자신을 위하여 성취한 모든 것은 학교라는 기관의 교육작용을 통하여 미래의 성원에게 그대로 전해진다. 왜냐하면 사회는 자신에 관한 개혁적 사상을 미래사회를 향하여 열려 있는 학생이라는 새로운 가능성을 통하여 실현하려고 하기 때문이다.

이처럼 학교는 축적된 문화를, 새롭게 참여하는 성원에게 전달하고 그 결과로서 사회를 존속하는 데 기여해야 한다. 이런 역할과 기능이 없다면, 한 사회는 그들의 문화를 미래 세대에 존속하기 어렵다. 이는 학교가 사회의 건전한 유지와 존속에 필수적인 교육기관이라는 의미이다. 이른바, 사회적 기관으로서 학교이다.

이런 학교는 사회의 보존이나 현상 유지적 기능은 물론, 사회의 진보와 발전을 위해서도 중요한 기능을 수행한다. 예를 들어, 국가 사회가 조국통일이나 경제 선진화, 민주적 시민의식, 과학정신을 강조할 때, 학교는 이에 부응하여 교육할 필요가 있다. 또한 사회 부조리나 불합리성, 부정부패, 비민주적인 상황이 있을 때, 학교는 이에 대해 인식하고 보다 나은 미래를 지향할 수 있는 탐구와 창조정신의 고양에도 적극 기여해야 한다.

그런데 현대사회는 급격하게 변하고 있다. 지능정보사회, 글로벌, 첨단우주과학 시대라 일컬어지듯이, 예측하기 힘든 변화의 양상이 끊임없이 새롭게 전개된다. 전통적인 학교교육은 일정한 시간과 공간에서 제한된 내용의 지식을 교사주도하에 학생에게 전수하는 경향이 강했다. 그러나 현대사회는 지식정보의 급격한 팽창, 과학기술의 폭발적 진보, 국가 간 문호개방, 사고의 다양화, 사회 전반의 분화현상 등이 빠르게 진행되고 있다. 디지털 네트워크의 효과는 근대사회의 합리적 공간인 학교의 정체성을 혼란스럽게 만들고 있다. 이러한 변화의 도정에서 학교교육도 예외로 남아 있을 수 없다. 지능정보사회가 강화될수록, 지식을 핵심으로 다루는 학교는 다차원적으로 변화해 나가야 한다.

첫째, 학교에서 가르치는 지식은 '활용 중심적'이어야 하고, 사회생활과 밀접한 관련이 있어야 한다. 종래의 학교교육은 단편적인 지식의 주입에 치중하였고, 그러한 지식이 삶의 유용한 도구로 활용되지 못한 경향이 있었다. 이제는 지식을 많이 알고 있는 인간보다는 다양한 지식을 종합하고 응용하여 재창조하는 창의적 사고를 지닌 인재가 요구된다. 따라서 기존의 획일적 '지식 전수식(知識 傳授式)' 교육을 성찰할 필요가 있다. 학생들이 풍부하고 다양한 자료를 접하고 스스로 이를 탐구·적용하면서 과제를 해결하여 사회를 선도할 수 있는 능력을 길러주어야 한다.

둘째, 학교의 지식교육은 유연하고 탄력적이며, 학생의 '고등 사고능력'을 배양시키는 데 기여해야 한다. 지능정보사회에서는 유연한 사고능력과 창의적 능력을 지닌 인간이 사회의 중심역할을 한다. 따라서 개인의 재능과 적성을 극대화하는 수월성 교육이 요구된다. 학교는 교사가 일방적으로 수업하기보다는 학생이 스스로 학습하는 방법을 터득하여 자기학습에 몰두할 수 있게 분위기를 조성해야 한다. 즉 개인의 잠재력을 최대로 계발할 수 있도록 동기를 부여하는 공간이어야 한다.

셋째, 교과내용은 일관된 목표 아래 통합적으로 구성되는 동시에 각 교과의 특성이 함께 살아나야 한다. 동시에 교육과정의 구성은 현재와 미래를 살아가는 학생의 요구에 부응해야 하며, 다양한 교육 지원체제를 마련해야 한다. 교과는 사회의 요구에 의해 수용되고 만들어진다. 따라서 각 교과의 내용은 사회적 특성을 반영하여 전체적으로 유기적 관계를 유지하면서 각 교과의 고유한 특성을 살려야 한다. 그런 교과내용과 교육과정, 지원체제를 수용한 학생이어야 현실을 미래에 연결할 수 있고, 미래 세대를 선도할 수 있는 능력을 구비할 수 있기 때문이다.

▌가상공간: 인터넷 사이버

교육의 마당에서 혁명적 변화를 겪고 있는 것이 바로 가상공간, 인터넷 사이버 교육이다. 흔히 지능정보사회로 대변되는 정보통신기술의 발달은 언제, 어디서, 누구나 원하는 교육을 받을 수 있게 만들었다. 이것의 대표적인 사례가 바로 다양한 콘텐츠를 바탕으로 이루어지는 사이버 교육이다.

인터넷은 일반적으로 네트워크 또는 웹으로 불리며, 무수히 작은 네트워크들을 서로 연결하고 있다. 그것은 공간적으로 떨어져 있다 하더라도 다른 사람과의 통신, 정보검색, 그리고 원격에서 파일을 획득할 목적으로 사용된다. 이런 인터넷은 정보의 양이 끊임없이 늘어가는 시대에, 거대한 정보의 창고이다. 그 속에는 정보뿐만 아니라, 비슷한 관심사를 가지고 있는 집단들도 존재하고 있다. 네트워크의 연결은 이들과의 정보교환 및 협동적인 문제해결을 가능하게 만든다. 인터넷의 이런 특징은 네트워크를 통해 정보와 지식이 자유롭게 공유되므로, 개인의 학습뿐만 아니라, 시·공간의 제약을 벗어나서 협동적으로 학습하거나 팀 학습도 가능하다.

이처럼 인터넷을 활용한 사이버 교육은 누구에게나 열려 있는 교육의 마당이다. 이는 모든 사람들에게 교육의 기회를 제공하여 교육을 개방하고 확대한다. 아직도 여러 가지 이유로 학교교육이나 면대면 교육을 통해 지식이나 기술, 학위 등의 자격증을 얻지 못한 사람들이 많다. 인터넷 가상공간은 그런 사람들에게 학습이 가능한 교육체제를 제공함으로써 교육기회를 다양하게 열어준다.

그러나 인터넷 사이버 교육의 전제는 기본적으로 인터넷에 안정적으로 접근할 수 있는 환경의 조성이다. 기본적으로 컴퓨터가 있고 통신망이 설치되어야 하며, 그것을 활용할 수 있는 능력도 구비해야 한다. 이런 사이버 교육 마당은 사회 곳곳에서 보편적으로 진행되는 동시에 콘텐츠의 질적 향상이 이루어지고 있고, 원격교육연수원, 사이버 대학, 각종 사이버 강좌 등 다양한 형태로 운영되고 있다. 이러한 인터넷 사이버 교육은 교육적·사회적 차원에서 다음과 같은 특징을 지닌다.

교육적 차원에서는 학습자 중심의 교육환경과 상호작용적 학습을 실천할 수 있다. 학습자 중심의 교육환경은 학습내용의 종류와 수준, 학습의 분량, 속도와 횟수, 학습시간과 장소 등 학습과정 전반에 걸쳐 학습자의 여건에 따른 자율적 선택권이 보장될 수 있다. 다시 말하면, 학습자는 스스로 자신의 수준에 맞는 교육내용을 선택하고 자신에게 적절한 시간에 접속하여 자신의 여건에서 학습속도를 조절할 수 있다. 동시에 상호작용적 학습이 가능하다. 학습자는 인터넷을 통하여 필요한 정보와 지식을 획득하여 사용할 수 있을 뿐만 아니라, 교수자와 학습자, 학습자 상호간의 정보교환 및 의사소통의 수단으로 이용할 수 있다.

사회적 차원에서 인터넷 사이버 교육은 교육기회의 확대와 평등을 실현하는 데 기여할 수 있다. 예를 들면, 전통적인 학교교육을 받지 못했거나 급변하는 시대의 다양한 지식 기술을 습득하려는 사람들에게도 사이버 교육을 통해 학습기회를 제공함으로써 교육의 기회를 확대하고 개방할 수 있다. 이러한 교육기회의 확대는 학교나 직장에서 벌어지는 기존 교육체제를 보완할 수 있다. 뿐만 아니라, 사회적 약자이자 교육적으로 배려해야 할 장애인들도 시간과 장소에 구애받지 않고 자신이 원하는 교육을 받을 수 있다.

<보론>

01

전통적으로 가정은 혼인이나 입양, 혈연으로 결속된 하나의 집단이다. 동시에 이런 집단의 삶의 거점인 생활의 마당이자, 교육의 장소이다. 사람은 가정에서 태어나 양육되고, 성인이 되어서는 독립된 가정을 만들어 새로운 생활 집단과 거점을 지니게 된다.

사회학자들에 의하면, 현대적 의미의 가정은 "성 행위를 규제하고, 사회적 재생산에 기여하며, 사회적 지위와 정체감을 부여하고, 자녀의 양육과 사회화를 책임지며, 정서적 안정과 생활보호를 담당하고 있다."고 한다. 다시 말하면, 가정은 크게 출산, 경제, 안식, 교육 등의 기능과 역할을 맡고 있다. 이 중에서도 교육은 핵심기능 중의 하나이다.

현대사회에서 가정의 형태와 기능은 엄청나게 변하고 있다. 과거 농경사회에서 혈연 중심으로 구성되었던 가족의 형태는 산업사회로 들어서면서 서서히 해체되었고, 최근에는 재혼가정, 다문화가정, 1인 가정 등 다양한 형태의 가정이 등장하고 있다. 핵가족화로 바뀌면서 축소된 가족규모는 자녀들에게 다면적 인간관계를 형성할 기회를 감소시켰고, 산업과 경제활동의 변화에 따른 맞벌이부부의 증가는 가정의 교육적 기능을 약화시켰다. 심한 경우에는 모성실조(mother deprivation) 또는 부성실조(father deprivation) 현상도 나타났다. 뿐만 아니라, 사회의 급진적 변화는 전통적인 가부장적 권위를 해체하고, 부모와 자녀 사이의 가치관의 격차, 갈등을 유발하기도 하였다.

전통적인 가정교육은 부모나 형제자매와의 일상생활을 통해 말과 글을 배우고, 원만한 대인관계나 사회관계를 맺는 데 필요한 예의범절, 관습, 습관 등을 몸에 익혔다. 인간으로서 무엇이 옳고 그른가를 판가름하는 가치판단의 기준도 배웠다. 다시 말하면, 가정에서는 어린 자식과 부모의 관계를 통해 사회의 가치와 규범을 익히고 내면화하는 사회화 과정을 거치도록 교육을 담당해 왔다. 가정은 자녀들에게는 인간이 세상에 태어나서 처음으로 경험하는 교육의 공간이고, 부모를 비롯한 어른들에게는 지속적인 교육이 이루어지는 삶의 공간이다. 따라서 가정은 교육활동의 단초이자 기초교육의 장이다. 이러한 가정에서의 교육은 다음과 같은 특징을 지닌다.

첫째, 가정교육은 '혈연'을 중심으로 하는 인간관계의 자연성에 기초하여 무의도적이고 비형식적으로 이루어진다. 가정교육은 어느 정도는 자녀를 위한 계획도 세우고 조직적으로 지도할 수도 있지만, 학교교육처럼 세밀한 체계와 조직을 갖춘 상태에서 교육하지는 않는다. 가정은 각 가정의 문화적 특징을 바탕으로 자연스럽게 부모-자식, 형제자매 사이의 상호작용을 통해 교육 작용을 한다.

둘째, 가정교육은 '사랑'으로 결속된 가족구성원 사이에 이루어진다. 연령대가 서로 다른 부모-자식, 형제자매 사이의 인간관계를 기초로 교육한다. 학교교육이 동일한 연령집단인 동시에 공통된 목적을 가진 또래집단이 모여 교육하는 곳이라면, 가정교육은 부모와 자식, 형제자매처럼 성과 연령이 다르고, 가정 내에서 서로 다른 지위와 역할을 갖는 가족구성원 사이에 행해진다. 따라서 그 기능상 부성애와 모성애, 부부애, 형제애로 응집된 사랑의 교육이 진행되는 교육의 원초적 형태이다.

셋째, 가정교육은 자녀의 심신 '보호와 배려'가 교육적 배경이다. 과보호나 방임이 아니라, 적절한 보살핌을 통해 가정의 역할을 충실히 하는 교육의 근원적 형식을 보여준다. 요컨대, 자녀의 건전한 생활과 심신의 발달을 도와주는 동시에 새로운 변화가 진행되는 사회에서 안정을 찾도록 지원해 준다.

그러나 지능정보사회에서 개별성과 독특성, 국제적 사고, 더불어 살아가기 위한 협동성, 동료의식, 팀워크, 통합성, 융통성과 신축성 등의 덕목이 중시되면서, 가정교육에서도 새로운 양식이 요구된다.

첫째, 자녀의 창의성 교육이 필요하다. 창의성의 바탕은 자유이다. 부모는 자녀에게 신체적·정신적·심리적 자유를 허용하여 자유롭게 생각하고 행동할 수 있도록 분위기를 만들어주어야 한다. 때로는 필요 이상의 간섭이나 과잉보호를 거부하는 자유분방한 교육도 요청된다. 열린 사고로 자녀가 자신의 의지대로 살아갈 수 있도록 관대함을 베풀어야 한다.

둘째, 자녀가 긍정적인 자아개념을 갖도록 하는 교육도 중요하다. 특히, 자신을 수용하고 인정하고 존중하고 사랑할 수 있는 자세를 지니게 해야 한다. 자기를 부정하면 사회에 적응하기 어려울 수 있다. 뿐만 아니라, 일에 대한 열정이나 도전의식, 자신감이나 인내력을 갖추기가 쉽지 않다.

셋째, 자녀를 존중하는 교육이 요구된다. 무엇보다도 자녀의 의견을 존중하고 인격체로 대해야 한다. 그런 가정의 분위기 속에서 자녀는 독특한 개성을 확보하고, 리더십을 지닌 시대의 선도자가 될 수 있다.

넷째, 어느 정도 자극적이고 호기심을 불러일으켜, 이를 키워줄 수 있는 교육적 분위기도 중요하다. 어떤 문제에 대한 자극이나 호기심은 창의성을 촉발할 수 있는 계기이다. 자녀가 갖고 있는 호기심을 꺾지 않고 자녀의 질문에 관심을 갖고 귀 기울이며 호기심을 길러주어야 한다.

다섯째, 자녀의 미성숙, 비논리성도 존중하는 교육이 필요하다. 왜냐하면 자녀가 지나치게 논리적이거나 질서정연하다면 오히려 독창성을 움츠려들게 할 수 있기 때문이다. 얼핏 보기에 모순되는 것처럼 보일지라도, 강렬한 표현력을 존중해 주며 긍정적인 대화를 나누는 것도 한 가지 방법이다.

[비평]

02

가정과 학교, 직장 이외의 교육활동이 이루어지는 공간으로는 각종 사회기관이 있다. 지역사회의 도서관이나 박물관, 학원, 각종 문화센터, 예술 공연장, 청소년교육기관, 사회복지관, 종교기관, 지방자치정부의 교육센터 등 다양한 사회교육의 형태가 이에 속한다. 사회교육은 유아, 청소년, 성인, 노인을 막론하고, 모든 세대를 대상으로 하는 조직적이고 계속적인 교육활동이다. 따라서 학교나 직장과 같은 다른 교육공간과 구별되는 특성과 역할을 지니고 있다.

첫째, 사회교육은 학습자가 스스로 참여한다. 사회교육을 찾는 학습자는 자신의 필요에 따라 학습내용을 선택하고, 스스로 자신의 요구와 수요를 충족시키며, 자아의식을 성숙시키려고 한다.

둘째, 사회교육은 비용이 저렴하며 학습기간이 비교적 짧다. 대부분의 사회교육기관은 국가 및 지역사회, 공공기관에서 주민들을 위한 체계적 교육프로그램과 공공시설을 제공한다. 게다가 정부나 기업의 협조를 받는 전문성을 갖춘 자원봉사자들이 활동한다. 따라서 주민이나 시민에 대한 복지 차원의 성격이 강하다. 그것은 비용의 저렴화로 이어진다. 그리고 비용 및 효과성과 직접 관련 있는 것이 학습기간이다. 가능한 한 짧은 시간 내에 설정된 학습목표를 달성하고, 학습자의 생활 형태와 관련하여 즉각적·직접적으로 활용할 수 있는 기능학습을 중시한다.

셋째, 사회교육은 학습자의 요구에 기초하고, 때로는 취업과 연결되기도 한다. 사회교육은 학습자의 요구를 명확하고 즉각적으로 수용할 수 있도록 그 목표설정에 우선순위를 둔다. 때문에 교육과정은 연속적이고 기술적이며 필수적인 것보다는, 취사선택하며 융통성이 풍부한 경향이 강하다. 교육과정의 편성은 학습자의 진정한 관심, 동기와 희망사항을 스스로 발견할 수 있도록 최대한 노력한 결과를 토대로 이루어진다.

사회교육이 취업과 연결될 수 있는 기능은 두 가지이다. 하나는 현재 취업 중인 사람에 대해, 급속하게 발전하는 과학기술문명과 정보에 대한 계속교육을 실시하여 그들이 지속적으로 직장에서 능력을 발휘할 수 있도록 취업의 계속성을 부여할 수 있다. 다음으로는 현대의 학교교육이 그 규모의 거대성과 획일성으로 말미암아 개인의 적성에 따른 진로지도를 소홀히 할 수 있는 데 대한 보완체계로 그 수정의 기회를 제공할 수 있다. 예를 들면, 졸업장이나 학위취득보다는 현실적으로 필요한 자격증 취득을 목적으로 운영된다.

넷째, 사회교육에서는 교수자와 학습자 간의 관계가 수평적이다. 사회교육 활동은 학습자 중심이고 개별적인 것이며, 자아의식과 교육과정이 학습자에 맞추어 설정된다. 따라서 교수자는 학습자 위에 군림해서는 안 된다. 학습자와 교수자의 관계는 수평적이다. 이 때 교수자는 도움을 주는 사람(Helper), 능력 제공자(Enabler), 촉매자(Catalyst)로서의 역할을 하게 되어 전통적인 교수자와는 다른 성격을 지닌다. 이런 역할을 수행하는 사람을 조력자(Facilitator)라고 부른다. 조력자는 반드시 일정한 자격을 구비한 교수자가 아니더라도 교수자가 될 수 있다. 예컨대, 전문가를 보조하는 조수나 비전문인의 경우에도 교수자의 역할을 수행할 수 있다. 마찬가지로 지도력이 있거나 특정한 분야에 높은 기능과 지식을 보유하고 있는 사람도 학습자가 될 수 있다.

사회교육은 그 역할상, 보완학습이나 보충학습을 핵심으로 하는 대안학습의 성격이 강하다. 특히, 가정이나 학교, 직장과 같은 교육공간이 제공하는 교육을 보완하거나 이를 완성하는 데 기여할 수 있다. 따라서 사회교육은 유아에서 노인에 이르기까지 다양한 학습자 계층을 갖추고, 무엇보다도 학습자들의 요구사항을 파악하여, 가정이나 학교, 직장에서 하지 못한 교육을 보충하는 데 기여해야 한다.

보완교육은 정상적으로 요구되는 학습의 내용과 활동이 학교의 교실이나 직장에서 이루어지기에 부적절한 것들을 대상으로 한다. 예컨대, 운동모임이나 취미활동, 각종 학회와 단체 활동, 연극반, 합창반 등의 과외활동은 학교나 직장의 정규과정 외에 이루어지는 경우가 많다. 그러므로 학교나 직장의 시설을 이용하기보다는 외부의 사회교육기관의 시설이나 인재, 단체를 활용하는 경우가 많다.

보충교육은 어느 정도 학교교육을 이수한 사람, 유사한 기관이나 단체에서 계속 학습의 기회를 제공하는 일이다. 문맹자에 대한 기초문맹교육, 문해자에 대한 기초 문해교육, 각종 직업훈련과 같은 기능훈련교육, 영농훈련과정, 가족생활교육, 가정경제교육 등이 여기에 포함된다. 이들 학습내용은 주로 학습자의 특정한 실제 상황과 연결되고, 일상생활과 직업생활에서 즉시 활용할 수 있는 기능을 학습자들이 함양할 수 있게 한다.

[비평]

03

인터넷 사이버 교육의 공간은 기술의 발달과 더불어 혁신을 거듭하고 있다. 최근에는 빅 데이터에 기반한 '인공지능(AI)', 특히 생성형 인공지능인 챗지피티(ChatGPT)가 접목되면서 교육현장이 대전환의 기로에 서 있다.

인공지능을 가능하게 하는 원동력은 크게 세 가지로 나누어 볼 수 있다. '① 딥러닝(Deep learning), ② 빅 데이터(Big data), ③ 클라우드 네트워킹 컴퓨팅(Cloud net-working computing)'이 그것이다. 딥러닝은 심층학습으로 인간이 정보 처리에 참여하지 않고도 컴퓨터가 주어진 데이터를 바탕으로 스스로 분석하여 답을 찾는 방식이다. 빅 데이터는 인공지능을 가동하기 위해 필요하다. 왜냐하면 인공지능은 대량의 데이터에서 반복적으로 발생하는 기계적 패턴을 찾아내어 가장 적합한 해답을 제시하는 방식으로 작동하기 때문이다. 클라우드 네트워킹 컴퓨팅은 데이터의 양이 웹 스케일로 커짐에 따라 엄청난 양의 데이터를 관리하고 그 데이터를 이용하여 상당한 양의 계산을 처리하기 위한 기술이다. 인터넷상의 유틸리티 데이터 서버에 프로그램을 두고 컴퓨터나 휴대폰 등에 불러와서 데이터 저장 콘텐츠 사용, 아이티(IT) 관련 서비스 등 필요한 문서를 언제 어디서나 기기를 통해 공유할 수 있는 서비스를 말한다.

이런 기술문명의 발전으로 교육에서도 클라우드 플랫폼, 안면인식 등을 활용하여 방대한 학생 자료를 관리하는 시스템이 도입되고, 인공지능 시험 감독이나 인공지능 면접관의 필요성도 제시되었으며, 햄스트 로봇이나 드론 등을 활용한 수업도 등장하고 있다.

미국 미시간대학의 연구에 의하면, 30여 년 전에 비해 대학생들의 공감능력이 40%나 감소하였다고 한다. 엠아이티(MIT)대학의 연구에 따르면 10대 청소년의 44%가 얼굴을 맞대고 눈을 맞추며 대화하는 데 어려움을 겪고 있고, 그만큼 타인에 대한 이해도가 감소했다고 보고하였다.

때문에 인공지능 시대에는 타인들과 잘 소통하는 능력인 소프트 스킬의 기술인 대화와 공감, 효과적인 코칭, 다른 사람에 대한 통찰, 비판적 사고, 문제해결능력, 복잡한 상황에서 관계 형성의 기술이 단순한 기술적 전문성보다 중요하다. 직업을 준비하는 학생들의 경우, 시대에 부합하는 진로 탐색, 직업윤리, 혁신과 같은 소프트 스킬을 지닐 수 있도록 역량을 갖추어야 한다. 변화하는 기술적 환경에 적응하는 동시에, 평생학습을 고려하여 교육을 선도하는, 세계를 향해 열린 시선으로, 자기 자신을 계발하는 자세가 중요하다.

(비평)

<논의>

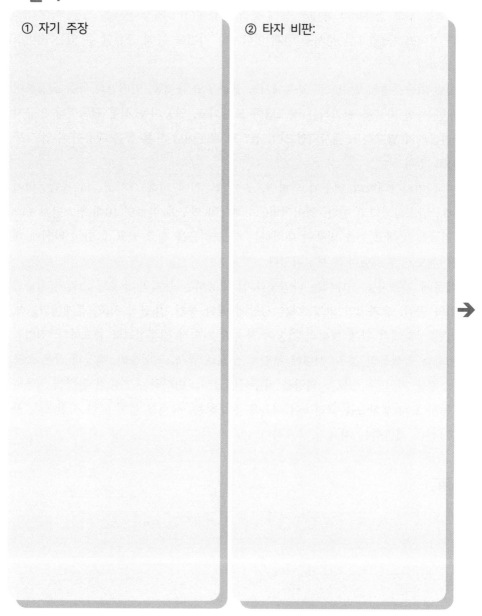

① 자기 주장

② 타자 비판:

③ 배려와 협력적 논의:

⬇

④ 합의 도출과 전망:

제7강

교육의 시간

주제 1) 교육의 시간 변화

빅 데이터(Big data), 지능정보(artificial intelligence), 생명공학(Biotechnology) 등의 발달 사례에서 볼 수 있듯이, 현대사회는 급변하고 있다. 디지털(digital)이라는 말이 상징하듯이, 속도(speed)를 생명으로 여기는 시대이다. 시대변화에 따라 교육도 아주 짧은 시간에 상황이 뒤바뀐다. 전통교육이 지닌 교육적 특성의 유효성과 지속력이 떨어진다는 말이다.

과거에는 태교(胎敎)를 비롯하여 가정교육, 학교교육이 매우 중시되었다. 동·서양을 막론하고 제도교육의 등장은 학교교육을 교육의 핵심적 지위에 올려놓았다. 특히, 서구 근대 공교육 체제의 전개는 학교교육이 교육의 전체인 것처럼 그 영향력을 발휘해 왔다. 그러다 보니, 지금까지도 교육은 학교교육과 같은 개념으로 이해되어 왔다.

그러나 시대상황의 변화는 학교교육으로 대변되던 교육에 새로운 의미를 더해 주고 있다. 대한민국의 교육현실을 볼 때, 현재 학교교육은 전반적으로 사회의 수요에 부응하지 못하는 경우가 많다. 뿐만 아니라, 이론과 실제 간의 괴리로 교육의 효과도 저하되고 있다. 현대 지능정보사회에서 이미 학교가 담당할 수 없는 기능이 많다는 것이다. 이런 와중에 학교교육의 한계는 더욱 노출되었고, 과거에는 경험하지 못한 학교의 해체, 교실의 해체가 도처에서 일어나고 있다. 더구나 첨단과학기술의 발달은 간편한 이동성, 사용자 편이성, 그리고 빠른 속도와 같은 특성을 보인다.

기술발달이 혁명적으로 진행되는 상황에서 교육은 평생교육, 열린교육이 가능하도록, 그에 맞는 교육인프라 구축을 심각하게 요구하고 있다. 이는 전통적 학교교육의 일대 변화를 재촉한다. 그리고 전통교육의 양식이 이미 상당수 해체되었고, 새로운 양식의 교육이 여기저기서 구현되고 있다. 그것은 학교교육의 한계를 지적하는 동시에 평생교육의 확산이라는 교육의 시간을 연장하게 만들었다. 그것을 '평생학습교육'이라 한다.

교육시간의 확장을 상징적으로 보여주는 평생학습교육의 주요한 목적은 여러 차원에서 제기된다. 개인적 차원에서는 인간 삶의 질 향상이고, 조직적 차원에서는 조직문화의 발전 및 조직의 생산성 향상이다. 국가적 차원에서는 국민들에게 자아실현과 복리증진을 꾀하고 나아가 국력을 신장시키는 데 있고, 세계적 차원에서는 국제사회와 문화의 이해를 도모하는 데 있다.

지능정보사회에서 평생학습교육은 사회변화에 따른 인간의 자율적 요구로 볼 수도 있고, 사회적응의 문제일 수도 있다. 중요한 것은 변화하는 사회에 맞춰 교육도 지속적 변화가 진행되어야 한다는 점이다. 변화하는 사회에서 변화 흐름에 따라 인간의 일생에는 시기적절한 학습과 교육과정이 요청된다.

주제 2) 평생학습교육의 중요성

'평생학습' 또는 '평생교육'이란 용어가 사용되기 전부터, 인간의 삶은 학습과 교육의 과정 자체였다. 태어나서 죽을 때까지 인간 상호간의 관계망을 통해 묻고 배우고 답하며 성숙해 가는 삶의 전개과정이 교육이었다. 그러므로 넓은 의미에서 교육은 삶과 일치하는 평생교육이다. 미국의 교육철학자 듀이(J. Dewey, 1859~1952)는 '생활(Life) = 교육(Education)'이라는 표현으로 이를 대변하였다. 그러나 학교교육이 교육의 전반을 차지하던 전통교육에 대하여, 서구 교육에서의 평생교육은 사회교육이나 성인교육에 대한 관심에서 표출되었다.

사회교육이나 성인교육에 대한 관심은 과학기술의 진보, 산업의 발달, 사회문화의 복잡화와 궤적을 같이한다. 특히, 2차 세계대전 이후의 급격한 사회변화는 학교교육을 마친 후에도 계속학습을 하도록 만들었다. 그것의 주도적인 기구가 1945년 11월 연합국 교육장관들로 구성되어 발기한 유엔교육과학문화기구, 이른바 '유네스코(UNESCO: United Nations Educational, Scientific and Cultural Organization)'였다. 유네스코는 대중들을 위한 우선사업으로 기초 성인교육운동(Fundamental education)을 강조했다.

기초 성인교육의 1차적 목표는 문해 교육(文解 敎育, literacy education)이다. 세계의 어두운 지역, 무지와 몽매에 갇혀 있는 지역에 계몽의 불을 켜주는 일은 인류가 노력해야 할 가장 긴급한 분야이다. 뿐만 아니라, 문해 교육은 과학기술의 진보와 보다 나은 건강, 효과적인 농업과 공업발전의 전제조건이 된다. 그러나 문해 교육만으로는 충분하지 못하다. 문해 교육은 전체 교육체제와 연결되어야 하고, 일반 사회교육과 연결되어야 하며, 동시에 건강과 직업, 시민 자질과도 연결되어야 한다.

당시 세계적 차원에서 성인교육은 기본적으로 문해 교육에 초점을 맞추고 있었다. 이른바, 후진국들에 대한 계몽운동이 가장 시급한 문제였다. 그 다음으로 과학기술 진보의 전제조건으로서 지식습득과 관련된 교육이었다. 나아가 전체 교육과의 연관성 등의 포괄적 의미를 담고 있었다.

또한, 미국의 교육학자인 허친스(R. M. Hutchins, 1899~1977)가 '학습사회(The Learning society)'를 주창한 이후, 시대변화와 평생학습교육에 대한 인식이 높아졌다. 허친스가 주장한 학습사회의 의미는 간단하다. 모든 사람들이 언제, 어느 때라도 성인교육을 받을 수 있어야 한다. 뿐만 아니라, 그것은 학습달성 및 인간적인 것을 목표로 해야 한다. 그리고 모든 제도가 그 목적의 실현을 지향하려는, 가치의 전환에 성공한 사회이다! 이는 일생 동안의 학습이 필요한 교육의 전체적 방향을 담고 있다. 허친스의 문제의식은 교육에 대한 근본적 고민이었다. 허친스는 다음과 같이 말한다.

> "미국에는 다른 나라처럼 수많은 성인들이 학교를 졸업한 후에도 학습을 계속하도록 유인하는 동기들이 존재하지 않는다. 미국에서의 동기란 정치적 힘을 얻고, 사회적 출세를 하고, 많은 돈을 버는 것과 관련된 것들이다. 그런데 민주주의 사회의 진정한 힘은 국민들의 자질에 달려 있다. 국민들의 자질이란 그들이 성취한 도덕적·지적·심미적·정신적 수준이며, 국가가 지향하는 가치위계에 대한 국민들의 이해수준과 헌신수준을 의미한다. 우리가 추구하는 것은 지혜이다. 통찰과 이해를 통한 지혜 말이다."

사회변화는 인간의 삶을 추동한다. 인간은 그 변화를 읽으며 삶을 지속하고 일생 동안 학습한다. 왜냐하면 민주주의를 지속하려는 진정한 힘, 삶의 지혜를 위해서이다.

평생학습교육은 허친스의 이러한 생각을 더욱 구체적이고 포괄적으로 발전시켜나갔다. 그 개념의 공통점은 그것이 어디에서 사용되고 있든지 간에 다음과 같은 내용을 포함한다.

첫째, 교육의 기간을 전 생애까지 확대한다.

둘째, 교육의 내용인 지식을 인간의 삶에 직접 관련짓는다.

셋째, 교육의 궁극적 목적을 개인의 자아실현에 두고 자기주도적 학습을 촉진시킨다.

넷째, 모든 형식적·비형식적·무형식적 교육활동을 포함한다.

이러한 평생학습교육의 개념을 교육의 시간 확대 차원에서 명확하게 이해하기 위해, 몇몇 사람의 의견에 주목할 필요가 있다.

유네스코 사무국장을 지낸 랑그랑(Lengrand)은 교육의 시간 연장과 관련하여, "개인의 출생에서 죽을 때까지 생애에 걸친 교육[수평적 차원]과 개인 및 사회 전체의 교육[수직적 차원]의 통합"이라고 하여 교육의 통합성과 종합적 교육체제를 강조하고 있다. 데이브(Dave)는 교육을 "개인 및 집단의 삶의 질을 향상시키기 위하여 개인의 전 생애를 통하여 인격적, 사회적, 직업적 발전을 실현시켜 나가는 과정"으로 설명했다. 크로페리(Cropley)는 교육을 평생에 걸친 "자아실현"으로 규정했다. 교육의 시간을 일생으로 확장한 평생학습교육은 '생활', '자아실현과 자기성취', '사회발전'의 향상을 위한 교육이다.

다시 강조하면, 평생학습교육은 시간적으로 인간의 삶의 질 향상이라는 이념추구를 위해, 태교에서부터 시작하여 유아교육, 아동교육, 청소년교육, 성인교육, 노인교육을 수직적으로 통합한 교육이다. 여기에다 앞에서 언급한 교육의 공간인 가정, 학교, 사회의 교육을 수평적으로 통합한 교육을 총칭한다. 그것은 개인의 잠재능력을 신장시켜 사회발전에 참여하는 능력을 최대한으로 계발(啓發, develop)하는 일을 목적으로 한다.

<보론>

01

동양을 대표하는 유학의 스승인 공자는 평생 교육의 과정을 다음과 같이 표현하였다.

> "나는 15세 무렵에 어른으로서 익혀야 하는 삶의 철학을 배우는 데 뜻을 두었다. 그리고 삶의 지혜와 기술이 담겨 있는 『시경』, 『서경』, 『역경』, 『예기』, 『춘추』 등 다섯 경전을 3년에 하나씩 15년에 걸쳐 익혔다. 그리하여 30세 즈음에 삶의 목표가 섰고, 40세 무렵에는 자연의 질서와 인간의 법칙을 깨달아 어떤 유혹이나 난관에도 쉽게 마음이 흔들리지 않았으며, 50세 무렵에는 세상이 어떻게 이루어지는지 그 근원인 자연의 이법과 인생의 사명감을 깨달았다. 60세쯤 환갑 무렵에는 세상사에 관해 귀로 듣는 것은 무엇이나 훤하게 알아차리게 되었고, 70세 무렵에는 하고 싶은 대로 행동해도 법도에 어긋나는 일이 없었다. ─ 오십유오이지우학(吾十有五而志于學), 삼십이립(三十而立), 사십이불혹(四十而不惑), 오십이지천명(五十而知天命), 육십이이순(六十而耳順), 칠십이종심소욕불유구(七十而從心所欲不踰矩)."

이는 공자가 스스로 교육을 통해 '어른 되기'를 보여주는 인생의 수양을 상징한다. 15세 이후 인생의 성숙도가 배움[교육]을 바탕으로 드러나는데, 10여 년 정도의 주기로 삶의 경험이 질적으로 전환된다. 공자의 평생학습교육은 나이가 많아지면서 인생의 경험이 쌓이고 도덕성의 수준도 높아진다. 15세에서 40세는 자기교육의 과정에서 학습을 통해 깨닫는 단계이다. 50대에서 60대 무렵에는 마음을 안정시키고 사명감을 일깨우는 단계로 성숙하면서 현명함을 더하고 주변 환경의 영향을 상대적으로 많이 받지 않는다. 70대 무렵의 인생 말년은 주관적 의식과 처세의 규칙이 융합되는 단계이다.

공자는 15세 이후, 당시 귀족들의 혼례나 상례, 제사 등 각종 행사에서 음악을 연주하고 행사를 주관했다. 30대가 되면서 세상에 그 명성이 점점 알려졌고, 35세 때 노나라에 내란이 일어나자, 이른바 천하주유(天下周遊)가 시작되었다. 제나라에 가서 고소자(高昭子)의 가신(家臣)이 되었고, 제나라 경공 밑에서 일을 하려고 온 마음을 쏟았다. 50세에 노나라의 양화지란(陽貨之亂)이 일어났고 그 다음 해에 다시 관직에 복무했다. 이후 68세에 노나라로 돌아왔고, 이때부터 고전 문헌 정리와 제자 교육에 모든 역량을 집중하여 심혈을 기울였다.

비평

02

한국의 「평생교육법」 제4조 평생교육의 이념에는 다음과 같이 규정되어 있다.

① 모든 국민은 평생교육의 기회를 균등하게 보장받는다.

② 평생교육은 학습자의 자유로운 참여와 자발적인 학습을 기초로 이루어져야 한다.

③ 평생교육은 정치적·개인적 편견의 선전을 위한 방편으로 이용되어서는 아니 된다.

④ 일정한 평생교육과정을 이수한 자에게는 그에 상응한 사회적 대우를 부여해야 한다.

비평

03

1999년 6월 독일 쾰른에서 개최된 G8 정상회담에서는 평생학습과 관련하여 「쾰른 헌장」을 채택하였다. 거기에는 '평생학습의 목적과 희망'을 아래와 같이 명시하고 있다.

"모든 사람들은 국민들이 다음 세기를 살아가는 데 필요한 지식, 기술, 자격을 습득할 수 있는 환경, 즉 학습사회를 구현하는 것을 중요한 과제로 삼고 있다. 또한 사회와 경제는 점차 지식기반으로 나아가고 있으며, 교육은 경제적 성공, 사회적 책임, 사회적 일체감을 실현하는 데 필수불가결한 요소가 되고 있다. 다음 세기는 변화와 유동성을 핵심으로 하는 시대가 될 것이다. 따라서 국민들이 유동적인 세상, 급변하는 세상에서 살아남기 위해서는 교육과 평생학습이 뒷받침되어야 하며, 국가는 국민들에게 교육과 평생학습의 기회를 보장해야 한다."

[비평]

04

평생학습과 밀접하게 관련된 성인교육의 이념은 1792년 프랑스혁명 이후, 의회에서 행한 콩도르세(Marquis de Condorcet, 1743~1794)의 연설에서 찾을 수 있다. 1919년 제1차 세계대전 이후, '영국 재건 성인교육위원회(The Adult Education Committee Ministry of Reconstruction)'의 보고서에서도 성인교육을 국가의 지속과 시민의식의 성장을 위한 필수요소로 보았다. 현재 사용되고 있는 '성인교육'이라는 용어는 1965년 12월 유네스코 본부가 있는 프랑스 파리에서 개최된 세계성인교육발전위원회(International Committee for the Advancement of Adult Education)

회의에서였다. 프랑스의 랭그랑이 위원회에 제출한 워킹 페이퍼(working paper)에서 프랑스어로 'l'éducation permanente'라는 개념을 제시하였다. 소위원회에서는 이 개념을 영어로 표현하는 데 어려움을 겪었지만, 사무국에서 'lifelong education'으로 영역(英譯)하기로 합의했다.

이후, 1972년 7월에 일본의 도쿄에서 제3차 성인교육회의(International Conference on Adult Education)가 열렸는데, 일본에서는 'lifelong education'을 '생애교육(生涯敎育)'으로 번역하였다. 이듬해인 1973년 8월에 유네스코 한국위원회가 강원도 춘천의 세종호텔에서 관련 세미나를 개최하였고, 'lifelong education'을 '평생교육'으로 번역하였다.

이처럼 성인교육[평생교육]의 등장은 유네스코의 역할이 컸다. 이후 OECD, EU, EC 등 국제기구들에 의해 발전되어 왔다.

제1차 세계성인교육회의는 1949년 덴마크의 엘시노어에서 열렸다. 여기에서 주요하게 논의한 내용은 다음과 같다. 성인교육은 성숙한 성인이 자발적으로 행하는 여러 가지 형식의 교육을 의미한다. 그것은 직업적 가치에 직접 관계되지 않고 개인의 능력이나 적성을 계발하여 지방과 국가와 세계의 시민으로서의 사회적·도덕적·지적 책임을 고양하는 것을 목표로 한다. 그러나 영국이나 북반구 나라에서 성인교육이라는 용어가 사용되는 경우에는 어린 시절의 의무교육에서 습득된 일반적 문해 능력이 전제되어 있다.

제2차 세계성인교육회의는 1965년 캐나다의 몬트리올에서 열렸다. 핵심 주제는 '변화하는 세계에서의 성인교육'이었다. 성인학습은 선택을 넘어선 생존의 문제이며 모든 개인과 정부가 성인교육의 중요성을 함께 인식하고 관심을 가져야 한다. 기술의 발전, 산업화, 도시화, 새로운 국가의 출현, 이데올로기 대립 등과 같은 세계의 급격한 변화에 대한 해결책으로 성인교육이 제시될 수 있다.

제3차 세계성인교육회의는 1972년 일본의 도쿄에서 열렸다. 논의의 주요 내용은 평생교육에서 성인교육의 역할이었다. 즉 평생교육에서 성인교육의 역할에 대한 주제로 논의가 진행되었으며, '평생교육'의 이념이 정식으로 채택되었다. 여기에서 성인교육은 통합적 평생교육의 체제로 자리매김되었다.

제4차 세계성인교육회의는 1985년 프랑스의 파리에서 개최되었다. 이 회의에서는 학습의 권리 선언을 채택하였다. 특히, 세계적 불황과 이에 따른 성인교육의 예산 삭감 속에서 성인 문해가 여전히 중요한 의제로 다루어졌다. 그리고 그것은 여성, 소수민족, 노인, 장애인 등 상대적으로 교육적 혜택이 적은 사람들의 요구에 부응해야 하고, 새로운 정보기기 활용, 선진국의 기능적 문해 등이 과제가 제시되었다.

제5차 세계성인교육회의는 1997년 독일의 함부르크에서 열렸다. 21세기를 앞둔 시점에서, '성인학습: 21세기를 위한 열쇠'가 주요 주제로 논의되었다. 권리와 도구, 그리고 기쁨과 공유하는 책임으로서의 성인학습을 모토로, 환경과 노령화, 건강, 민주주의, 정보기술에 대한 인식 등 다양한 분야에서 21세기를 대비하려는 논의가 진행되었다.

제6차 세계성인교육회의는 2009년 브라질의 벨렘에서 개최되었다. '실현 가능한 미래를 위한 성인학습 및 교육의 힘과 가능성의 활용'을 주제로 다양한 논의가 전개되었다. 성인교육은 사회에서 성인으로 판단되는 사람들이 능력을 개발하고 지식을 강화하고 기술적 또는 전문적 자격을 향상시키거나 사회 및 개인의 필요를 충족시키기 위해 그러한 자격을 새로운 방향으로 전환할 수 있는 모든 형식 및 비형식, 무형식 학습 과정 전체를 가리킨다고 규정하였다. 이 회의 결과 '벨렘 행동 강령(Belem Framework for Action)'이 발표되었다. 특히 '요람에서 무덤까지'라는 슬로건을 중심으로 평생학습이 포괄적, 해방적, 인본주의적, 민주주의적 가치를 지향함을 강조하였다. 이는 평생교육이 문화적, 경제적, 정치적, 사회적 문제를 대응하는데 결정적 역할을 해야 함을 강조하고, 성인학습 및 평생교육 분야의 중장기 정책을 수립하는데 정책적 가이드라인을 제공한다는 점에서 의의가 있다.

제7차 세계성인교육회의는 2022년 모로코의 마라케시에서 개최되었다. 이 회의는 '미래는 더 이상 우리를 기다려 주지 않는다(Because the Future Cannot Wait)'

를 화두로 코로나 시대에 더욱 심화되고 있는 학습소외계층과 노인, 여성, 사회적 약자들의 디지털 격차(digital divide)를 극복하기 위한 평생교육의 새로운 구상과 논의가 이어졌다. '모든 이를 위한 전 생애에 걸친 학습권(Right To Lifelong Learning)' 보장을 기치로 내걸고 담대한 선언이 이어졌다. 코로나 팬데믹 극복을 위한 '회복탄력성(Resilience)'과 평생교육의 '새로운 상상력(Re-imaginayion)'이 대주제로 논의되었다.

코로나바이러스의 등장, 러시아의 우크라이나 침공, 인공지능을 앞세운 제4차 산업혁명으로 인한 예측할 수 없는 미래에 대한 불안감 등, 6차 세계성인교육회의가 열린 이후, 세계는 정치, 문화 등 다양한 분야에서 전혀 예측할 수 없는 방향으로 변화해왔다. 이 회의에서는 그동안 세계가 함께 경험해온 다양한 변화, 각국의 여러 교육실험 등을 토대로 보다 구체적이고 광범위한 내용을 담은 <마라케시 행동계획(Marrakech Framework for Action)>을 채택하였다. 특히 기술이 교육발전의 원동력이 되기도 하지만, 기존의 사회적 격차를 넓히는 새로운 장벽이 되고 있다는 점을 강조하면서, 디지털 환경에서 평등하게 학습할 수 있는 권리를 보장하는 것이 평생학습의 중요한 전제임을 강조하였다.

[비평]

<논의>

① 자기 주장

② 타자 비판:

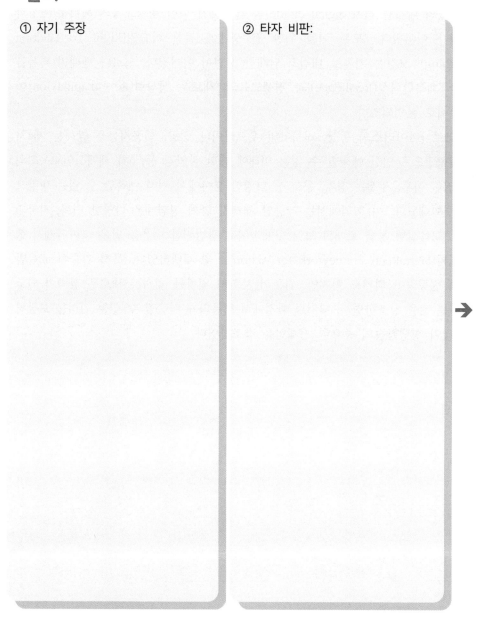

③ 배려와 협력적 논의:

↓

④ 합의 도출과 전망:

제8강

교육의 기본 요소

주제 1] 교육의 3요소: 교육자[교사] – 교육내용[매개] – 학습자[학생]

넓은 의미로 볼 때, 교육은 인간의 삶이자 행위 자체이다. 그것은 가르치고 배우는 사람 사이의 관계를 핵심으로 한다. 특히, 제도화·형식화를 거친 여러 가지 교육 공간 가운데 학교교육이 차지하는 비중은 막대하다. 대부분의 인간이 학교를 통해 인격을 가다듬고 사회화 과정을 거친다. 이러한 학교교육이 이루어지기 위해서는 반드시 교육의 주체들이 있어야 한다. 즉 교육을 실천하는 교사와 학생이 있어야 한다. 교사와 학생 어느 한쪽이 없다면 교육은 무의미하다. 아울러 교사와 학생 사이에서 이 둘을 연결하여 상호작용할 수 있는 매개물이 필요하다. 이 매개물은 인류문화의 보편적이면서도 핵심적인 특성을 담아야 하고, 교육내용으로서 기능하게 된다.

때문에 교육은 '교육자 – 교육내용 – 학습자'가 동시에 어울릴 때 적절히 이루어진다. 어느 하나라도 결핍되면, 교육은 절름발이가 되고 만다. 이 세 가지는 전통적으로 교육을 구성하는 기본 요소로서 '교육의 3요소(the three elements of education)'라고 한다. 가르치는 사람인 교육자, 배우는 사람인 학습자, 가르침과 배움을 매개하는 교육내용으로, 달리 말하면 교사, 학생, 교재이다. 이 세 가지가 교육을 성립시키는 필수불가결의 요소이다. 교육활동은 이 세 요소가 상호 실천적으로 교섭할 때 가치가 증폭된다.

교사는 다른 표현으로 교수자라고 하고, 학생은 학습자라고 한다. 일반적으로 교사는 무언가 가르치고 전달해 주며 학생은 무언가에 대해 배우고 익히는 사람을 통틀어서 말한다. 가정에서는 '부모 – 자녀', 학교에서는 '교사 – 학생', 기업이나 사회기관에서는 '지도자 – 구성원'이 '교수자 – 학습자'의 관계를 형성할 수 있다. 넓은 의미로 보면, 인간관계에서 가르치고 배우는 위치에 있는 사람은 모두가 '교수자 – 학습자'이다. 앞에서도 언급했지만, 현대사회는 급변하는 시대 추세에 따라, 일생 동안 '교수 – 학습'을 요구하는 평생교육의 시대이다. 동시에 전 사회의 구성원이 학습해야 하는 학습사회이다.

　교육은 '교수자-학습자'가 성장가능성이 있다는 전제하에 성립한다. 성상가능성이 없다면 '교수-학습'은 필요가 없을 것이다. 그리고 교수자와 학습자는 성장을 통하여 상호 변화를 모색할 수 있다. 교육이 '교수자-학습자'를 바람직한 상태로 변화시킨다고 했을 때, 그 변화는 가정과 사회, 국가와 인류를 변화시킬 수 있는 원동력으로 작용한다.

　교육은 '교사-교육내용-학생' 사이의 유기체적 활동이다. 그 가운데 '교사-학생' 사이의 관계는 교육의 성패를 결정할 수 있다. 특히, 학생의 인간성과 사람됨은 인간적인 교사의, 인간적인 교육방법에 의해 계발될 수 있다. 교육내용이 아무리 인간적인 것이라 하더라도, 인간성이 결여된 교사에 의해 비인간적인 방법으로 가르치게 된다면, 학생은 결국 비인간적인 '어떤 것'을 학습하게 된다. 결국, 훌륭한 교육은 인간적인 교사에 의해 이루어지며, 교사가 학생을 수단시하지 않고 인격적 주체로 파악하는 상호 인격적 관계 속에서 가능하다.

주제 2) 교육자의 개념

교육자는 교육에 종사하는 사람을 통칭하는 말이다. 한국 사회에서 교육자는 교사로 대표된다. 교사는 다양한 표현을 통해 사회적 책무성을 부여받아 왔다. '교사는 학생을 사랑하는 인성을 갖추어야 한다!', '교사는 자신의 전공 교과목에 대한 실력이 있어야 한다!', '학생들을 이해할 줄 알아야 한다!', '물질적 유혹이나 돈에 얽매이지 않는 청렴결백한 선비여야 한다!', '도덕적이고 착한 행실만을 몸소 실천해야 한다!', '사회를 순화하고 정화하는 데 앞장서야 하며 근본적인 책임을 져야 한다!', 교사가 이러한 책무성을 부여받는 이유는 교육에서 교사가 차지하는 위상과 교육이 지닌 속성 때문이다.

교사의 위상은 교육의 기본 요소 가운데 교육을 주도하는 위치에 있다. 전통적인 교육 양식에서 교사 주도적 교육이 지배하던 때는 교육의 주체(主體)라고도 했다. 교사는 다름 아닌, 교육을 담당하는 전문 직업인이다. 특히, 인간을 대상으로 하는 교육을 전담한다. 의사나 간호사, 판사나 검사, 변호사도 인간을 다룬다. 그러나 이들은 인간 삶의 일부분, 또는 특정 사안에 관심을 집중한다. 이에 비해 교사는 인간의 정신적·육체적·지적·도덕적·사회적·정서적인 전반적 차원을 포괄적으로 다룬다.

일반적으로 '교사(敎師, teacher)'라고 할 때, 적어도 다음과 같은 의미가 포함된다.

첫째, 공·사립학교[교육기관]에 학생지도를 위하여 고용된 사람이다.

둘째, 특정한 영역에 뛰어난 자질을 갖추고 남을 가르치는 사람이다.

셋째, 교원을 양성하는 대학에서 공식적으로 인정된 교사자격증을 취득한 사람이다.

넷째, 사회생활 속에서 특정한 내용을 가지고 남을 가르치는 사람이다.

이렇게 규정되는 교사는 모든 사람들에게 좋은 영향과 감화를 줄 것으로 기대된다. 어린이나 어른을 막론하고 그들의 인간적 성장을 조성하는 데 기여한다. 그러므로 무언가 남에게 영향을 미치고 있다면, 교사라 할 수도 있다. 그것은 '올바른 삶을 이끌어주는 사람이어야 한다!'는 교사상을 전제로 한다. 역사적으로 성인이라고 일컫는 예수나 부처, 공자나 소크라테스, 베토벤과 같은 종교가나 철학자, 예술가들은 보통 사람들의 인생에 깊은 교훈을 주고 있기 때문에 '인류의 스승', 또는 '인류의 교사'라고도 한다.

그러나 서구 근대 공교육의 탄생과 더불어 학교교육 제도가 발달하면서, 교사는 좁은 의미로 이해된다. 흔히 '선생님'이라고 할 때, 학교에 재학하는 학생들을 지도하기 위해 자격증을 갖춘 학교 교사를 말한다. 특히, 초등 및 중등학교의 교사를 가리킨다. 따라서 교사는 어린 학생들, 미성숙한 아동이나 청소년들을 어른스럽고 성숙한 청년이나 성인, 이른 바 바람직한 인간으로 인도하고, 개인의 자아실현을 도모하며, 국가 사회 및 인류의 발전에 공헌하기 위해 봉사하는 하나의 직업이다.

<보론>

01

학생[청소년]을 이해하는 일은 교육에서 매우 중요하다. 왜냐하면 학생은 교육의 대상인 동시에 또 하나의 교육주체이기 때문이다. 교육에서 학생은 교사의 파트너이다. 음식물을 먹을 때 젓가락처럼, 또는 날아가는 새의 두 날개처럼 교사와 학생은 서로 다른 주체이지만, 상호 보완하고 협력하여 동시에 작용할 때 교육적 완결성을 갖는 관계이다.

학생[배우는 사람]에 대하여 동아시아의 고전인 『예기(禮記)』에서는 그것을 자세하게 설명하고 있다. 특히, 학생에게는 네 가지 허물이 있는데, 배움에 임할 때 일정한 행동 패턴을 지닌다. 교사는 반드시 이를 알아야 한다. 그래야만 효과적인 교육을 할 수 있다.

첫째, 수업을 듣는 학생들은 대체로 보고 듣는 내용이 너무 많아, 무엇을 해야 할지 찾지 못하고 헤매기 쉽다.

둘째, 어떤 학생들은 보고 듣는 내용이 너무 적어 다른 학생들이 도달한 일반적 수준에 이르지 못하기도 한다.

셋째, 가끔씩 학생들은 수업내용이 너무 쉽다고 속단하고, 이를 얕보고 그것보다 좀 더 높은 단계의 어려운 것을 배우려고 우기기도 한다.

넷째, 때로는 자신의 능력이나 자질을 낮추어 보고, 어려워서 못 배우겠다고 스스로 포기하고 노력하지 않는 경우도 있다.

그러므로 이런 특성을 지닌 학생은 반드시 자신의 마음을 헤아리고, 잘못을 깨우쳐 그것을 해소하려고 노력해야 한다. 동시에 학생을 가르치려는 교사는 학생을 올바르게 이끌어서, 잘못된 길에서 벗어나게 해주어야 한다. 즉 교사와 학생은 상호작용하여 잘못을 깨우쳐 주고 바른 곳으로 이끌어주며, 자신의 특성을 성찰하여 오류를 시정해야 한다.

학생이 잘못된 길에서 벗어나기 위해서는 교사의 인도도 중요하지만, 학생 스스로 잘 배우고 잘 묻는 것이 중요하다. 배우고 묻는, 학문(學問)하는 자세와 태도에는 네 가지가 있다. 배우는 측면에서는 잘 배우는 자세와 잘 배우지 않는 자세가 있고, 묻는 측면에서는 잘 묻는 태도와 잘 묻지 않는 태도가 있다.

첫째, 잘 배우는 학생은, 스스로 열심히 노력하므로 가르치기가 매우 쉽다. 성적도 남보다 두 배 이상 우수하다. 뿐만 아니라, 그런 학생은 자신의 좋은 성적을 교사의 훌륭한 가르침 덕택으로 돌리고 교사를 삶의 모범으로 삼는다.

둘째, 잘 배우지 않는 학생은, 교사가 가르치기에 매우 까다롭다. 성적도 잘 배우는 학생의 절반 정도에 지나지 않는다. 뿐만 아니라, 교사의 가르침이 충분하지 않다고 비아냥거리며 원망하기까지 한다.

셋째, 잘 묻는 학생은, 비유하면 나무를 다루는 것과도 같다. 단단한 나무를 다루려면 먼저 부드럽고 다루기 쉬운 곳부터 손을 대야 한다. 그리고 다루기 어려운 부분은 나중에 손대려고 뒤로 돌려놓는다. 물을 때도 마찬가지이다. 시간이 지나면 어려운 것도 저절로 이해되는 것처럼, 쉬운 것부터 차근차근 물어 점차적으로 어려운 부분으로 나아간다. 그러므로 어려운 것을 묻지 않고도 자연스럽게 모르던 부분을 알게 되어, 지혜로운 학생이 된다.

넷째, 잘 묻지 않는 학생은, 이와 반대로 행동하기에, 얻는 바가 별로 없다.

배움에서 학생의 물음은 대단히 중요하다. 묻는다는 것은 스스로 그 문제를 해결하려는 의지의 표명이다. 물음을 잘하는 학생을 종을 치는 일에 비유하면 다음과 같다. 종을 칠 때 작은 것으로 치면 작은 소리가 나고, 큰 것으로 치면 큰 소리가 울린다. 이처럼 허둥대지 않고 차분하게 천천히 종을 친 후에 그 소리를 다 알 수 있다. 물음을 잘하는 학생은 종을 치는 이치와 같이 침착하다. 유유히 여유를 갖고 차근차근 교사에게 물을 때, 명확한 이치를 깨달을 수 있다. 그런데 잘 묻지 않는 학생은 이와 반대로 행동한다. 따라서 묻는 학생은 마땅히 이런 점에 유의하여야 한다. 이것이 배움에 임하는 학생의 자세이자 태도이다.

02

조선시대 유학자 이덕무(李德懋, 1741~1793)는 『사소절(士小節)』「동규(童規)」에서 어린이[학생]의 특성을 다음과 같이 열거하였다.

어린이들은 지나치게 경솔하고 수선스럽고 들뜨고 천박한 버릇이 많다.

어린이들은 숨넘어가듯 급하게 말을 하고 허둥대며 허겁지겁 걸음을 빨리 걷는다.

어린이들은 깨끗하고 새로운 것을 좋아하는 버릇이 있고, 자신이 직접 그러한 것을 다루어 보려고 한다.

어린이들은 천방지축 뛰놀기를 좋아한다.

어린이들은 가끔씩 거짓말을 해서 사람을 깜짝깜짝 놀라게 하고, 명치끝을 짓누르고 발목뼈를 후려치며, 바람을 휙휙 일으키며 춤을 추고, 한 발로 폴짝폴짝 걷고, 때로는 곤두박질하며, 다른 친구의 얼굴에 먹칠을 하고, 종이를 말아가지고 남의 콧구멍을 쑤시는 등 애꿎은 버릇이 많다.

어린이들은 칼이나 송곳 같은 뾰족하고 날카로운 기구를 가지고 놀기를 좋아한다.

어린이들은 말을 할 때, 논리정연하기보다 앞뒤가 맞지 않고 급하다.

어린이들은 앉을 때 삐딱하게 기대어 앉고, 오래 앉는 것을 견뎌내지 못하며, 무릎을 흔들고 손을 뒤척이고, 들떠서 항상 돌아다니려고 한다.

어린이들은 놀기를 좋아하고 구속받기를 꺼려서, 항상 교사가 교실에 없기를 바란다.

어린이들은 책을 읽을 때, 마음이 몹시 조급하고 산만하여 교사가 가르쳐주는 뜻을 잘 듣지 않으려는 경향이 있다.

어린이들의 버릇은 거의 다 '책읽기[지식공부]'를 싫어하고 '일하기'를 꺼려한다.

03

아동의 인지발달을 연구한 피아제(J. Piaget, 1896~1980)는 다음과 같은 이론을 제시하였다. 7~12세경 초등학생 정도에 해당하는 아동은 '구체적 조작기' 단계에 속한다. 이들은 논리적으로 구체적인 문제를 해결할 수 있다. 보존의 개념을 이해하고 유목화와 서열화가 가능하며, 가역성을 획득할 수 있다. 12세 이후, 중학생 정도 청소년기의 학생은 '형식적 조작기'에 해당한다. 이 학생들은 논리적으로 추상적 문제를 해결할 수 있고, 복잡한 언어과제나 가설적 문제를 해결할 수 있다. 가능성과 실재 간의 체계적·논리적 통합이 가능하다.

그러나 피아제의 이론은 '사회문화적 영향'을 고려하고 있지 않다는 점에서 비판받는다. 이에 사회문화적 영향을 강조한 비고츠키(L. S. Vygotsky, 1896~1934)의 이론을 주목할 필요가 있다. 그는 인지발달은 사회문화적 맥락에서 일어나며, 아동[학생]의 인지적 기술은 부모, 교사, 그리고 다른 유능한 협력자와의 사회적 상호작용에 의해 발달된다고 본다.

비평

04

프로이드(S. Freud, 1856~1939)는 정신분석의 측면에서 성격발달을 논의하였다. 성격발달은 학생들의 성(性) 심리를 이해할 수 있는 주요 단서이다. 흔히 6세에서 사춘기에 이르는 초등학생 정도의 아동은 '잠복기'라고 하는데, 성적 본능이 휴면을 취한다. 하지만, 아이들은 이 기간 동안 학교활동, 취미, 스포츠, 우정관계 등을 통해 성적 충동을 승화한다. 그리고 중·고등학생 정도인 사춘기에 접어드는 학생은 '생식기'라고 하는데, 이에 이르면 급격한 신체적 성장과 더불어 호르몬의 변화가 일어나고, 오랜 기간 동안 휴면상태에 있던 리비도(Libido)가 집중되면서 이성에 대한 관심과 성적 추구가 일어난다. 즉 서로 다른 성적 정체감을 인식하면서 대인관계 욕구를 충족할 방법을 찾는다.

에릭슨(E. Erikson, 1902~1994)의 경우에는 프로이드와 달리, 심리사회적 성격발달을 체계화했다. 6~12세의 초등학생 때는 '근면성 대 열등감'의 시기에 처한다. 이 시기의 아동은 자신의 일인 학교공부에 매진하게 되는데, 성공적으로 보낼 경우, 자신감과 근면성을 획득할 수 있다. 반면, 지나치게 방황하거나 학교생활을 제대로 하지 못할 경우에는 실패자라는 생각과 함께 열등감에 휩싸일 수 있다. 12~18세에 이르는 중·고등학생 때는 '정체감 대 역할혼미'의 시기에 이른다. 이 시기 학생들은 자신이 누구이고 무엇이 자신에게 중요한지 고민한다. 그러므로 그들은 자신의 지적이고 사회적이며 성적이고 도덕적인 여러 측면을 자신의 정체감으로 통합하려고 한다. 성공할 경우에는 자아정체성을 형성하지만, 실패할 경우에는 자신의 삶에 대해 지속적으로 혼란을 겪게 된다.

(비평)

05

콜버그(L. Kohlberg, 1927~1987)는 도덕성 발달을 연구했다. 10~13세의 초등학생 수준은 '인습적 도덕성'에 해당하는 아동들이다. 이들의 경우, 다른 사람들을 기쁘게 하고 싶어하고, 다른 사람들의 규준을 준수하고 있으며, 이런 규준들을 어느 정도 내면화한다. 그리고 자신에게 중요하다고 여겨지는 사람들로부터 '착하다'고 여겨지기를 원한다. 13세 이후, 중·고등학생이 되면서 청소년기의 수준인 '후인습적 도덕성'에 이른다. 이는 자율적 도덕성의 시기라고 하는데, 진정한 도덕성을 획득하는 시기이다. 이때의 학생은 옳고 그른 것에 대한 기준을 갖고, 추론을 통해 내면적으로 행동의 통제를 하게 된다.

비평

06

이제 막 학교생활을 시작하는 초등학생 정도의 발달 시기에 있는 학생들은 일반적으로 다음과 같은 특징을 지닌다.

첫째, 신체적 에너지가 왕성하여 달리기, 줄넘기, 수영과 같은 운동이나 인형놀이, 소꿉장난과 같은 것에 열중한다.

둘째, 지적 행동 측면에서 점차 강한 지적 호기심이 생기고, 흥미가 다양해지며, 꿈이 많아진다. 아울러 과학적 지식도 추구하게 된다.

셋째, 정서적 측면에서는 유아기에 비해 안정되어 가기는 하지만, 성인에 비해 충동적이며 일시에 폭발하는 정서적 강렬성을 띠기도 한다. 뿐만 아니라, 사회적으로 인정받고 싶은 욕구가 확대되면서 협동심이 생기는 동시에 경쟁의식이 강해지기도 한다.

넷째, 사회성이 현저히 발달하면서, 친구와 또래 집단(peer group)이나 도당(徒黨)

을 만드는 시기(gang age)이다. 그러나 자아와 환경이 혼재되면서도 자아가 환경에 종속되는 때이므로 많은 관심과 배려, 보호가 필요하다.

그러나 중등학교 정도의 청소년 시기에 이르면 학생의 모습은 사뭇 달라진다.

첫째, 신체적으로 급격한 성장을 한다. 대부분의 경우, 생리적 기능이 거의 완성되어 성인 수준에 이르고 에너지도 왕성하다. 그리고 성적 성숙기에 도달하여 이성에 대한 강한 관심이 생긴다.

둘째, 자아의식이 성숙하여 삶의 바탕을 이룬다. 즉 새로운 자아의식이 싹트고 제2의 탄생을 맞는다. 이른바, 정신적 이유기(離乳期)나 질풍노도(疾風怒濤)의 시기를 겪는다. 특히, 자아의식이 강해지면서 모든 행동의 기준을 자기의 척도에 맞추려고 한다. 이상이나 친구, 기호, 취미 등 자기감정에 도취된 주관적 선택이 뚜렷해지고, 추상적·관념적 사고나 비판적 사고에 이끌리기 쉽다. 따라서 자존심이나 독립심이 강해지고, 권위에 반항하며, 갈등이 생기면 심각하게 고민한다.

셋째, 자아의식의 발달과 함께 사회적 부적응이 발생하기도 한다. 심한 경우, 비행을 저지르기도 하고, 자기감정에 도취되어 이성을 상실하기도 하며, 개인의 특이한 성향을 거침없이 드러내어 타인과 어울리지 못하는 경우도 있다.

이러한 학생의 발달상 특징은 개인의 성장과 성숙을 위해 교육과 학습을 요구한다. 특히, 교육에서 이들을 이끌어줄 교사는 더욱 중요하게 부각된다. 교사는 학생의 발달 특징을 고려하여 개인의 행복한 성장과 사회적으로 건전한 성장을 위해 배려해야 한다. 때문에 교사는 학생의 특징을 이해할 수 있는 전문성을 갖추어야 한다. 특히, 급변하는 시대 추세를 고려하여 학생들의 변화 특징을 성찰하고, 교육에 적용할 필요가 있다.

[비평]

<논의>

① 자기 주장

② 타자 비판:

③ 배려와 협력적 논의:

⬇

④ 합의 도출과 전망:

제9강

교육자에 대한 이해

주제 1) 세 가지 교직관

앞에서 언급했듯이, 좁은 의미의 교사, 즉 학교에 재직하는 교육자를 일반적으로 교사라고 한다. 교사를 교직에 종사하는 사람이라고도 하는데, 이때 '교직'을 바라보는 관점에는 크게 세 가지가 있다. '성직자'로서의 교사, '노동자'로서의 교사, '전문직' 종사자로서의 교사관이 그것이다.

성직자로서의 교사관은 교사를 성직자처럼 인식하는 관점이다. 즉 교육을 종교적 관점에서 특별한 '소명의식(召命意識)'을 지닌 사람들이 수행할 수 있는 것으로 보고, 신성한 직업에 종사한 것으로 간주한다. 교사는 성직자와 같이 인간의 정신적이고 영적인 측면을 다루기 때문에 세속의 여러 직업들과는 다른 자세로 임해야 한다. 특히, 사랑과 봉사, 희생, 헌신, 배려 등 성직자들과 유사한 수준의 도덕성을 요구한다.

노동자로서의 교사관은 교사도 노동자라는 관점이다. 교사도 정신적 노동을 통해 생계를 유지하는 노동자이므로 생계를 위해 노동에 종사하는 다른 직종의 노동자들과 본질적으로 차이가 없다. 이런 관점에 있는 사람은 노동조합을 결성한다. 그래야만 교사도 노동의 대가로 보수를 받고 처우 개선과 근무여건 개선 등을 위해 노동 3권을 행사할 수 있다. 또한 집단행동을 통해 정부나 고용주에 맞설 수 있고 교사의 권리를 위해 활동할 수 있다.

전문직 종사자로서의 교사관은 교사를 전문직에 종사하는 일종의 전문가로 보는 견해이다. 교사는 지적·정신적 활동을 중심으로 고도의 자율성과 윤리성을 필요로 하는 직업이다. 따라서 교사의 자질함양과 사회경제적 지위향상을 위해 전문직에 맞는 적극적인 노력이 요구됨을 강조한다. 특히, 현대사회에서 강조되고 있는 전문직으로서의 교사는 자기가 가르치는 과목에 대한 해박한 지식과 교육방법에 대한 전문적 지식을 갖추고 있어야 하며, 인간과 사회에 대한 자기 나름의 명확한 교육철학을 갖고 실천해 가야 한다.

이러한 세 가지 차원의 교직관은 모두 소중하다. 따라서 어느 하나의 관점으로 교사를 정의하기는 곤란하다. 교사는 자신의 권리를 확보하기 위해 교직단체나 교원노동조합에 적극적으로 참여할 필요가 있다. 또한 강렬한 역사의식을 통해 미래를 전망해야 하고, 현대사회의 병폐 가운데 큰 비중을 차지하는 인간 소외현상을 극복하기 위해 전인적 인격체로 거듭나야 한다. 그리고 전문가로서의 능력은 물론, 학생을 비롯하여 이 사회의 민중과 함께 호흡하는 교사로서 책무성을 지녀야 한다.

'교육의 질은 교사의 질을 능가하지 못한다!'는 말이 있다. 이는 교사의 실천에 따라 교육의 효과가 달라질 수 있음을 의미한다. 교사는 학생의 학습지도는 물론 생활지도, 진학·진로지도 등 기타 다양한 활동을 통해 학생들의 인지적·정의적·신체적 발달을 촉진할 수 있는 교육환경을 조성해야 한다. 그것이 기본 임무이다. 나아가 학생들이 온전한 인간으로 성장할 수 있도록 인간성을 형성시키는 '교육종합예술가'의 역할을 해야 한다.

그렇다면 교사는 기본적으로 어떤 자질을 가져야 하는가? 바람직한 교사의 조건은 무엇인가?

첫째, 교사는 가장 먼저 교사로서의 '자긍심'을 가져야 한다. 스스로 이상적 방향성과 교육철학을 설정하고 이를 실천해야 한다. 그것은 학생들을 향한 애정인 동시에 인류애적 이상이다. 특히, 교사는 자신의 지적 충만을 위해 꾸준히 노력하여 자기성장에 관심을 가져야 한다.

둘째, 교사는 교직에 대한 '소명의식'을 지녀야 한다. 교사는 단순한 전문 직업인이나 교과목 내용을 전수하는 기술직에 종사하는 사람으로 머물러서는 곤란하다. 그 범주를 넘어 학생들에게 비전을 제시하고 헌신하는 모범적 자세로 임해야 한다.

셋째, 교사는 '사랑과 봉사'의 정신으로 학생들을 배려하고 이해해야 한다. 특히, 학생들에게 한없이 베푸는 사랑으로 학생들의 가능성을 인정하고 긍정적 태도를 가지며 책임과 의무를 다할 수 있어야 한다.

넷째, 교사는 사람을 '존중'하는 태도를 지녀야 한다. 교사는 기본적으로 인간을 다루는 직업이다. 그러므로 인간에 대한 존경심을 지니고 그를 수단으로 이용하기

보다는 그 자체의 소중함을 깨달을 수 있어야 한다.

다섯째, 교사는 '전문지식'을 갖추고 실천하는 사람이어야 한다. 교육은 기본적으로 전달하고 익혀야 할 내용이 있다. 그런 교육내용에 대해 전문적이고 해박한 지식을 갖추고, 열정과 정성으로 가르칠 수 있어야 한다.

이런 점에서 교사에게는 너무나 다양한 역할이 맡겨져 있다. 학생들에게 필요한 지식을 가르친다는 입장에서 지식의 보고이자 교육·학습의 자원이 되어야 한다. 학생들이 어떤 문제를 해결하려고 노력하고 있을 때, 학습의 조력자로서 참여해야 한다. 또한 학교나 학급 내에서 발생하는 다양한 현상에 대해 심판자 또는 훈육자 역할도 해야 한다. 때로는 부모의 대행자가 되어야 하고, 학생들의 다정한 친구로서 대화해야 한다.

교사의 역할을 임무 차원에서 이해하면 다음과 같다.

첫째, 교사는 학생의 유연한 삶에 감화를 주면서 그들을 완전하고 성숙한 하나의 이상적 인간상으로 키워내는 '인격형성(the making of persons)'에 기여해야 한다.

둘째, 교사는 인류의 귀한 경험과 유산을 지식으로 다듬어 다음 세대에 계승시키는 '지식의 계승(verbal transmission of knowledge)'을 담당해야 한다.

셋째, 교사는 자기의 삶을 통하여 바람직한 삶의 모범을 보여주는 '사표(demonstration)'가 되어야 한다.

넷째, 학생의 학습의욕을 북돋아주며, 학습을 효과적으로 진행하도록 환경을 마련하는 '환경의 정비[arranging learning situation]'에 기여해야 한다.

다섯째, 학생의 소질이나 능력을 발견하여 키워주며, 성취해야 할 목표에 비추어 그 성취도를 평가하는 '평가[appraisal]'를 담당해야 한다.

여섯째, 사회나 학교 안의 여러 교육적 활동에 학생과 더불어 관여하고 귀한 시사를 주는 '참여[participation]'를 해야 한다.

일곱째, 진리와 학생 사이의 중개자가 되어 학생과 더불어 진리에의 길을 걷는 '사제동행[mediation]'을 실천해야 한다.

주제 2) 교육자의 권리와 권익

학교 현장에서 교육을 담당하고 있는 교사에게 기본 권리는 매우 중요하다. 교육은 일회적이거나 단절되는 일이기보다 다층적이고 연속적이며, 교사는 이를 책임지는 주요 구성원이기 때문이다. 예를 들어, 학생이나 학부모, 기타 특정 단체나 개인으로부터 교사가 권리를 침해당한다면 정상적인 교육은 어렵다. 때문에 교육을 실질적으로 보장하기 위한 교사의 권리는 철저하게 보장되어야 한다. 교사의 권리를 '교권(敎權)'이라고 한다. 전통적으로 교권은 다음과 같이 정의되어 왔다.

> "교권은 사회적 제도로서 교육에 종사하는 교원들이 자신들에게 주어진 사회적 역할을 수행하는 데 있어서, 그들이 일정한 기간의 훈련을 통하여 획득한 전문적 지식과 능력의 소유자로서 권위를 인정받고, 부과된 책임과 임무를 이행하는 데 있어서 부당한 간섭과 침해로부터 자신과 자신의 업무를 보호하고, 나아가서 그 전문직에서의 안정된 생활과 최대한의 능률을 기하기 위한 신분상의 보장을 받을 수 있는 조건을 주장할 수 있는 권리이다."

이러한 개념 규정은 학생이나 학부모가 학교교육에 간섭하고 교원의 권리를 침해하는 데 대해, 교사의 권리와 권위를 확보하려는 의도에서 '교사의 교육권'이라는 뜻으로 사용된 것이다. 교사의 자질 및 전문성 향상을 위한 노력은 20세기 중반부터 국제적으로 강조되었다. 1966년 국제연합교육과학문화기구(UNESCO)와 국제노동기구(ILO, International Labour Organization)는 세계 각국에 교사의 지위에 관한 공통기준을 마련하기 위해 "교원의 지위에 관한 권고"를 선포하였다.

교사의 지위 향상과 교사의 권리 보장은 표리일체의 관계이다. 이 권고문은 교사의 지위향상을 표방하지만, 실제 내용은 교사의 권리보장 사항이다. 특히, 권고문에서 주목할 조항은 교원의 지위결정 요인을 분석한 제1조 제2항이다.

교원의 지위라는 말은 교원이 지녀야 할 직무의 중요성 및 그 직무수행 능력에 대한 인식의 정도에 따라 그들에게 주어지는 사회적 대우 또는 존경과 다른 집단과 비교하여 본 근무조건, 보수 및 그 밖의 물질적 급부 등 두 가지 모두를 의미한다. 이 권고문은 교사의 권리를 ① 전문직으로서의 자유, ② 교원의 책임, ③ 교원과 교육활동과의 관계, ④ 교원의 권리[특히, 단체활동]의 네 개념으로 규정하고 있다.

이는 '교사의 3대 권리'로 정돈할 수 있는데, '교육자유권, 문화생활권, 신분보장권'의 셋으로 구분할 수 있다.

첫째, '교육자유권'은 전문직으로서의 교사와 관계된다. 교사는 법이 허용하는 범위에서 가르칠 내용을 선정하고, 그것을 개성적 방법으로 교수하며, 그 결과를 평가할 수 있는 자유를 지녀야 한다. 교사는 자신이 확보한 전문지식을 통해 전문직으로서의 임무를 수행하는 데 필요한 학문의 자유를 누려야 한다. 교사는 학생에게 가장 적합한 학습지도 자료와 방법을 판단하는 데 특별한 자격을 가지고 있다. 그러므로 일정한 교육과정 내에서 당국의 원조를 받아 교재의 선정과 개선, 교과서의 선택, 교육방법의 적용 등에 중요한 역할을 담당해야 한다. 유네스코의 권고에 비추어볼 때, 한국의 교육현실은 아쉬운 점이 많다. 교사는 자신을 전문직으로 자각하지 못하고, 짜여진 교육과정을 기술자가 기술을 전수해 주는 것처럼 가르치는 경우도 많다. 뿐만 아니라, 교사평가나 학력·성적평가, 잡무 등 다양한 업무를 강요당하기도 한다. 또한 교사에 대한 학부모의 불만, 교육 당국의 일방적 지시 등 교사로서 자유권을 침해당하는 사례가 끊임없이 발생하고 있다.

둘째, '문화생활권'은 물질적 보수와 연관된다. 교사는 그 직분에 합당한 문화생활을 누릴 수 있는 물질적 보수를 받아야 한다. 교직은 영리를 추구하기보다는 봉사하는 직업이다. 그러기에 교사는 교육에 종사하는 본업만으로도 최저한의 문화생활을 할 수 있어야 한다. 따라서 국가 사회는 교사를 지원해야 할 공공적 책무를 져야 한다. 교사들에게 주어지는 사회적 대우나 존경, 그들의 중요성에 대한 인식의 정도 등 여러 요인은 다른 전문직과 마찬가지로 그들이 놓여 있는 경제적 지위에 달려 있다. 때문에 교사의 지위에 영향을 주는 요인 중에서도 봉급은 무엇보다도 중요시되어야 한다. 한국의 교사들은 다른 전문직에 비해 상대적으로 봉급 수준이 뒤떨어진다. 그것으로는 지속적인 교육이나 연구활동, 문화생활을 즐기기에 매우 부족하다. 다양한 교원복지를 통해 이를 보완할 필요성이 있다.

셋째, '신분보장권'은 법에 의해 정해진 인사·임용상의 권리보장이다. 교사의 신분보장은 부당한 인사행정상의 조치에 합법적 소청 기회를 부여하는 것이다. 아울러 교직단체를 통해 단체활동을 전개할 수 있는 권리도 포함된다. 즉, 취업의 안정성과 신분보장은 교사는 물론, 교육의 안정과 지속을 위해서도 필수불가결하다. 따라서 교육제도 자체가 바뀌거나 또는 교사 조직 내부에 변화가 일어나더라도 보호되어야 한다.

교사는 전문적 지위나 신분에 영향을 미치는 여타의 부당한 행위로부터 충분히 보호될 권리가 있다. 특히, 여성의 경우, 결혼이 교원의 임명이나 계속적인 고용에 지장을 주거나, 보수나 그 밖의 근무조건에 영향을 미쳐서도 안 된다. 임신과 출산 휴가를 이유로, 고용자가 고용계약을 종결시키는 일은 철저히 금지되어야 한다. 가정을 책임져야 하는 교원의 경우, 자녀를 돌봐주기 위하여 탁아소나 보육원 같은 특별한 설비도 고려할 필요가 있다. 이외에도, 가정을 지닌 여성 교원에게는 연고지에서 근무할 수 있도록 하고, 부부교사의 경우에는 인접지역의 학교에서 근무할 수 있도록 배려할 필요도 있다.

유네스코의 권고문은 교사의 권익을 보호하기 위한 기본 사항이다. 그러나 한국의 교육현실은 이런 권고문과는 거리가 먼 것이 많다. 수시로 교권침해 사례가 헤아릴 수 없을 정도로 많이 발생한다. 부당한 근무조건 개선을 요구한 교사가 직위해제를 당하기도 하며, 기타 여러 사유로 교사가 불이익을 강요당하기도 한다. 체벌을 한 교사에게 물질적 보상 등으로 책임을 요구하기도 하고, 매스컴에 의해 교직이 우롱당하기도 한다. 이는 아직도 한국의 교육현실에 비민주적 요소가 남아 있음을 의미하며, 교육에 종사하는 모든 관계자들이 고민해야 할 문제이다.

<보론>

01

교육의 3요소에서 언급했지만, 교육내용은 교육자와 학습자를 연결하는 매개물(medium)이다. 교육내용에는 인류역사 이래로 축적해 온 지식, 기술, 가치, 행위규범, 물질적 산물 등이 포함될 수 있다. 달리 말하면, 문화를 구성하는 모든 요소가 교육내용인 셈이다.

교육내용은 넓게는 '교육의 재료'라고 한다. 이를 줄여서 일반적으로 교재(educational materials) 또는 도야재(陶冶材)라고 하며, 좁게는 흔히 교육과정(curriculum)이라고 한다. 이는 교수자의 입장에서 보면 교육지도상의 재료이고, 학습자의 입장에서 보면 교육진행상의 자료이다. 교육의 재료는 교과서나 교구, 주변 환경 등 외형적이고 물리적인 것은 물론, 오랜 기간 동안 인류 역사 속에서 조직된 지식의 체계도 중요한 부분을 차지한다. 인류의 다양한 문화요소를 교육하기 위해서는 핵심 내용을 체계적으로 구조화하고 조직화해야만 한다. 교과가 대변하는 대상세계를 포괄적이고도 정확하게 담아내야 하며, 그 내용과 활동은 논리적으로 잘 조직되어야 한다.

특히, 지식을 체계적으로 구조화·조직화한 것이 교과서나 교재이다. 교과서나 교재에 담긴 교육내용은 배우는 학생들에게 흥미와 관심을 끌 수 있어야 하고, 수준에 맞게 치밀하게 설계되어야 한다. 그리고 교육내용이 학습자에게 잘 전달되기 위해서는 서로 비슷한 내용끼리 선별되어 모아지는 '응집성'이 있어야 하고, 학습의 난이도에 따라 순차적으로 제시되는 '계열성'이 있어야 한다. 뿐만 아니라, 서로 다른 내용들 간에 유기적으로 연결되어 설명되어야 하는 '총합성'이 있어야 한다.

비평

02

　교육내용은 그 자체가 본질적으로 지(智)·덕(德)·체(體), 또는 지(知)·정(情)·의(意)라는 교육목적에 기여하고 있다. 그러나 학교의 교육과정상, 국어·영어·수학·과학·사회·역사·지리·기술·가정·체육·음악·미술 등 각각의 교과들은 나름대로의 특징을 지니고 있으며, 제각기 분담 받은 교과의 역할들이 모여서 교육 본래의 기능을 종합적으로 수행한다. 예컨대, 인문사회나 과학기술 관련 과목들은 언어정보, 지적 기능, 인지전략 등과 같이 주로 지적 측면을 담당하고, 예술이나 도덕 교과목은 정서나 태도, 행동양식 등 정의적 측면을, 체육 교과목은 건강이나 보건위생, 신체운동과 같은 운동 기능적 측면을 담당한다. 이러한 교과를 중심으로 하는 교육내용은, 제각기 고유한 특성을 지니면서 상호 협조하여 교육목적을 달성하는 데 이바지한다.

[비평]

03

교육에서 무엇을 가르치고 배울 것인가? 교사와 학생을 동시에 고려해야 하는 교육내용의 선정은 매우 중요하다. 교육목표를 달성하기 위해 가르칠 것은 많다. 그러나 한정된 시간과 공간에서 다룰 수 있는 내용은 제한된다. 따라서 교육내용의 선정은 신중에 신중을 거듭해야 한다. 교육내용의 선정을 위한 주요한 기준으로는 다음과 같은 것이 있다.

첫째, 의미성이다. 배워야 할 내용은 의미가 있어야 한다. 학생들이 배워야 할 내용은 학생이 살고 있는 세계와 분명한 관련성이 있어야 하고, 학생이 앞으로 공부하는 분야의 기초가 되어야 한다.

둘째, 타당성이다. 선정된 내용이 믿을 수 있고 사실적이며, 타당해야 한다. 특히, 현대와 같이 지식과 정보가 폭발적으로 증가하는 시대에는 그 내용의 신빙성 여부를 면밀히 검토해야 한다.

셋째, 요구부합성이다. 학생들의 요구를 존중해야 한다. 교육내용은 대부분의 학생들이 절실히 필요로 하는 것이어야 한다. 무엇보다도 학생들의 개인차나 적성, 흥미, 진로 등과 연관하여 도움을 줄 수 있어야 한다.

넷째, 용이성이다. 학생들의 수준에 맞게 학습하기 쉬운 것이어야 한다. 어떤 교육내용들은 학생들이 경험하기 어려운 범주에 있는 것으로 학습하기 곤란할 때가 있다. 교육은 학생들이 적절하게 배울 수 있도록 조직되고 배치되어야 하므로 배우기 쉬운 내용으로 구성되어야 한다.

다섯째, 실제성이다. 실제 교육에서 실행할 수 있어야 한다. 선정된 교육내용이 학교에서 교사들이 효율적으로 가르칠 수 없는 내용이라면 의미가 없다. 현재 학교에서 실제로 가르칠 수 있는지 학교의 여건을 고려하여 선정해야 한다.

04

교원의 학생생활지도에 관한 고시

제1장 총칙

제1조(목적) 이 고시는 「초·중등교육법」 제20조의2 및 「초·중등교육법 시행령」 제40조의3에서 학교의 장과 교원에게 부여한 학생생활지도 권한의 범위 및 방식 등에 관한 기준을 정함을 목적으로 한다.

제2조(정의) 이 고시에서 사용하는 용어의 뜻은 다음과 같다.

1. "학생"이란 「초·중등교육법」 제2조에 따른 학교에 재학 중인 사람을 말한다.
2. "특수교육대상자"란 「장애인 등에 대한 특수교육법」 제2조제3호에 따른 사람을 말한다.
3. "교육활동"이란 「학교안전사고 예방 및 보상에 관한 법률」 제2조 제4호에 따른 활동을 말한다.
4. "학생생활지도"란 학교의 장과 교원이 교육활동 과정에서 학생의 일상적인 생활 전반에 관여하는 지도 행위(이하 "생활지도"라 한다)를 말한다.

5. "조언"이란 학교의 장과 교원이 학생 또는 보호자에게 말과 글로(정보통신망을 이용한 경우를 포함한다) 정보를 제공하거나 권고하는 지도 행위를 말한다.

6. "상담"이란 학교의 장과 교원이 학생 또는 보호자와 학생의 문제를 해결해나가는 일체의 소통활동을 말한다.

7. "주의"란 학교의 장과 교원이 학생 행동의 위험성 및 위해성, 법령 및 학칙의 위반 가능성 등을 지적하여 경고하는 지도 행위를 말한다.

8. "훈육"이란 학교의 장과 교원이 지시, 제지, 분리, 소지 물품 조사, 물품 분리보관 등을 통해 학생의 행동을 중재하는 지도 행위를 말한다.

9. "훈계"란 학교의 장과 교원이 학생을 대상으로 바람직한 행동을 하도록 문제행동을 지적하여 잘잘못을 깨닫게 하는 지도 행위를 말한다.

10. "보상"이란 학교의 장과 교원이 학생의 바람직한 행동을 장려할 목적으로 유형·무형의 방법으로 동기를 부여하는 지도 행위를 말한다.

제3조(교육 3주체의 책무) ① 학생, 학교의 장과 교원, 학부모 등 보호자(이하 "보호자"라 한다)는 상호 간에 권리를 존중하고 타인의 권리를 부정하거나 침해하지 않도록 노력해야 한다.

② 학생은 학칙을 준수하고 학교의 장과 교원의 생활지도를 존중하며 따라야 한다.

③ 학교의 장과 교원은 생활지도를 통해 학생의 건강한 성장과 발달을 지원하고 학내의 질서를 유지하기 위하여 노력해야 한다.

④ 학교의 장은 학생 및 보호자와 교원 간의 상호 소통 증진을 위하여 노력하며, 교원의 원활한 생활지도를 위하여 시설, 인력 등 제반 여건을 갖추도록 지원해야 한다.

⑤ 보호자는 학교의 장과 교원의 전문적인 판단과 생활지도를 존중해야 하

며, 학생이 학칙을 준수하도록 지도하여 교육활동이 원활히 이루어지도록 협력해야 한다.

제4조(수업 중 휴대전화 사용) 학생은 수업 중에 휴대전화를 사용해서는 안 된다. 다만, 교육 목적의 사용, 긴급한 상황 대응 등을 위하여 사전에 학교의 장과 교원이 허용하는 경우에는 휴대전화를 사용할 수 있다.

제2장 생활지도의 범위

제5조(학업 및 진로) 학교의 장과 교원은 학업 및 진로와 관련하여 다음 각 호의 사항에 대해 학생을 지도할 수 있다.
1. 교원의 수업권과 학생의 학습권에 영향을 주는 행위
2. 학교의 면학 분위기에 영향을 줄 수 있는 물품의 소지·사용
3. 진로 및 진학과 관련한 사항

제6조(보건 및 안전) 학교의 장과 교원은 보건 및 안전과 관련하여 다음 각 호의 사항에 대해 학생을 지도할 수 있다.
1. 자신 또는 타인의 건강에 영향을 주는 사항
2. 건전한 성장과 발달에 영향을 미치는 사항
3. 자신 또는 타인의 안전을 위협하거나 위해를 줄 우려가 있는 행위

제7조(인성 및 대인관계) 학교의 장과 교원은 인성 및 대인관계와 관련하여 다음 각 호의 사항에 대해 학생을 지도할 수 있다.
1. 전인적 성장을 위한 품성 및 예절

2. 언어 사용 등 의사소통 행위
3. 학교폭력 예방 및 대응, 학생 간의 갈등 조정 및 관계 개선

제8조(그 밖의 분야) 학교의 장과 교원은 제5조부터 제7조까지에서 규정한 사항 외에 다음 각 호의 사항에 대해 학생을 지도할 수 있다.
1. 특수교육대상자와 다문화학생에 대한 인식 및 태도
2. 건전한 학교생활 문화 조성을 위한 용모 및 복장
3. 비행 및 범죄 예방
4. 그 밖에 학칙으로 정하는 사항

제3장 생활지도의 방식

제9조(조언) ① 학교의 장과 교원은 학생의 문제를 인식하거나 학생 또는 보호자가 도움을 요청하는 경우 학생 또는 보호자에게 조언할 수 있다.
② 학생의 사생활에 관한 조언은 비공개를 원칙으로 한다.
③ 학교의 장과 교원은 학생의 문제 개선을 위하여 전문가의 검사·상담·치료를 보호자에게 권고할 수 있다.

제10조(상담) ① 학교의 장과 교원, 학생 또는 보호자는 학생의 문제를 해결하기 위한 원인 분석, 대안 모색 등이 필요한 경우 누구든지 상담을 요청할 수 있다.
② 상담은 수업시간 외의 시간을 활용함을 원칙으로 한다. 다만, 진로전담교사 또는 전문상담교사에 의한 상담, 학교의 장과 보호자 간의 상담 등은 예외로 한다.

③ 상담의 내용은 해당 학생 또는 보호자 외의 제3자에게 누설해서는 안 된다. 다만, 다른 법령에 특별한 규정이 있는 경우에는 그 법령에서 정하는 바에 따른다.

④ 학교의 장과 교원, 보호자는 상호 간에 상담을 요청할 수 있고, 상대방의 요청이 있는 경우 명백한 사유가 없으면 이에 응해야 한다.

⑤ 제4항에 따른 상담의 일시 및 방법 등은 학교의 장이 정하는 바에 따라 사전에 협의해야 한다.

⑥ 제4항에도 불구하고 학교의 장과 교원은 다음 각 호의 상담을 거부할 수 있다.

1. 사전에 목적, 일시, 방법 등이 합의되지 않은 상담

2. 직무범위를 넘어선 상담

3. 근무 시간 외의 상담

⑦ 학교의 장과 교원은 학생 또는 보호자의 폭언, 협박, 폭행 등의 사유로 상담을 지속하는 것이 불가능하다고 판단하는 경우 상담을 즉시 중단할 수 있다. 이 경우 학교의 장과 교원은 교직원에게 도움을 요청하거나 주변 학생에게 신고를 요청할 수 있다.

제11조(주의) ① 학교의 장과 교원은 학생의 행동이 학교 안전 및 교내 질서 유지를 저해할 소지가 있는 경우 학생에게 주의를 줄 수 있다.

② 학교의 장과 교원은 수업 중 휴대전화를 사용하거나 그 밖에 수업에 부적합한 물품을 사용하는 학생에게 주의를 줄 수 있다.

③ 학교의 장과 교원이 주의를 주었음에도 학생의 행동에 변화가 없거나, 학생의 행동으로 교육활동에 지장을 받을 경우 제12조에 따른 훈육 또는 제13조에 따른 훈계를 할 수 있다.

④ 학교의 장과 교원이 주의를 주었음에도 학생이 이를 무시하여 인적·물적

피해가 발생한 경우, 사전에 주의를 준 학교의 장과 교원은 생활지도에 대한 책무를 다한 것으로 본다.

제12조(훈육) ① 학교의 장과 교원은 제9조에 따른 조언 또는 제11조에 따른 주의로 학생에 대한 행동 중재가 어려운 경우 훈육할 수 있다.
② 학교의 장과 교원은 학생이 바람직한 행동변화를 위하여 노력하도록 특정한 과업을 부여하거나, 특정한 행위를 할 것을 지시할 수 있다. 이 경우 학생의 인권을 존중해야 하며 법령과 학칙의 범위에서 지시가 이루어져야 한다.
③ 학교의 장과 교원은 법령과 학칙에 따른 금지된 행동을 하는 학생을 발견한 경우, 이를 즉시 중지하도록 말로 제지할 수 있다.
④ 학교의 장과 교원은 자신 또는 타인의 생명·신체에 위해를 끼치거나 재산에 중대한 손해를 끼칠 우려가 있는 긴급한 경우 학생의 행위를 물리적으로 제지할 수 있다. 이 경우 학교의 장과 교원은 교직원에게 도움을 요청하거나 주변 학생에게 신고를 요청할 수 있다.
⑤ 제4항에 따른 물리적 제지가 있는 경우, 해당 교원은 이를 학교의 장에게 지체 없이 보고해야 하며, 학교의 장은 그 사실을 보호자에게 신속히 알려야 한다.
⑥ 학교의 장과 교원은 학생이 교육활동을 방해하여 다른 학생들의 학습권 보호가 필요하다고 판단하는 경우, 다음 각 호의 방법에 따라 해당 학생을 분리할 수 있다. 다만, 제3호 및 제4호에 따른 분리 장소·시간 및 학습지원 방법 등의 세부사항은 학칙으로 정한다.
1. 수업시간 중 교실 내 다른 좌석으로의 이동
2. 수업시간 중 교실 내 지정된 위치로의 분리(실외 교육활동 시 학습집단으로부터의 분리를 포함한다)

3. 수업시간 중 교실 밖 지정된 장소로의 분리

4. 정규수업 외의 시간에 특정 장소로의 분리

⑦ 학교의 장은 제6항제3호 및 제4호에 따른 분리를 거부하거나 1일 2회 이상 분리를 실시하였음에도 학생이 지속적으로 교육활동을 방해하여 다른 학생들의 학습권 보호가 필요하다고 판단하는 경우, 보호자에게 학생인계를 요청하여 가정학습을 하게 할 수 있다.

⑧ 학교의 장과 교원은 학생이 자신 또는 타인의 생명·신체에 위해를 끼치거나 재산에 중대한 손해를 끼칠 우려가 있는 물품을 소지하고 있다고 의심할 만한 합리적 이유가 있는 경우 필요한 범위 내에서 학생의 소지 물품을 조사할 수 있다.

⑨ 학교의 장과 교원은 학칙으로 정하는 바에 따라 다음 각 호의 물품을 학생으로부터 분리하여 보관할 수 있다.

1. 제11조제2항에 따라 2회 이상 주의를 주었음에도 학생이 계속 사용하는 물품

2. 학생 및 교직원의 안전과 건강에 위해를 줄 우려가 있는 물품

3. 관련 법령에 따라 학생에게 판매될 수 없는 물품

4. 그 밖에 학칙으로 정하여 소지·사용을 금지한 물품

⑩ 교원은 제6항제3호·제4호 및 제9항에 따라 생활지도를 한 경우 지도의 일시 및 경위 등을 학교의 장에게 보고해야 하며, 학교의 장은 그 사실을 보호자에게 알려야 한다.

⑪ 「초·중등교육법 시행령」 제36조의5에 따른 학급담당교원은 학생 및 학부모의 의견을 들어 학급의 생활지도에 관한 세부 사항을 법령과 학칙의 범위에서 학급생활규정으로 정하여 시행할 수 있다. 다만, 특수교육대상자가 배치된 학급에서는 보호자 또는 특수교육교원의 의견을 듣고 이를 반영할 수 있다.

제13조(훈계) ① 학교의 장과 교원은 제9조에 따른 조언, 제10조에 따른 상담, 제11조에 따른 주의, 그리고 제12조에 따른 훈육 등에도 불구하고 자신의 잘못을 인정하지 않거나 잘못된 언행의 개선이 없는 경우 학생에 대해 훈계할 수 있다.

② 학생을 훈계할 때에는 그 사유와 바람직한 행동 개선방안을 함께 제시해야 한다.

③ 학교의 장과 교원은 학생을 훈계할 때에는 훈계 사유와 관련된 다음 각 호의 과제를 함께 부여할 수 있다.

1. 문제행동을 시정하기 위한 대안 행동
2. 성찰하는 글쓰기
3. 훼손된 시설·물품에 대한 원상복구(청소를 포함한다)

제14조(보상) 학교의 장과 교원은 학생에게 동기를 부여하는 칭찬, 상등의 적절한 수단을 활용하여 보상할 수 있다.

제4장 기타

제15조(특수교육대상자의 생활지도) ① 학교의 장과 교원은 특수교육 대상자의 특성을 고려한 생활지도가 이루어질 수 있도록 노력해야 한다.

② 학교의 장은 「초·중등교육법」 제59조에 따라 통합교육을 실시하는 경우 교직원을 대상으로 하는 장애이해 및 특수교육 관련 연수 실시, 통합학급의 학생 수 감축, 특수교육교원과 통합학급 담당 교원의 협력 등을 위하여 노력해야 한다.

③ 학교의 장은 심각한 문제행동을 보이는 특수교육대상자의 경우 「장애인 등에 대한 특수교육법」 제22조제2항에 따른 개별화교육계획에 행동 중재

지원에 관한 사항을 포함해야 한다.

제16조(생활지도 불응시 조치) ① 학교의 장은 학생 또는 보호자가 생활지
　도에 불응하여 의도적으로 교육활동을 방해하는 경우, 「교원의 지위 향상
　및 교육활동 보호를 위한 특별법」 제15조에 따른 교육활동 침해 행위로 보
　아 이에 대한 조치를 취할 수 있다.
② 교원은 지속적인 생활지도에 불응하는 학생에 대하여 학교의 장에게
　징계를 요청할 수 있다.

제17조(이의제기) ① 학생 또는 보호자는 학교의 장과 교원의 생활지도가
　부당하다고 판단하는 경우 학교의 장에게 14일 이내에 이의를 제기할 수 있다.
② 학교의 장은 제1항에 따른 이의제기에 대해 14일 이내에 답변해야 한다.
　다만 동일한 내용으로 정당한 사유없이 반복적으로 이의를 제기하는 경우
　2회 이상 답변하고 그 이후에는 답변을 거부할 수 있다.

제18조(그 밖의 생활지도의 범위 및 방식) 학교의 장은 이 고시에서 학칙으
　로 위임한 사항 및 그 밖에 생활지도에 필요한 세부적인 사항을 학칙으
　로 정하여 시행할 수 있다.

제19조(재검토기한) 「훈령·예규 등의 발령 및 관리에 관한 규정」에 따른 이
　고시의 재검토기한은 2023년 9월 1일을 기준으로 매 3년이 되는 시점(매
　3년째의 8월 31일까지를 말한다)으로 한다.

부 칙

제1조(시행일) 이 고시는 2023년 9월 1일부터 시행한다.

제2조(학칙에 관한 특례) 제8조제4호, 제12조제6항 및 제9항, 제18조에 따라 학칙으로 정하도록 위임한 사항이 학칙에 반영되지 않은 경우, 한시적으로 학교의 장이 정하는 바에 따라 시행할 수 있다. 다만, 학교의 장은 2023년 10월 31일까지 이 고시에서 위임한 사항을 학칙으로 정하여야 한다.

비평

<논의>

① 자기 주장

② 타자 비판:

→

③ 배려와 협력적 논의:

⬇

④ 합의 도출과 전망:

제10강

교육학의 성립과 학문적 성격

교육학은 교육에 관한 사상이나 현상, 제도 등 그 원리와 방법을 연구하는 학문이다. 그것은 동·서양을 막론하고, 고대사회 때부터 논의되기는 했지만, 학문으로 독립된 것은 근대 이후의 일이다. '교육학(Pedagogy: Education)'이란 말을 처음으로 사용하여 체계화를 시도한 사람은 19세기 독일의 철학자 헤르바르트이다. 앞에서 언급한 것처럼 헤르바르트는 교육학을 목적론과 방법론으로 구분하고, 교육목적을 윤리학에 두고 교육방법론은 심리학에 기초하여 교육학을 체계화하였다.

물론, 그 이전에도 교육학과 관련한 내용이 문헌으로 선보인 적은 많았다. 철학의 한 분야로서 플라톤의 『국가』나 『법률』, 아리스토텔레스의 『정치학』이나 『니코마코스 윤리학』, 퀸틸리안의 『웅변교수론』 등의 저서에서는 교육문제에 관해 훌륭하게 고찰하고 있다. 그러나 교육 자체를 본격적이고 전문적으로 연구한 것은 아니었다. 르네상스와 종교개혁을 거쳐 중세적 종교의 지배로부터 벗어나 근대국가가 탄생하고 서민계급의 교육기관이 보급되면서, 교육에 대한 전문적인 이해가 시도되었다. 이때부터 교육학이 성립할 조짐이 보였다.

17세기에 들어서면서 라스케의 『교수의 방법』이 소개되고, 계통적인 교수방법의 원리를 고찰한 코메니우스의 『대교수학』, 아동의 성장과 성격 형성의 과정을 세밀히 분석·검토한 로크의 『교육에 관한 소고』, 루소의 『에밀』 등 교육을 본격적으로 다룬 저작들이 쏟아졌다. 이런 발달을 거듭하다가 18세기에 들어서면서 교육학이 하나의 학문체계로 인정받기에 이른다.

앞에서 언급했듯이, 인간을 '교육적 동물'로 규정한 칸트는 1776년에서 1787년에 이르기까지 네 학기에 걸쳐 대학에서 교육학 강의를 하였고, 1779년 헬레대학의 트랍도 교육학 강좌를 개설하였는데, 이것이 교육학이 대학에서 강의되고 학문의 세계에서 공식적으로 인정받는 계기가 되었다.

이런 교육학의 발달에 힘입어 하나의 학문체계로 구축한 사상가가 바로 헤르바르트였다. 헤르바르트가 1806년에 지은 『일반교육학』은 교육학 분야에서 체계를 갖춘 학문 저술로 인정되고 있다. 이후, 20세기에 이르기까지 교육학은 윤리학과 심리학 등 기초과학으로부터 여러 가지 법칙을 교육에 도입하여 설명하는 응용과학의 성격을 지니고 있었다.

20세기에 들어서면서 교육학은 다윈의 진화론과 실험심리학 등의 발달에 힘입어 실험적·통계적 방법을 채택하게 되었다. 그리하여 여러 가지 측정기와 측정기술, 그리고 자료를 수집하여 해석하는 기술 등이 발달되었다. 또 한편으로는 문화과학·정신과학의 개념이 성립함에 따라 역사적 실증성을 도입하게 되었다. 그것은 교육현상을 역사적 또는 사회적 관점에서 유형화하는 연구방법으로 발달하게 되었다. 또 교육현상을 사회과학의 대상으로 보려는 경향이 현저하게 나타나 교육학을 사회과학으로 건설하려는 시도도 일어났다.

헤르바르트가 교육학을 체계화한 이후로, 교육학의 학문적 성격에 대한 논쟁은 끊임없이 이어져 왔다. 교육학이 과연 독립적인 학문인가, 응용과학인가? 행동과학인가? 규범과학인가?

교육학을 응용과학의 입장에서 바라보는 관점은, 헤르바르트가 체계화한 교육학을 엄밀하게 응용과학이라고 한다. 왜냐하면 교육의 목적을 윤리학의 대상인 '도덕적 품성도야'에 두었고, 이 도야의 방법을 심리학에서 찾았기 때문이다. 나토르프(P. Natorp, 1854~1924)의 경우, 교육목적을 순전히 윤리학에만 둔 헤르바르트를 비판하면서 교육목적을 도덕, 과학, 예술의 조화로운 발전에 두고, 이를 실현하기 위해 윤리학, 논리학, 미학이 그 기초과학이 되어야 한다고 주장하였으나 이 또한 응용과학의 차원에서 이해한 것이다.

독립과학의 입장은 교육학이 응용과학이 아니라 독자적이고 독립적인 학문분야임을 강조한다. 모이만(E. Meumann, 1862~1915)은 교육학이 여러 가지 기초과학과 보조과학으로 성립하긴 했으나, 이 때문에 학문의 독자성이 손상되는 것은 아니라고 보았다. 또한 크릭(E. Krieck, 1882~1947)는 교육의 본질이 명백하고, 교육이라는 사실을 성립하게 하는 법칙과 교육과정이 뚜렷하여, 독자적인 연구대상과 목적, 방법이 있기 때문에 교육학은 독립과학으로서 교육과학이라고 주장하였다.

교육학을 응용과학으로 보든지, 독립과학으로 보든지 간에, 분명한 점은 교육현상을 설명하는 단위지식들의 모음으로 이루어진 학문의 한 영역이며, 이러한 교육학적 지식 또한 과학적 탐구를 통해 얻어진 결과라는 것이다. 다른 학문이 인간, 사회, 자연 중 특정한 현상에 초점을 맞춰 그것을 대상으로 과학적 탐구가 이루어진다면, 교육학은 인간 대 인간, 인간 대 사회, 인간 대 환경의 관계에서 발생하는 '다면적 인간의 변화과정'을 분석·구명하려는 '종합학문'이다. 이런 교육학은 다시 하위학문 영역을 구성하고 있는데, 연구자가 어떤 연구방법론을 채택하여 교육현상에 접근하느냐라는 연구방법론 중심의 교육학과 교육이 일어나는 상황을 분석적으로 접근한 이론체계가 있다.

연구방법론에 기준한 교육학은 교수자 혹은 공급자 중심의 교육현상 분석법으로 교육철학, 교육심리학, 교육사회학, 교육행정학, 교육공학 등이 있다. 상황에 기초한 교육학은 학습자 또는 수요자 중심의 교육현상 분석법으로 가정교육학, 학교교육학, 기업교육학, 사회교육학 등이 있다. 교육학은 전통적으로 공급자 중심의 연구방법론에 기초한 교육학, 즉 규범과학, 자연과학, 사회과학, 예술로서의 교육학 등으로 분화 발전되어 왔다.

규범과학적 성격으로서 교육학은 다양한 인간행동에 대한 일관성 있는 판단의 기준인 '규범'이 교육학의 영역에서 추구된다. "우리는 왜 교육을 하는가? 참된 교육활동은 무엇인가? 교육은 어떤 제도에 의해 이루어지는 것이 바람직한가?" 이는 현재 이루어지고 있는 교육이 어떤 것인지 상관없이 이상적 교육의 본질과 그것을 가장 잘 실천해낼 수 있는 이상적 원리를 밝히는 학문영역이다. 여기에는 교육철학, 교육윤리학, 종교교육학 등, 교육의 기초와 교육사·교육철학과 같은 영역이 포함된다.

자연과학적 성격으로서 교육학은 교육활동에서 계획성·실험성·실증성을 상정하고 있다. 계획성은 인간의 변화도 자연 현상처럼 인과관계가 분명하여 의도한 행동의 변화를 만들어낼 수 있다는 가능성이다. 실험성·실증성은 어떤 법칙을 증명할 수 있음을 말한다. 여기에는 교육심리학, 교육평가, 교육공학, 교육측정 등의 영역이 포함될 수 있다.

사회과학적 성격으로서 교육학은 사회에서 이루어지는 모든 인간관계는 교육적인 의도, 즉 사회의 교육성이 내포되어 있다고 본다. 그러므로 교육의 목적과 내용은 사회적 과정을 통해 결정된다. 때문에 교육현상은 인간에 의해 창조되고 변화되기도 하며, 사라지기도 한다는 교육의 인위적 질서를 전제로 한다. 그리고 시간과 공간에 따라 다르게 나타난다는 특수성과 다양성을 인정하며, 인간의 가치판단이 개입되어 있다는 가치의 함축성을 상정한다. 여기에는 교육사회학, 교육경제학, 교육행정학, 교육정치학 등의 영역이 포함된다.

전통적으로 예술은 '하는 것', '만드는 것', '감상하는 것', '심미적인 것' 등 감성의 작용으로 파악되어 왔다. 이는 예술을 고차원적인 것이 아닌 기술적 행위로 인식한 것이었다. 그러나 20세기 후반부터 예술을 단순한 기능적 교과나 감상적 차원을 넘어 지적인 교과와 대등하게 보려는 경향이 대두되었다. 이러한 관점은 지식을 중심으로 형성·발전되어 온 교육에 대해 새로운 영역을 제시해 주고 있다. 즉 교육의 목적으로 미적 심성의 개발이라는 말이 가능하게 되었고, 이를 위한 교육과정과 방법의 개발이 필요하게 되었다. 예술로서의 교육학은 교육미학, 교육문학 등을 들 수 있다.

이와 같이 다양한 분류에도 불구하고, 교육학이라는 통일적인 학문의 장을 통해, 우리는 복합적인 교육의 분야에 주어진 사실들을 종합해야 한다. 교육의 여건들과 교육이 작용하는 다양한 연관들을 분석하고 밝히며, 사회적·역사적 배경과 경향을 해석학적으로 이해하는 모든 인식추구의 총체를 갈망해야 한다. 유아에서 성인에 이르기까지, 인지적 측면의 학습에서 사회적 측면의 학습에 이르기까지, 그리고 기술의 숙달에서 예술과 종교교육에 이르기까지, 교육의 대상영역은 복합적이다.

이렇게 복합성을 지닌 교육학은 내용의 측면에서, 다음과 같은 사항에 대한 대답과 도움을 찾는 작업으로 인식된다.

첫째, 생물학적 – 인간학적 소여성(所與性)이다. 예를 들면, 신생아의 미숙함과 의존성, 성장과 성숙에 필요한 양육 등이 그것에 속한다.

둘째, 사회적 – 역사적 소여성이다. 이는 문화의 전승 및 그때그때 구체적인 사회로의 편입을 위한 학습의 필요성, 여러 종류의 규범들이 서로 상반되는 상황에서 규범들 사이에 일어나는 갈등의 극복이다.

셋째, 정신적인 내용에 대한 개별적인 자극과 격려이다. 즉, 경우에 따라서 집단적으로 주어져 있는 관심과 이해방식, 그리고 이념들에 대한 개별적인 자극과 격려이다.

　왜냐하면 교육은 어떤 경우에도 단순히 순응하거나, 이미 완성되고 경직된 전형들을 넘겨받는 일을 원하지 않기 때문이다. 교육은 학습자가 스스로 책임질 수 있는 삶을 영위하고 또 그의 능력이 고유한 판단을 내리기를 소망한다.

<보론>

01

교육학의 성격과 특성에 기초할 때, 교육은 구체적 목적과 방향이 있는 의도적이고 가치 지향적인 활동이다. 따라서 목적과 방향이 정해지면 단계별 교육수준에 따라 어떤 내용을 다루어야 하는지 고민해야 한다. 특히, 지식의 양이 기하급수적으로 증가하고 사회구조가 급격하게 변화하고 있는 현대사회에서 어떠한 지식을 골라 정해진 기간에 가르쳐야 하는지의 문제는 심각한 일이다. 우리는 모든 지식을 가르칠 수 없다. 가장 기본적이고 필수적인 지식과 지혜를 선정하여 적용하는 것이 중요하다. 교육과정은 바로 교육목적이 설정되고 그것을 달성하기 위하여 조작하는 교육의 전체적인 기획이다.

교육과정은 영어로 커리큘럼(curriculum)이라고 한다. 그것은 라틴어의 쿠레레(currere), 즉 '뛰다'라는 의미에서 온 말이다. 커리큘럼은 크게 두 가지 뜻을 지니고 있다. 하나는 경기장에서의 '경주로' 또는 '달리는 코스(race course)'를 의미한다. 이 말은 교육학에서 '학생이 일정한 목표를 향해 학습해 가는 과정'으로 사용하게 되었다. 다른 하나는 '경주 그 자체'를 의미한다. 교육적으로 환언하면, '학습 그 자체' 또는 '학습내용'이다. 어원으로 볼 때, 교육과정은 학생이 배움터에 들어와서 나갈 때까지 일정한 목표를 향해 학습해 가는 코스인 동시에 학습내용 그 자체이다. 그런데 학습의 코스는 내용에서 순서와 배열이 있다. 따라서 교육과정은 일정한 순서로 배열된 학습의 코스와 학습내용이다.

그러나 교육과정은 실제로는 매우 넓은 의미로 사용되고 있다. 학자에 따라, 그리고 시대와 장소에 따라 다르게 표현되고, 무엇보다도 교육목적에 따라 다르게 해석된다. '교과의 내용조직', '교과의 배열', '생활경험과 활동의 전체' 또는 '탐구학습의 내용조직'이라고 보는 견해도 있다.

이러한 내용을 종합해 보면, 교육과정은 크게 두 가지로 생각할 수 있다. 하나는

'학교의 지도 아래 이루어지는 교과학습의 영역'이고, 다른 하나는 '학교의 지도 아래 이루어지는 교과학습 및 생활영역의 총체'이다. 후자의 경우, 학생의 모든 생활경험을 포괄해서 보다 넓은 뜻으로 이해한다. 다시 말하면, 하나는 교과의 체계를 존중하는 것이고, 다른 하나는 교과와 더불어 생활경험까지 포괄적으로 다루는 경우이다. 엄밀히 규정하면 전자는 '교과과정'이고, 후자는 '교육과정'이다.

일반적으로 교육학에서 인식하는 교육과정의 의미는, 후자의 입장을 취한다. 즉, 학교의 교육목적을 달성하기 위하여 선택한 문화 또는 생활경험을 교육적 관점에서 편성하고, 학습활동이 언제, 어디서, 어떻게 행해질 것인가를 종합적으로 묶은 교육의 전체 기획이다. 이렇게 볼 때, 교육과정은 학교가 학생을 위하여 선택한 교육적인 경험을 준비하여 그들의 성장발달을 도와주고, 학습에 의한 행동의 변화를 초래하게 하는 자료이다. 요컨대, 교육과정은 교육이 목표하는 '인간'을 길러내는 데 기여하는 학교와 교사들의 총체적인 노력이며 계획이다.

[비평]

02

생활지도는 교육에서 매우 중요한 부분이다. 어떤 측면에서는 본질적 기능일 수도 있다. 어원을 보면 영어의 가이던스(guidance)의 번역어이다. 가이던스의 동사형인 가이드(guide)는 '안내하다, 이끌어주다, 지도하다, 숙고하다.' 등의 뜻이 들어 있다. 전통적으로 교도(敎導), 지도(指導), 향도(嚮導)라는 용어로 쓰기도 했다.

생활지도의 의미도 학자에 따라 다양하게 정의된다. '학생이 어떤 사태에 직면하였을 때 자기 스스로 현명하게 선택하고 적응하고 이해할 수 있도록 지도와 조언을 해주는 일', '개인에게 주어지는 조력(助力)으로 개인이 모든 활동에서 만족을 얻을 수 있도록, 그리고 그에게 필요한 어떠한 적응, 부적응에도 자기를 도울 수 있도록 해주는 일', '개개인의 아동이 개인으로서, 사회의 성인으로서 자기의 능력을 최대한으로 발휘하여 자기완성을 할 수 있도록 돕는 것', '조화된 성장발달을 조장하는 지도 활동', 유능한 성숙자에 의하여 미성숙한 아동에게 주어지는 모든 면의 도움 (assistance)', '개인이 행동을 변화하는 데 도움이 될 목적을 가진 일련의 개인적인 접촉' 등 여러 가지 견해가 있다. 여기서 공통점은 '개인'이 관심의 대상이라는 것, 그리고 '조력'을 제공한다는 것, 자기 자신과 현실 환경에 대한 이해를 돕는다는 것, 의도적인 지도활동이라는 것이다. 다시 정리하면 다음과 같다.

첫째, 생활지도는 개인이 관심의 대상이 되는데, 개인은 학교의 학생을 뜻하며, 보다 구체적으로는 정상적인 발달과정에 있는 학생을 의미한다. 그러므로 생활지도에서는 전체보다는 개인이 1차적 관심의 대상이 된다.

둘째, 생활지도는 자기 자신과 현실 환경의 이해를 돕는 활동이다. 이것은 개인에게 자기 자신에 대한 객관적 이해를 통해 자기 정체감을 확립하고, 자기 자신을 둘러싸고 있는 환경조건에 대한 현실적인 이해를 하도록 돕는다.

셋째, 생활지도는 조력을 제공하는 일이다. 발달상의 문제에 직면했을 때 그 문제를 해결해야 할 주체는 본인이다. 그러므로 생활지도는 전문적인 조력을 제공하는 것일 뿐이다. 결국 개인으로서 학생은 자율적인 문제해결을 통하여 자기 지도력을 함양해야 한다.

넷째, 생활지도는 의도적인 지도활동이다. 학교교육에서 생활지도는 교과지도와 병행하는 비교과적 활동이지만 분명한 의도를 갖고 조직적으로 진행되는 교육활동이다.

이렇게 볼 때, 생활지도를 소수의 문제 학생을 지도하는 방법으로 생각해서는 안 된다. 또한 특별한 사건이 있을 때 그것을 해결하기 위한 수단으로 인식해서도 안 된다. 생활지도는 모든 학생들의 성장·발달을 촉진하여 자아실현을 할 수 있도록 하는 데 기여한다. 따라서 일상적인 학교생활에서 늘 이루어져야 하는 중요한 교육활동이다.

03

배우는 일과 가르치는 일은 교육의 핵심이다. 따라서 교육자와 학습자는 자신이 종사하는 가르치는 일과 배우는 일의 본질을 알고 교육에 임할 필요가 있다. 학습에 대한 이론은 다양하다. '행동의 변용', '자극과 반응의 결합', 그리고 '장의 재체제화' 등 이론적 배경과 정의에 따라 다양한 견해가 존재한다.

첫째, 학습을 '행동의 변용'이라고 주장하는 학자들의 견해는 다음과 같다.

"학습은 일정한 활동, 훈련, 관찰 등의 결과, 즉 일정한 경험에 의해 행동이 다소 영속적·진보적인 변용을 하는 것이다(H. L. Munn). 학습은 경험과 훈련에 의한 행동의 진보적 변용이다(T. R. Mcconnell). 학습은 행동의 변화이다(R. S. Woodworth). 학습은 동일한 자극장면의 반복에 의하여 행동이 점진적 변화 또는 진보적 경향을 나타내는 것이다(W. S. Hunter). 학습은 계속 행해지는 활동 중 뒤의 활동이 앞의 활동보다 개체에게 유익하게 되는 변화이다(C. Humphrey). 학습은 행동의 진보적인 적응과정이다(B. F. Skinner). 학습은 경험의 결과로 행동에 어떤 변화가 일어난 것이다(L. J. Cronbach)."

둘째, 학습을 자극과 반응의 결합으로 보는 학자들이 있다.

"학습은 심리적 기능이 연습에 의해서 결합(connection)되는 것이다(E. L. Thorndike). 학습은 자극과 반응의 새로운 결합·형성 과정이다(E. R. Guthrie & C. L. Hull)."

셋째, 학습을 장의 재체제화(Reorgamization)로 보는 견해가 있다.

"학습은 지각과정과 그 흔적이 복잡한 구조 속에서 재체제화되는 지각적 재체제화이다(W. Kohler; K. Koffka). 학습은 장의 인지구조의 변화이다(K. Lewin). 학습은 '기호[sign] ─ 형성[gestalt] ─ 기대[expectation]'의 형성, 또는 '기호[sign] ─ 의미관계[signification relation]'의 형성으로, 어떤 것이 어떤 것으로 이끌어가는가 하는 행동의 통로를 배우는 것이다(E. C. Tolman)."

어떤 정의이든지 간에 학습은 교육의 조작적 정의에서 언급한 것처럼, '인간행위의 변화'를 전제로 한다. 인간과 환경·생활의 상호작용으로 인해 새로운 관련이 생기고, 이에 따라 주체인 인간은 행동이 변화한다. 따라서 행동변화의 결과는 새로운 행동을 획득함과 동시에 정신구조의 변화와 인간기능의 변화를 가져오게 된다. 이와 같이 학습은 교사의 지도 또는 학습자 자신이 환경과의 작용에 의해 새로운 지식이나 기능·행동을 습득하고 보유하며, 장래 생활에 활용할 수 있도록 전체적으로 행동이 변화되어 가는 과정이다.

교수(敎授, teaching)는 가르치는 일이다. 이와 유사한 개념에는 수업(instruction), 학습지도(guidance of learning process)가 있다. 이들 개념은 주체의 활동에 따라 뉘앙스를 달리 하는데, 교수와 수업은 교사활동, 학습지도는 학습자의 활동, '교수-학습' 과정은 교사와 학생의 상호작용 과정을 강조하는 것으로 볼 수 있다.

전통교육에서는 교사가 중심이 되어 지식 위주의 주입식 방법이 많이 사용되었다. 이때 교수라는 말을 쓴다. 학습지도는 학습자의 능동적인 학습활동과 학습자의 개인차를 강조하는 보다 새롭고 민주적인 교육이 방법적으로 발전하면서부터 많이 사용하게 되었다. 그러나 1960년대 이후 효과적이고 과학적인 교육방법을 모색하려는 다양한 교수이론이 대두되면서 현대적 교수의 개념을 나타내는 말로 '교수-학습' 과정 또는 수업이라는 말을 많이 사용하고 있다.

수업(授業, instruction)은 학교에서 일정한 목표를 설정하고, 교육내용과 방법에 대한 계획을 세우고, 그러한 계획의 일부분으로서의 목표를 달성하기 위하여 일정한 시간에 실시하는 '교수-학습' 활동이다. 그것은 개인에게 특정한 조건 하에서 또는 특정한 상황에 대한 반응으로서 특정한 행동을 나타내도록 학습하게 하거나 특정한 행동에 참여할 수 있도록 개인을 둘러싼 환경을 계획적으로 조작하는 과정이다.

가네(R. M. Gagne)의 경우, "수업이란 학습이 일어나도록 학습자의 내적 및 외적 조건을 체계적으로 조정하는 것"으로 보아, 학습자를 둘러싸고 있는 외적 조건만이 아니라 학습자가 지니고 있는 내적 조건, 즉 주의집중, 동기, 선수학습 등까지도 계획적으로 조정해야 함을 강조하고 있다.

요컨대, 교수활동을 핵심으로 하는 학습지도는 학습자가 특정한 학습목표를 달성할 수 있도록 학습자의 내적·외적 환경을 계획적·체계적으로 조정하는 과정이다.

[비평]

04

인간의 모든 활동은 '평가'를 통해 더욱 승화한다. 교육도 마찬가지이다. 교육평가(教育評價, educational evaluation)는 교육활동이 얼마나 잘 이루어졌는지를 점검하는 작업이다. 교육활동은 평가자가 어떠한 교육관을 갖고 있느냐, 교육을 정의하는 방식, 즉 인간의 행동변화를 어떻게 바라보느냐에 따라 달라질 수 있다. 뿐만 아니라, 평가결과를 활용하는 구체적인 방법도 다르게 전개될 수 있다.

예를 들면, 인간을 이해할 때 '인간의 본성은 악하다'는 관점에 서 있는 사람들은 인간을 가르칠 때, 훈육과 체벌이 필요하다고 볼 것이다. 이와는 반대로 '인간의 본성은 선하다'라고 보는 사람들은 인간을 인위적으로 가르치기보다는 인간의 타고난 천성을 계발하는 작업을 교육의 과업으로 삼을 것이다. 또는 이러한 두 가지 견해 이외에 인간의 본성을 중립적인 입장에서 볼 경우도 있다. 로크의 주장처럼 인간이 백지상태로 태어나 자신이 경험한 흔적에 의해 선해질 수도, 악해질 수도 있다. 성악설에 근거한 교육관은 인간을 악에서 구원하기 위한 일이고 성선설에 근거한 교육관은 인간의 천성을 계발하기 위한 일이며, 중립설에 근거한 교육관은 교육의 의도성과 계획성을 점검하는 활동으로 볼 수 있다. 교육관은 교육활동을 평가하기 위한 전체적인 윤곽과 방향을 시사해 준다. 그렇다면 교육평가는 어떤 역할을 하는가?

첫째, 교육평가는 학습자의 학습결과에 대한 성공과 실패를 구분해 준다. 시험 결과는 대부분 학습 진단을 판정하거나 분류하거나 유목화하거나 선별하는 자료로 이용된다. 이 때 나름대로의 기준이 요구된다. 예컨대 '수·우·미·양·가'라는 등급에서 90점 이상은 '수', 60점은 '가'라고 정해놓은 것이 이에 해당한다. 즉 학습자는 평가를 통해 자신이 성공했는지 실패했는지 가늠할 수 있다.

둘째, 교육평가는 교수와 학습여건을 개선하기 위한 정보·탐색에 이용된다. 예를 들어, 학생들이 시험을 치른 후에 성적이 좋지 않을 경우, 그 이유는 여러 가지일 수 있다. 학생들이 공부를 하지 않았거나, 교수자가 잘못 가르쳤거나, 시험문제를 잘못 제시했을 수도 있다. 이러한 세 가지 상황은 모두 시험결과가 교육의 질을 개선하기 위한 정보로 활용될 수 있음을 보여준다.

셋째, 교육평가는 학생의 학습을 촉진할 수 있는 교육체제 정비에 도움을 준다. 예컨대, 학교 간·지역 간 학력 비교 검사를 실시한 후에, 시험결과에 따라 학습자들이 속한 교육체제를 정비할 수 있다. 수업장학을 통해 바람직한 교육체제를 수립하는 데 이바지할 수 있다.

넷째, 교육평가는 학습의 효율성을 점검하여 프로그램의 질을 향상시킨다. 학교교육 프로그램을 평가하는 기준은 교육현장에서의 실현가능성을 점검하는 것이어야 한다. 아무리 좋은 교육 프로그램이라 할지라도 교육현장에서 실현가능성이 없으면 무용지물이다. 이때 고려해야 할 것은 교육 프로그램의 효율성과 동시에, 학교교육의 활성화에 교육 프로그램이 얼마나 이바지할 수 있는지 검토되어야 한다.

비평

\<논의\>

① 자기 주장

② 타자 비판:

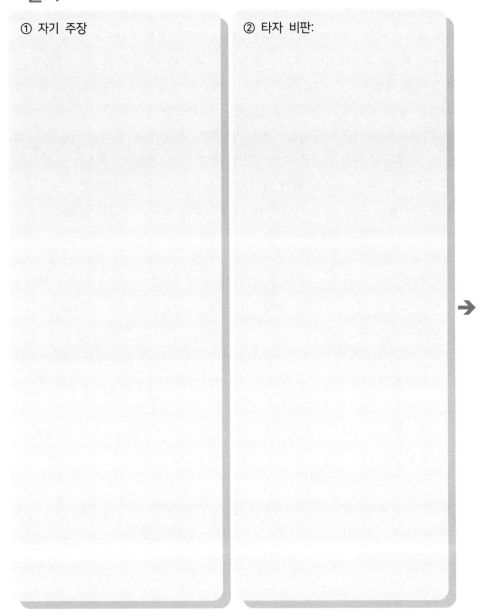

③ 배려와 협력적 논의:

↓

④ 합의 도출과 전망:

제11강

시대정신에 부합하는
새로운 교육(학)의 모색

주제 1) 시대정신

인간이 살아왔던 모든 시대는 나름대로의 특징이 존재한다. 시대라는 공간은 어떤 사람에게는 '살아가는 세월'이었고, 어떤 사람에게는 '살아지는 시간'이었다. 사람들은 한 시대가 허락한 문화를 이용하며 즐기고 감내하며 견뎌내야 했다. 그런 과정을 통해 인간은 삶을 지속한다. 교육은 그런 삶을 추동하는 근원적인 힘이다.

인류가 살아온 역사는, 그것이 어떤 시대건 당대(當代)를 대표하는 문화적 소산이 존재한다. 인간의 정신적 태도나 양식 또는 이념이 한 시대의 상징으로 표출된다. 그것을 시대정신(時代精神, Zeitgeist)이라 한다. 교육은 시대정신을 반영하는 동시에 시대정신을 선도한다.

관념론을 완성시킨 사상가로 평가받는 독일의 철학자 헤겔(G. F. Hegel, 1770~1831)은 시대정신을 역사의 과정과 결부시켜 언급하였다. 이때 시대정신은 개인의 인간 정신을 넘어선 보편적 정신세계가 역사 속에서 스스로 전개해 나가는 과정의 양태를 의미한다. 특히, 그것은 민족정신과 결부되어 '동양, 그리스, 로마, 게르만'의 네 영역으로 구분되었다.

프랑스의 철학자이자 사회학의 창시자로 불리는 콩트(A. Comte, 1798~1857)는 이를 어린이에서 어른이 되기까지 개인의 정신적 성장과정에 비교하였다. 그리고 고대에서 근세까지 정신의 발전단계를 '신학적 – 형이상학적 – 실증적'이라는 3단계로 나누었다. 유물사관(唯物史觀)에서 본다면, 시대정신은 일종의 이데올로기(ideology)이고, 각 시대의 경제적 구조로 인식할 수 있다.

그렇다면 21세기 현대사회의 시대정신은 무엇일까? 이른바 지능정보, 빅데이터, 나노기술, 생명공학 등으로 대변되는 첨단과학기술 문명을 구가하는 사회는 어떤 특징을 지니는가?

과학기술의 발전이 인간사회에 미친 영향을 다각도로 연구해온 리프킨(J. Rifkin)은 현대사회에 요청되는 시대정신으로 '협력하고 배려하는 세상'을 고려하였다. 이

때 협력과 배려는 서열을 하찮게 여기고, 네트워킹 방식으로 사람이나 세상과 관계를 맺게 한다. 세상 사람들은 협력이 체질화되어 있고 자율과 배척보다는 접속과 포함에 관심이 있다. 인간의 다양성에 감수성이 강한 특징을 지닌다. 아울러 분산적이고 협동적이며 비위계적인 공감적(共感的) 사회를 형성한다.

리프킨의 지적은 이전 사회에도 존속했던 협력이나 배려와 개념상 차이가 크지 않다. 하지만 경쟁과 배타적 측면이 강조되고 협력과 배려를 소홀하게 다루었던 기존의 사회풍조에서, 이제 협력과 배려가 시대를 이끌어갈 덕목으로 요청되었다는 점에서 의미심장하다.

왜, 하필이면 지금, 교육과 삶의 최대 화두가 협력과 배려인가?

이 지점에서 우리는 현대 인류의 시대정신을 고민하면서, 전통적 의미의 교육과 그것을 다시 한 번 심사숙고하는 '초 – 교육' 또는 '네오 에듀케이션(Neo - Education)'을 진지하게 고려할 필요가 있다.

린네(C. Linne, 1707~1778)는 인간을 '호모 사피엔스(Homo Sapiens)'로 명명하였다. '지혜가 있는' 사람이라는 의미이다. 인간의 본질을 이성적 사고능력을 지닌 것으로 파악한 호모사피엔스라는 규정은 인간을 '슬기로운 사람'으로 자리매김하게 만들었다. 그리하여 인간은 동물 중에서도 가장 본질적이고 특징적인 징후를 통해 다양하게 묘사되어 왔다.

베르그송(H. Bergson, 1859~1941)은 인간을 '호모 파베르(Homo Faber)'라는 개념으로 규명하였다. '도구를 무게 중심에 둔' 인간을 뜻하는 용어이다. 즉 인간의 본질을 도구를 사용하고 제작할 줄 아는 차원에서 파악하는 인간관이다. 인간은 유형·무형의 도구를 만드는 동시에 자기 자신도 만드는 존재이다.

전통적 교육은 호모 사피엔스와 호모 파베르를 충실하게 이행해 왔다. 그렇다면 새로운 교육은 어떤 차원을 보다 근원적으로 탐구해 나가야 하는가?

인간은 호모 사피엔스나 호모 파베르를 비롯하여, '도구를 사용하는 동물, 이성적 동물, 정치적 동물, 사회적 동물, 유희하는 동물, 경제적 동물, 노동하는 동물,

교육적 동물' 등으로 수많은 특성을 강조해 왔다. 역사적으로 사회 패러다임의 변화에 대한 연구를 통해, 시대별로 다양한 차원에서 자신을 구명해 냈다.

경제적 개념으로 보면, 원시사회는 공동생산 공동분배에 의존한 초보적 형태의 공산제가 지속되었다. 고대사회에서는 노예의 힘에 의지한 노예제도가 생산 활동에 긴요하게 이용되었다. 중세시대에는 봉건 영주와 농노의 관계에 의한 봉건제도가 시대 유지의 근간이었다. 근대사회에는 산업혁명과 더불어 자본이 형성되고 발달하면서 자본이 시대를 이끌어가는 핵심 동력이 되었다.

정치적 개념으로 보면, 국가를 다스리는 주체의 양식도 다양하다. 고대 그리스의 직접 민주정치에서 중세의 황제, 근대 민주주의 제도의 탄생에 이르기까지, 역사는 다양한 주체에 의해 살아 움직였다. 한 국가나 공동체 집단의 주인이 제왕이었던 시절, 그것이 부족이었다면 부족장이었고, 조그만 나라였다면 주군(主君)이었으며, 보다 큰 규모의 국가였다면 왕이 다스렸을 것이고, 온 세상을 지배했다면 황제나 천자(天子)가 통치했던 시대가 있었다. 이른 바, '왕정(王政)'으로 통칭할 수 있는 시대는 '군주−신하(백성)'라는 '지배−피지배'의 관계가 엄격하였다. 어떤 때는 몇몇 지도자가 협력하여 다스리던 공화정(共和政)도 있었다. 그런 시대를 거쳐 최종적으로 발달한 정치 체제가 다름 아닌 민주주의(民主主義)이다.

그런 인류의 삶과 교육의 축적 결과, 현대 사회는 '모든 국민이 주인이고 모든 권력이 국민으로부터 나온다!'라는 민주주의가 제도적으로 정착하였다. 여기에 첨단과학기술문명은 새로운 교육의 방향과 교육학의 혁신을 요청한다. 인공지능(AI: artificial intelligence)시대가 대화형 인공지능 서비스(ChatGPT) 시대로 접어들면서 교육의 양상은 전통교육과 전혀 다른 양상으로 전환되고 있다. 이를 토대로 하는 네오 에듀케이션은 어떤 모습이어야 하는가? 육하원칙의 논리적 체계를 통해 진지하게 탐구할 필요가 있다.

누가(Who) – 언제(When) – 어디서(Where) – 무엇을(What) – 왜(Why) – 어떻게(How)?

- 시대정신에 부합하는 새로운 교육(학)
  - Neo-education은

<읽기 자료>

1. 「대한민국헌법」의 '교육' 관련 조항 변천사

1) 헌법의 변화와 교육

헌법은 국가의 근본 조직과 작용을 규정하는 기본법이다. 거기에는 국민이 되는 요건과 기본 권리, 영토의 범위, 국가의 통치 조직 및 기능 등 국가의 기본적 사항들에 대한 대강을 규정하고 있다. 헌법은 교육에 관해서도 기본 사안에 대해 대강을 규정하고 국가가 교육에 대해 이행할 내용과 국민이 교육에 대해 실천할 내용 등에 관해 명백히 지시하고 있다.

헌법에 의해 규정된 교육에 관한 사항은 교육에 관한 일반 통상법에 대하여 교육의 기본을 제시할 뿐만 아니라 이들이 이에 구속되도록 한다. 그만큼 헌법의 교육에 관한 규정은 교육에 관한 길잡이가 될 뿐 아니라 교육에 대하여 커다란 영향력을 행사하게 된다.

교육조항이 헌법적 전통으로 정착하기 시작한 것은 오늘날 국가 헌법의 모범이 되는 1919년 독일의 「바이마르 헌법」에서이다. 이 헌법에서는 아래와 같이 교육에 관한 기본 권리를 분명히 제시하였다.

> ① "자녀를 육체적·정신적 그리고 사회적으로 유능한 자가 되도록 교육하는 일은 부모가 지녀야 하는 최고의 의무이자 자연적 권리로서 이에 대한 행사에 대해서는 국가의 공동체가 감독한다."(제2장 <공동생활> 제120조)
> ② "취학은 일반적 의무이다. 국민학교[초등학교]와 계속학교에서의 교육과 교재·교구는 무상으로 한다."(제4장 <교육과 학교> 제145조)
> ③ "아동의 일정한 학교에 입학하는 일에 관해서는 그 재능과 성향이 기준이 되어야 하나, 그 부모의 경제적·사회적 지위 또는 신앙 고백이 기준으로 되어서는 안 된다."(제4장 <교육과 학교> 제146조)

대한민국의 헌법은 1948년 7월 17일에 제정되었다. 이 헌법은 1894년 시행된 제2차 갑오개혁의 기본 강령으로 중국[청나라]과의 전통적 사대 관계를 단절하는 것을 비롯하여 근대적 개혁 내용을 담고 있는 「홍범(洪範) 14조」에 그 연원을 두고 있다. 이는 1919년 4월 11일 상해 임시정부의 「임시헌장」과 동년 9월 11일의 「임시헌법」으로 이어졌다. 현재 헌법은 1987년에 개정된 것으로, 3차에 걸친 전문 개정과 5차에 걸친 부분 개정을 거쳐 지금에 이르고 있다.

헌법에 규정된 교육에 관한 조항이 함축하는 내용은 바로 우리 교육의 기본을 일러준다. 때문에 대한민국의 교육을 이해하기 위해 헌법의 교육 조항을 탐구하는 작업은 필수적인 일이자 중요한 의미를 갖는다. 그 외에도 헌법에는 교육과 관련한 간접 조항들이 많다. 예컨대, 제6조 국제조약과 국제법규, 7조 공무원의 지위와 책임, 제10조 기본적 인권 존중, 제11조 만인의 평등, 20조 종교의 자유, 21조 언론·출판의 자유, 22조 학문·예술의 자유, 32조 근로의 권리 의무 및 연소자의 보호, 117, 118조 지방자치정부 등이 있으나 여기서는 생략한다.

2) 「대한민국헌법」에서 교육 조항의 변천

(1) 1894년 「홍범14조」

현대 대한민국 헌법의 연원이 된다고 판단되는 「홍범 14조」에 나타난 교육 조항은 ⑪번째와 ⑫번째에 나타난다.

⑪ "國中聰俊子弟 廣行派遣 以傳習外國學術技藝(나라 안의 총명하고 뛰어난 자제를 파견하여 외국의 학술과 기예를 배워 익힌다)"
⑫ "敎育將官 用徵兵法 確定軍制基礎(장관급의 군인을 교육하고 징병제도를 활용하여 군사제도의 기초를 확립한다)"

여기에서 근대 공교육 제도의 핵심에 대한 언급이 없다. 대신, 교육에 관한 아주 초보적인 사항만을 규정하고 있다. 이에 근거하여 발표된 1895년 2월 2일의 「조칙 (詔勅) – 교육에 관한 건」에서는 국가의 발전을 기본으로 하는 국가적 복적이 크게 부각되어 있다. 이 시기는 근대의 선각자들에 의해 애국 계몽적 입장에서 국가 중흥을 위한 교육의 근대화가 주도되었다고 볼 수 있다.

(2) 1919년 「대한민국임시헌장」과 「대한민국임시헌법」

대한민국 임시정부에서 마련한 「대한민국임시헌장」은 전문이 10조이다. 그 중 제6조가 교육조항이라고 할 수 있다.

> 제6조 "大韓民國의 人民은 教育納税及兵役의 義務가 有함(대한민국의 국민은 교육과 납세 및 병역의 의무가 있다.)"

여기에서 '의무교육'을 명시하고 있다. 그러나 의무교육의 범위나 성격 등에 관한 기본적 언급은 없다. '선언적 의미'가 강하다. 당시 임시정부 주역들은 선진국들이 의무교육 제도를 확립하고 국민교육에 주력하고 있다는 사실을 인식하고 있었다고 판단된다.

「대한민국임시헌장」은 그 후 전문 8장 58조의 「대한민국임시헌법」으로 개정되었다. 구체적 교육조항은 제10조에 담겨 있다.

> 제10조 大韓民國의 人民은 法律에 依하여 下列 各項의 義務를 有함(대한민국의 인민은 법률에 의하여 아래의 각 사항에 관한 의무가 있다)
>
> 1. 納税의 義務(세금을 납부할 의무)
> 2. 兵役에 服하는 義務(병역에 복무할 의무)
> 3. 普通教育을 受하는 義務(보통교육을 받을 의무)

이 개정 임시헌법에서는 '보통교육을 받을 의무'를 규정하여, 교육을 단순하게

'의무'로만 규정한 종래의 인식을 넘어서는 상당한 진전을 보였다. 다시 말하면 교육을 받을 의무, 그것도 보통교육을 특별히 명시하고 있는 점은 근대교육을 바르게 이해한 상황에서 헌법 조문을 만든 것이라 할 수 있다.

그러나 「임시헌법」은 1925년 4월 7일 두 번째 개정을 거치게 된다. 이때의 헌법은 6장 35개조로 축소되어 교육 관계조항이 전면 삭제되었다. 그 후 1927년 3월 5일 개정과 1940년 10월 9일의 4차 개정에서도 교육과 관련한 직접적인 조항은 명시되지 못했다. 이는 임시정부가 망명정부라는 당시의 한계로 인해, 교육에 대한 실질적 통치권을 행사할 수 없다는 현실적 상황에 의한 것이라고 볼 수 있다.

이후 1944년 4월 22일, 임시정부의 마지막 개정 헌법인 「대한민국임시헌장」에서는 그 내용이 크게 달라졌다. 교육과 관련한 헌장 조항은 다음과 같다.

第2章 人民의 義務와 權利(인민의 의무와 권리)

第5條 大韓民國의 人民은 下列 各項의 自由와 權利를 享有함(대한민국 인민은 아래 각 사항의 자유와 권리를 누릴 수 있다)

　1. 言論 出版 集會 結社 罷業 及 信仰의 自由(언론 출판 집회 결사 파업 및 신앙의 자유)

　3. 法律에 依하여 就學 就職 及 扶業을 要求하는 權利(법률에 의하여 취학 취직 및 결업을 요구하는 권리)

第6條 大韓民國의 人民은 下列·各項의 義務가 있음(대한민국의 인민은 아래의 각 사항의 의무가 있다)

　1. 祖國을 光復하고 民族을 復興하고 民主政治를 保衛하는 義務(조국을 광복하고 민족을 부흥하고 민주정치를 보위하는 의무)

　2. 憲章과 法令을 遵守하는 義務(헌장과 법령을 준수하는 의무)

　3. 兵役과 公役에 服務하는 義務(병역과 공역에 복무하는 의무)

　4. 國稅를 納入하는 義務(국세를 납입하는 의무)

> 第7條 人民의 自由와 權利를 制限 或 剝脫하는 法律은 國家의 安全을 保衛하거나 社
> 會의 秩序를 維持하거나 或은 公共利益을 保障하는 데 必要한 것이 아니면 制
> 定하지 못함(인민의 자유와 권리를 제한 또는 박탈하는 법률은 국가의 안전을
> 보위하거나 사회의 질서를 유지하거나 또는 공공이익을 보장하는 데 필요한 것
> 이 아니면 제정하지 못한다)

여기서는 교육의 직접적인 조항이 되살아났을 뿐만 아니라 강력한 '청구권적 입
장'까지 취하게 되었다.

(3) 1948년 이후 「대한민국헌법」

1948년 공포된 자주국가의 헌법은 제16조 '교육을 받을 권리·의무교육'에서 직
접적이고 구체적인 교육조항을 보여 준다. 즉 "모든 국민은 균등하게 교육을 받을
권리가 있다. 적어도 초등교육은 의무적이며 무상으로 한다. 모든 교육기관은 국가
의 감독을 받으며 교육 권리는 법률로서 정한다."라고 규정하였다.

이는 1960년 6월 15일 개정에서는 별 차이가 없다가 1962년 12월 26일 개정에
서는 보다 구체적이고 세분된다. 이때의 교육에 관한 직접 조항은 제27조에 규정되
는데 다음과 같다.

제27조 교육을 받을 권리·의무

① 모든 국민은 능력에 따라 균등하게 교육을 받을 권리가 있다.
② 모든 국민은 그 보호하는 어린이에게 초등교육을 받게 할 의무를 진다.
③ 의무교육은 무상으로 한다.
④ 교육의 자주성과 정치적 중립성은 보장되어야 한다.
⑤ 교육제도와 그 운영에 관한 기본적인 사항은 법률로서 정한다.

이 시기 개정은 아주 큰 폭으로 이루어졌다. 그 가운데 주요한 내용은 '교육의 자주성'과 '정치적 중립성'으로 대표된다.

1969년과 1972년 개정에서는 교육에 관한 직접 조항은 특별한 개정이 없었다. 하지만 1980년 10월 27일 개정에서는 제29조에 구체적으로 규정하였다.

제29조 교육을 받을 권리·의무·교육의 자주성·중립성과 평생교육의 진흥

① 모든 국민은 능력에 따라 균등하게 교육을 받을 권리를 가진다.

② 모든 국민은 그 보호하는 자녀에게 적어도 초등교육과 법률이 정하는 교육을 받게 할 의무를 진다.

③ 의무교육은 무상으로 한다.

④ 교육의 자주성·전문성 및 정치적 중립성은 법률이 정하는 바에 의하여 보장된다.

⑤ 국가는 평생교육을 진흥하여야 한다.

⑥ 학교교육 및 평생교육을 포함한 교육제도와 그 운영, 교육재정 및 교원의 지위에 관한 기본적인 사항은 법률로 정한다.

이 시기에는 사회 변화와 더불어, 특히 '교육의 전문성', '평생교육의 진흥' 등이 강조되었다.

이런 과정을 거쳐 1987년 10월 29일에 개정된 헌법이 현행 헌법이다. 여기에서는 교육에 관한 조항을 제31조에서 규정하고 있는데 다음과 같다.

제31조

① 모든 국민은 능력에 따라 균등하게 교육을 받을 권리를 가진다.

② 모든 국민은 그 보호하는 자녀에게 적어도 초등교육과 법률이 정하는 교육을 받게할 의무를 진다.

③ 의무교육은 무상으로 한다.

④ 교육의 자주성·전문성·정치적 중립성 및 대학의 자율성은 법률이 정하는 바에 의하여 보장된다.

⑤ 국가는 평생교육을 진흥하여야 한다.

⑥ 학교교육 및 평생교육을 포함한 교육제도와 그 운영, 교육재정 및 교원의 지위에관한 기본적인 사항은 법률로 정한다.

현행 헌법에서 교육조항은 이전의 헌법에다 '대학의 자율성'을 추가하여 대학의 요구와 시대의 흐름을 반영하였다.

① 현행 헌법에서 교육조항의 의미

2024년 현재, 「대한민국헌법」은 제31조 제1항에서 제6항까지 교육에 관하여 규정하고 있다. 교육을 받을 권리, 의무교육의 무상과 보호자의 의무, 교육의 자주성, 전문성, 정치적 중립성 및 대학의 자율성 보장, 평생 교육의 진흥, 교육제도 법률주의가 그것이다.

■ '교육을 받을 권리': 이는 헌법 제31조 제1항에서 규정하고 있는데, 교육기본법 제3조에서는 헌법상 '교육을 받을 권리'에 따라 '학습권'을 새로이 규정하여 교육 수요자나 지역사회의 요구뿐만 아니라 학습자들이 능력과 적성에 따라 배울수 있는 권리를 보장하도록 하였다.

이 권리는 모든 국민이 균등하게 영위해야 하는 사안이지만 무차별적으로 균등한 것이 아니라 '각자의 능력에 따라 보장되는 권리'이다. 그렇지만 제2항과 관련하여 의무교육 단계에서 교육을 받는 기간에는 교육을 받는 사람의 능력에 상관없이 균등하게 교육받을 수 있다.

'균등하게'라는 말은 '차별해서는 안 된다'는 의미로 교육에서의 '평등'을 뜻한다. 이는 흔히 '교육기회균등'이라고 표현된다. 교육을 받을 능력, 즉 학력이나 건강 등에 따라 교육기회를 부여하는 일에서 차이가 있는 것은 당연하지만, 그와 관계없는 인종, 신앙, 성별, 사회적 신분, 경제적 지위 또는 문벌 등에 의하여 차별되어서는 안 된다는 뜻이다.

그러나 '균등'의 개념은 시대 추이에 따라 내용이 바뀌었다. 귀족들이 독점하던 학교 체제 아래에서는 이들 학교를 서민들에게 개방하는 것만으로 교육의 기회균등이 이루어졌다고 생각했다. 이후 학교 개방이라는 서민들의 요구가 달성되자 빈부 차별 없이 동일한 학교에서 동일한 교육과정을 이수하는 무상 의무교육을 균등으로 생각하게 되었다. 나아가 의무교육이 중등학교에까지 확대되자 이때부터는 아동의 장래나 교육의 결과를 고려하여 교육기회를 차별적으로 부여하는 것을 균등으로 보게 된 것이다. 왜냐하면 중등단계의 학교는 대부분이 대학의 준비학교로 기능하고 있었으므로 그 교과과정은 차별적으로 대학에 진학하지 못하는 다수 학생의 희생을 바탕으로 매우 제한된 대학 진학자만을 위하여 봉사하는 결과를 낳았기 때문이다.

다음으로 '교육을 받을 권리를 가진다'라는 말은 교육을 받는 데서 자신의 의사가 우월하다고 주장하는 일에 대해 법과 사회 관행이 인정하는 것을 말한다. 이는 국가가 그 권리를 실현하기 위하여 할 수 있는 필요한 조치를 강구해야 함을 의미하는 것이다. 국가는 각종 학교를 지역이나 종별로 공평하게 설치 배치하고, 재능이 있으나 학비가 곤란한 자에게는 장학금이나 학비보조 제도를 마련하며, 직업을 가진 자는 학교 교육제도를 정비할 의무를 가지는 동시에, 사회교육 등 다양한 교육시설을 조성해 그 실현을 위해 힘써야 할 의무를 가지게 한다.

'권리'는 '법률에 의해 보호되는 이익'인 동시에, '자신의 의사가 우월함을 주장할 수 있는 상태'이다. 따라서 그러한 이익과 상태를 확보하도록 법률이 필요한 적절한 조치를 취해야 한다. 이 권리는 교육을 받을 권리로서 이는 교육에 대한 이익이 법률에 의해 보호됨과 동시에 교육에 대한 자신의 의사가 우월함을 주장할 수 있는 상태인 것이다.

일반적으로 오늘날 공교육 체제에 의하여 추진되는 교육에서의 평등은 다음과 같이 이해된다.

---

① 노동력을 가질 수 있게 하는 근본적인 입문 단계까지 교육받을 수 있도록 '무상'의 교육을 마련하는 일
② 출신이나 신분 등 배경에 관계없이 모든 아동에게 '공통의 교육과정'을 준비하는 일
③ 일부는 계획에 따라 그리고 일부는 낮은 인구밀도에 의하여 다양한 배경 출신의 아동들에게 같은 학교에 취학할 수 있도록 하게 하는 일

그러나 교육에서의 평등은 시대 상황에 따라 이해하는 내용이 다르다.

■ '의무교육의 무상과 보호자의 의무': 이는 제2항과 제3항에서 규정하여 균등하게 교육을 받을 권리를 최저한도에서 실효성 있게 보장하기 위하여 그 의무성을 명문화하고 있다.

현대 사회의 모든 나라들이 공권력을 동원하여 교육을 그의 관리 밑에 두고 강제의 형식으로 진행하는 것을 정당화하고 있다. 이는 하나의 교육을 받을 권리라는 기본권의 보장이자 국가의 발전과 안전의 유지를 위해서이다. 다시 말하면, 첫째는 모든 인간이 차별되지 않고 평등한 지위를 누리며 생존에 필요한 기본 지식과 기술을 학습하여 노동 능력을 확보할 수 있도록 모든 사람들이 그가 보호하는 자녀에게 교육을 받게 하는 일이 강제되는 것이다. 둘째는 국가는 경제발전과 나라의 안전을 위한 국방과 사회통합을 위하여 그 국민에게 필요한 기술과 그 밖의 사회화를 위한 교양을 학습할 것을 요구하는 것이다.

따라서 '강제'의 형식으로 교육을 받게 하는 의무교육 제도는 한편으로는 개인적 차원에서 개인의 권리를 보장하는 사사성(私事性)에 의의를 두고 있으며, 다

른 한편으로는 국가 사회의 발전과 안전을 달성하려는 공공성(公共性)에 의미를 두고 있다. 그러나 무상의 경우, 나라마다 경제력이나 사정에 따라 다르다. 우리나라의 의무교육은 수업료와 국정교과서에 한하고 있다.

■ '교육의 자주성·전문성·정치적 중립성 및 대학의 자율성': 이는 제4항에서 규정하고 있다. 교육의 자주성은 교육조직과 교육내용이 교육자에 의하여 자주적으로 결정되고 행정 권력에 의한 통제가 배제되어야 한다는 의미이다. 교육의 정치적 중립성이란 복수의 여러 정치 이념 및 상황 중에서 어떤 하나만을 강제하지 않는다는 것으로 볼 수 있다. 또 대학은 근본적으로 자율을 전제로 하는 기관이기 때문에 대학의 자율성의 명기는 그것을 보장한다는 성격이 강하다. 교육의 자주성, 정치적 중립성, 전문성 등이 헌법 교육 조항에 삽입된 것은 그 시대 상황의 표출로 볼 수 있다.

먼저, 자주성의 경우는 일본 식민지 시기 경찰 행정과 산업 행정의 틀 속에서 교육을 관리해온 차원에서 이해해야 한다. 1945년 해방이 되었지만, 대한민국은 경험을 갖춘 노련한 행정요원을 제대로 확보하지도 못했고, 일제 침략 세력이 남기고 간 경찰 행정이 교육에서도 그대로 지속되었다. 1948년 건국 이후에도 교육현장인 학교는 비일비재하게 내무나 경찰의 통제를 받아야 했고, 결국에는 많은 교육 관련자들의 혐오와 반발을 불러 일으켰다. 이러한 갈망이 바로 '교육의 자주성'이라는 말로 드러나게 되었다. 그러므로 대한민국에서 '교육의 자주성'은 바로 '경찰행정'으로부터 교육의 독립을 갈구하는 일과 상통한다. 1960년 4.19 학생 의거는 그것을 추구하던 주역들에게 정치적 승리를 안겨주었고, 1962년 헌법에서 교육의 자주성과 정치적 중립성을 추가하는 데 큰 영향을 미쳤다.

교육의 자주성에 대한 해석은, 사회 일부에서 자신이 교육전문가라고 믿는 특정 세력에 의해 주장되는 것처럼, 그들에 의한 교육독점을 의미하는 것이 아니다. 오히려 제한적으로 일반 내무행정이나 경찰행정, 이른바, 정치세력과 결탁된 행정으로부터 교육의 독립을 의미하는 것으로 이해되어야 한다.

또한 다른 것에 의존하지 않고 간섭이나 지배를 받지 않는다는 이 자주성의 의미에는 간혹 철학적으로는 타인에 대한 저항의 계기를 포함하기도 한다. 이는 그 저항이 합리성에 대한 요구에 지지되고 또 사회적 연대성과 모순되지 않는다는 점에서 비합리적이고 반사회적인 이기주의와 같은 주아성(主我性)과 구분된다. 그러므로 헌법의 자주성도 비합리적이고 반사회적인 주아성이 아니라 합리성과 사회적 연대성을 고려하여 해석하는 것이 올바르다고 판단된다.

다음으로는 교육의 정치적 중립성이다. 이는 교육에서 당파성의 배격이라는 관점에서 강조되는 항목이다. 우리는 교육에서 어떤 개인의 사리나 특정 정파의 당리에 의하여 영향을 받는 것을 경계해야 한다. 다시 말하면, 교육은 어떤 특정한 입장에 서서는 안 된다. 특정 정당, 또는 기타 정치적 세력의 압력과 지배에 의한 교육의 편향성을 지지 또는 반대하기 위한 교육 활동을 해서는 안 된다. 간혹 정치적 중립성을 교육에서의 정치부재나 배격으로 잘못 이해하는 사람들이 많다. 교육영역에서 가치나 이익은 부단히 정치작용에 의하여 배분되어야 하는 것이기 때문에 정치적 중립성을 교육에서 정치를 부정하는 의미로 읽어서는 안 된다. 이러한 정치적 중립성 문제는 여러 가지가 있다. 교육 내용의 중립성, 제도상의 중립성, 교사의 중립성 등이 그것이다.

세 번째는 '전문성'의 문제이다. 전문성은 일반적으로 직무의 공공성, 전문기술성, 직업상의 자율성, 직업집단으로서 자기규제력, 직업윤리, 높은 사회적 평가, 응분의 보수 등 이른바 해당 영역에서 고도의 학문적 소양을 갖추고 인간 정신의 내면에 깊이 관여하는 전문직의 요건들을 교육에서 보호되도록 해달라는 요구를 수용한 것이라고 할 수 있다.

교육의 전문성은 교육이라는 특수한 영역이 사회체계 안에서 분화되고 이질화되어 하나의 독특한 영역을 구축하게 된 것이다. 그러나 전문성, 또는 전문화의 분화되고 이질화되는 과정은 분리와 단절이 아니라 분화되거나 이질화한 부분들 간에 상호 협력이나 의존의 관계를 포괄하고 있다. 따라서 교육의 전문성은 사회체계 안에서 교육이 다른 요소들과 밀접한 관계를 전제로 분화되거나 이질화되면서도 부단히 그 다른 요소들과 통합되는 것으로 보아야 한다.

교육의 전문성으로서 전문화는 '교육 수행능력에 따른 교원의 선발과 배치, 신속 정확한 고도의 교육기능 획득, 교육의 능률 증대, 교육의 대량화를 위한 규격화 및 표준화 가능, 교육의 질 향상, 시간과 노력의 절약, 교육의 효과적인 관리와 감독, 교육규모의 대형화에의 기여' 등에 이바지 할 수 있다.

그러나 앞에서 얘기한 전문성의 기준을 따를 때, 현행 대한민국의 교육은 미비한 부분이 상당하다. 그 이유는 첫째, 그 전문성을 제고하기 위한 정규의 제도화된 기술 훈련으로서의 교원 양성 제도는 그 자질에서 우월성을 확보하기에는 훈련시간과 수준에서 충분하지 않다. 둘째, 문화적 전통이 아직 의학이나 법률과 같지 못해 미흡하여 확고하지 않다. 대한민국 교육이 그 전문성의 기준에 도달하려면, 현행 교원양성 체제를 전폭적으로 강화하여, 보다 높은 수준에서 교원을 양성함으로써, 그 자질의 우월성을 높여 주어야 한다. 그러므로 우리 헌법의 교육의 전문성에 대한 해석은 우리 교육이 그 전문성의 기준에 도달할 수 있도록 노력해야 한다는 선언적 의미로 받아들여야 할 것이다.

■ **'평생교육의 진흥'**: 제5항의 평생교육의 진흥은 오늘날의 급격한 사회 변동에 능동적으로 대처하기 위해서는 평생교육 체제의 구축이 필연적이라는 입법 취지이다. 즉 평생교육은 시대적 환경이 가속도로 바뀌고 있고, 과학기술의 발달, 정치적 영역에서 일어나고 있는 끊임없는 도전, 정보전달 양식의 발달에 따른 지능정보화 시대, 노동과 여가의 분리에 따른 여가의 활용 문제, 생활양식과 인간관계의 위기, 육체의 자원화에 대한 인식, 이데올로기의 위기 등 수많은 이유로 '출생에서 죽음에 이르기까지 인간의 일생을 통하여 이루어져야 할 교육과정, 즉 전체로써 통합된 교육과정'으로써 필요성을 역설한다.

■ '**교육 법률주의**': 헌법 제31조 제6항에서는 교육제도·운영·재정 및 교원의 지위 등을 법률주의에 입각하고 있다. 이는 국정 일반이 법률에 따라 이루어져야 한다는 시민법적 전통에 따른 법치주의에 근거한 것이다. 하지만 교육제도와 그 운영, 그리고 교육재정과 교원의 지위에 관계되는 사항은, '교육을 받을 권리'로써의 국민의 기본권인 교육권이 사회권적 특성을 지니고 있기 때문에, 공권력이 동원되어 강제적 방법으로 보장해야 하는 영역에 속한다는 사실과 엉켜 있다. 이 경우 교육권이 동원되는 공권력의 강제에 의하여 자칫하면 교육영역에서 국민의 자유권을 해칠 수 있다. 이는 상처받기 쉬운 입장에 처한다. 때문에 국민의 이름으로 합의된 국회가 제정하는 법률의 범위 안에서만 강제적으로 작용되어야 한다는 원리가 고려된 것이다.

2. 군자교육: 공자의 『논어』

■ 삶에 필요한 기예를 스스로 배우고 익히면, 그것만큼 기쁜 일이 어디 있겠는가! 자신을 알아주고 함께 의견을 나눌 수 있는 뜻이 같은 벗이 먼 곳에서 찾아와 함께 논의하면, 이보다 즐거운 일이 무엇이 있겠는가! 남들이 알아주건 알아주지 않건 자기 자리에서 본분을 다하며 역할과 기능에 충실하면, 곧은 인간으로서 참된 삶이 드러나리라!(學而時習之, 不亦說乎. 有朋自遠方來, 不亦樂乎. 人不知而不慍, 不亦君子乎. —「學而」 1)

■ 중간쯤 되는 사람에게는 수준 높은 세상 이치에 대해 이야기를 해줄 수 있다. 하지만 중간 이하의 사람에게는 교양 수준이 높은 이야기를 해주기가 어렵다. (中人以上, 可以語上也, 中人以下, 不可以語上也. —「雍也」 19)

■ 집에서는 부모자식 사이에 효도를 하며, 밖에서는 친구 사이에 우정을 나누어야 한다. 어떤 상황에서도 신중하게 행동하고 신의를 지켜야 하며, 어떤 사람을 만날지라도 열린 마음으로 대하고, 사람다운 사람을 만났을 경우 그를 더욱 가까이 해야 한다. 이런 생활을 제대로 실천하고 여유가 생길 때, 글공부를 해야 한다.(弟子入則孝, 出則弟, 謹而信, 汎愛衆, 而親仁, 行有餘力, 則以學文. —「學而」 6)

■ 지혜롭고 현명한 사람을 대우하고 존경하며, 정성을 다해 부모를 모시며, 자신이 속한 공동체를 위해 헌신하고, 벗과 사귈 때 빈말을 하지 않는 사람이라면, 그가 글을 배우지 못했을지라도 나는 반드시 이런 사람을 배운 데가 있다고 말하리라!(賢賢易色, 事父母, 能竭其力, 事君, 能致其身, 與朋友交, 言而有信, 雖

日未學, 吾必謂之學矣. ―「學而」7)

■ 공자가 하루는 제자 안회와 종일토록 이야기를 나누었는데, 안회는 멍청할 정도로 내 말을 그대로 따랐다. 하지만 안회가 생활하는 것을 살펴보니 내가 해 준 말들을 누구보다 제대로 실천하고 있었다. 이런 점에서 안회는 절대 어리석은 사람이 아니다.(吾與回, 言終日, 不違如愚, 退而省其私, 亦足以發, 回也, 不愚. ―「爲政」9)

■ 묵묵히 마음에 새기고, 배우면서 싫증내지 않으며, 사람 가르치기를 게을리 하지 않는 일, 이 세 가지 가운데 무엇이 나에게 있겠는가?"(黙而識之, 學而不厭, 誨人不倦, 何有於我哉. ―「述而」2)

■ 교육받은 지성인은 말하기 전에 먼저 행하고 그 다음에 말하는 사람이다.(君子, 先行其言, 而後從之. ―「爲政」13)

■ 머리로 배우기만 하고 가슴으로 생각하여 따지지 않으면 제대로 얻는 것이 없다. 단순하게 생각하여 따지기만 하고 온몸으로 배우지 않으면 갈피를 잡지 못하고 위태로운 삶으로 떨어진다.(學而不思則罔, 思而不學則殆. ―「爲政」15)

■ 육포 한 묶음 정도의 예물을 가져온 사람이라면 내 일찍이 가르치지 않은 적이 없다.(自行束脩以上, 吾未嘗無誨焉. ―「述而」7)

■ 아는 것은 안다고 하고, 모르는 것은 모른다고 하라. 그것이 진정으로 앎으로 인도한다.(知之爲知之, 不知爲不知, 是知也. ―「爲政」17)

■ 많이 들어라. 그 가운데 의심나는 것이 있으면 빼놓아라. 그리고 나머지 크게 의심하지 않아도 될 말 가운데서 신중하게 가려서 하면, 일상에서 잘못하는 일이 적을 것이다. 많이 보아라. 그 가운데 확실하지 않은 것 같다고 생각되는 부분은 빼놓아라. 그리고 나머지 확실하다고 생각되는 것 가운데서 신중하게 가려서 행동하면, 삶에서 후회가 적을 것이다. 말에 잘못이 적고 행동에 후회가 적으면, 반드시 공직자 생활을 잘 할 수 있을 것이다.(多問闕疑, 愼言其餘則寡尤. 多見闕殆, 愼行其餘則寡悔. 言寡尤, 行寡悔, 祿在其中矣. -「爲政」18)

■ 공자의 가르침은 사람의 행동거지나 문장처럼 밖으로 드러난 사안에 관한 것이 대부분이었다. 그러다 보니 인간의 본성이나 자연의 질서와 같이 파악하기 힘든 부분에 대해서는 좀처럼 이야기하지 않아 들을 수 없었다.(夫子之文章, 可得而聞也, 夫子之言性與天道, 不可得而聞也. -「公冶長」12)

■ 공문자는 행동이 민첩하면서도 배우기를 좋아하고, 아래 사람에게 묻기를 부끄러워하지 않았다. 때문에 '문(文)'이라는 시호를 주었다.(敏而好學, 不恥下問, 是以謂之文也. -「公冶長」14)

■ 힘이 모자라는 사람은 중도에 그만두기 마련다. 그대는 지금 미리 할 수 없다고 스스로 한계를 그어 놓고 실천을 하지 않고 있다.(力不足者, 中道而廢, 今女畫. -「雍也」10)

■ 사람의 길이 무엇인지 아는 사람은 그것을 좋아하는 사람만 못하고, 사람의 길이 무엇인지 좋아하는 사람은 그것을 즐기는 사람만 못하다.(知之者, 不如好之者, 好之者, 不如樂之者. -「雍也」18)

■ 배우기를 널리 하여 뜻을 도탑게 하며 묻기를 간절히 하여 생각을 가깝게 하면, 사람다운 도덕성은 그 가운데 있다.(博學而篤志, 切問而近思, 仁在其中矣 －「子張」 6)

■ 나는 옛 전통 문화를 공부하여 전달하고 기술하는 데 힘을 쏟았지, 내 멋대로 창작하여 가르치지는 않았다. 옛날의 고적을 믿고 좋아하기를 노팽에게 견주어 본다.(述而不作, 信而好古, 竊比於我老彭. －「述而」 1)

■ 지나간 것을 살펴보는 동시에 다가오는 것을 알아야 한다. 그래야 남의 스승 노릇을 할 수 있다.(溫故而知新, 可以爲師矣. －「爲政」 11)

■ 사람의 길을 고민하는 데 뜻을 두고, 바른 생활을 하는 곧은 마음을 간직하여, 사람을 사랑하도록 애쓰며, 삶을 멋지게 즐겨야 한다.(志於道, 據於德, 依於仁, 游於藝. －「述而」 6)

■ 배워서 알려고 달려들지 않으면 계발해 주지 않고, 말로 표현하려고 애쓰지 않으면 일러 주지 않으며, 한 귀퉁이를 들어 가르쳐 주었는데 세 귀퉁이를 들어낼 만큼 반응하지 않으면 되풀이하여 가르치지 않는다.(不憤不啓, 不悱不發, 擧一隅, 不以三隅反, 則不復也. －「述而」 8)

■ 세상 이치를 제대로 알지도 못하면서 함부로 말하고 행동하는 사람이 있는데, 나는 그렇게 하지 않는다. 많이 듣고서 나은 것을 가려서 따르고, 많이 보고서 마음에 새겨 둔다. 그러면 아는 것에 가까워진다.(有不知而作之者, 我無是也. 多聞, 擇其善者而從之, 多見而識之, 知之次也. －「述而」 27)

▪ 나는 태어나면서부터 세상의 모든 것을 아는 사람이 아니다. 옛 전통을 좋아하고 그것을 부지런히 탐구하는 사람이다.(我非生而知之者, 好古敏以求之者也. ―「述而」19)

▪ 세 사람이 길을 가면 반드시 그 가운데 나의 스승이 있다. 나보다 장점을 지닌 사람의 행동과 나보다 단점을 지닌 사람의 행동을 가려서 나의 허물을 고치는 거울로 삼는다.(三人行, 必有我師焉, 擇其善者而從之, 其不善者而改之. ―「述而」21)

▪ 공자는 평소에 네 가지 양식으로 제자를 가르쳤다. 그것은 바로 학문, 덕행, 충실, 신뢰다.(子以四敎, 文行忠信. ―「述而」24)

▪ 자신이 유능하면서도 유능하지 않는 사람에게 묻고, 높은 학식을 지니고 있으면서도 학식이 낮은 사람에게 물으며, 도덕적이면서도 그렇지 않은 척하고, 덕망이 꽉 차 있으면서도 텅 빈 듯이 하며, 다른 사람이 팔을 걷으며 덤벼들어도 그와 맞서지 않는다.(以能問於不能, 以多問於寡, 有若無, 實若虛, 犯而不校. ―「泰伯」5)

▪ 어떤 내용에 대해 배울 때는 그것을 따라잡지 못할까 두려워해야 하고, 이미 배웠다면 그것을 제대로 실현하지 못하고 놓칠까 두려워해야 한다.(學如不及, 猶恐失之. ―「泰伯」17)

▪ 함께 배울 수는 있어도 똑같이 길을 갈 수는 없다. 함께 길을 갈 수는 있어도 똑같이 설 수는 없다. 함께 설 수는 있어도 똑같이 법도에 맞게 실천할 수는 없다.(可與共學, 未可與適道. 可與適道, 未可與立. 可與立, 未可與權. ―「子罕」29)

■ 옛날의 학자들은 자기 수양을 위해 공부했으나, 요즘의 학자들은 남에게 잘 보이기 위해 공부한다.(古之學者爲己, 今之學者爲人. −「憲問」25)

■ '어떻게 할까? 어떻게 할까?'라고 말만 하면서 진정으로 걱정하지 않는 사람은, 정말 어떻게 할 방법이 없다.(不曰如之何, 如之何者, 末如之何也已矣. −「衛靈公」15)

■ 여러 사람이 하루 종일 모여 있으면서 노닥거리는 말이, 인간의 도덕 윤리에 부합하지 않고, 세상살이의 요령이나 잔꾀 부리기를 좋아하는 일인 경우, 진정한 사람의 길로 유도하기 어렵다.(群居終日, 言不及義, 好行小慧, 難矣哉. −「衛靈公」16)

■ 종일토록 먹지도 않고 밤새도록 자지도 않고 생각해 본 적이 있다. 그러나 유익함이 없었다. 그것은 배우는 것만 못한 짓이었다.(終日不食, 終夜不寢以思, 無益. 不如學也. −「衛靈公」30)

■ 도덕성을 지닌 사람은 인간의 길을 제대로 가기 위해 삶을 도모하지, 단순하게 먹고 사는 문제만을 도모하지는 않는다. 농사를 지어도 굶주림이 그 가운데 있을 수 있는데, 배우면 양식을 그 가운데서 얻을 수 있다. 따라서 배워서 인격을 갖춘 사람은 인간의 길을 걱정하지, 가난 자체를 걱정하지는 않는다.(君子謀道, 不謀食. 耕也, 餒在其中矣, 學也, 祿在其中矣. 君子憂道, 不憂貧. −「衛靈公」31)

■ 가르침에는 부류가 따로 없다.(有敎無類. −「衛靈公」38)

■ 말은 뜻을 바르게 전달하기만 하면 된다.(辭達而已矣. ―「衛靈公」40)

■ 태어나면서 아는 사람은 가장 뛰어나다. 배워서 아는 사람은 다음이다. 막히면 애써서 배우는 사람은 그 다음이다. 막혀도 배우지 않으면 세상 사람들도 그를 가장 아래에 있는 사람이라고 한다.(生而知之者, 上也. 學而知之者, 次也. 困而學之, 又其次也. 困而不學, 民斯爲下矣. ―「季氏」9)

■ 인간의 본성은 서로 가깝지만, 익힘에 따라 서로 멀어진다.(性相近也, 習相遠也. ―「陽貨」2)

■ 아주 지혜로운 사람이나 아주 어리석은 사람은 그 기질을 쉽게 바꿀 수 없다.(唯上知與下愚, 不移. ―「陽貨」3)

■ 길거리에서 누군지도 모르는 사람들이 한 말을 듣고 길거리에서 바로 다른 사람에게 말해서 옮기는 것은, 보편적인 윤리 도덕을 포기하는 행동이다.(道聽而塗說, 德之棄也. ―「陽貨」15)

■ 하루 종일 배불리 먹기만 하고 마음 쓰는 일이 없으면, 윤리 도덕을 기르기 어렵다! 장기나 바둑 같은 놀이나 도박이 좋은 것은 아니지만 그런 심심풀이 짓을 할 수도 있지 않은가? 그런 짓이라도 하는 것이 안하는 것보다 나을 것이다.(飽食終日, 無所用心, 難矣哉. 不有博奕者乎, 爲之猶賢乎已. ―「陽貨」23)

■ 날마다 모르고 있던 것을 알고 달마다 능숙하던 것을 잊어버리지 않으면, 배우기를 좋아한다고 말할 수 있다.(日知其所亡, 月無忘其所能, 可謂好學也已矣. ―

「子張」 5)

■ 정치지도자로서 정치나 관직 생활을 잘하고 여력이 있으면 또 배우고, 잘 배워서 능력이 또 높아지면 관직이나 정치자의 길로 나아간다.(仕而優則學, 學而優則仕. −「子張」 13)

3. 이데아교육: 플라톤의 『국가』

■ 서구 철학에서 최고의 저작 중 하나로 꼽히는 플라톤의 『폴리테이아(Politeia)』! 우리말로는 흔히 『국가(國家)』로 번역되어 있고, 『정체(政體)』라고도 한다. 서구의 중세는 물론 근세와 현대에 이르기까지, 서구 사상의 근원으로서 플라톤의 사유는 기본적으로 그리스 문화를 토대로 한다. 서양 역사의 양대 흐름을 헬레니즘과 헤브라이즘이라고 할 때, 헬레니즘은 그리스 문명에 기초한 사상 체계이다. 그만큼 그리스 문화는 서양 문명 중 가장 먼저 발생한 문명이고 인간이 사고할 수 있는 모든 가능성과 한계를 시험해 보았으며, 사람의 정신 속에 있는 영원한 가치와 아름다움을 여러 통로를 통해 구현했다.

　'그리스'라고 했을 때, 떠오르는 강렬한 단어 하나, 그것은 신화(神話)이다. 신화는 미토스와 파토스, 그리고 로고스가 조화를 이룬 비극을 낳았다. 뿐만 아니라 그리스 문명은 스포츠의 기원인 고대 올림픽, 철학자의 상징으로서 소크라테스, 플라토닉 러브, 스파르타식 교육 등등 이루 헤아릴 수 없는 삶의 근원을 배태하고 있다. 그러기에 21세기를 살아가는 우리에게도 상당히 강력한 영향력으로 작용한다.

　이런 문명을 낳은 사유의 흔적은, 일단, 플라톤을 통해 정돈되었다. 『국가』는 그런 흔적 중 상당히 체계를 갖추었고, 상대적으로 방대한 저작이다. 플라톤이 『국가』라는 이상을 제시한 이유는 간단하다. 그리스 공동체의 안정을 위하여! 플라톤은 『국가』를 정돈하면서 먼저 물질적·경제적 기반을 인정한다. 기술, 분업, 상품생산, 유통, 화폐, 군사, 계급의 형성 등 삶의 실제적 문제를 다양하게 그린다. 교육은 그 속에 녹아 있다.

■ 소크라테스는 교육과 관련하여 어떤 생각을 할 수 있는지, 플라톤의 형인 글라우콘에게 다음과 같은 상상적 비유를 제시한다. 이른바 '동굴의 비유'이다.

　여기 하나의 동굴이 있다. 지하로 뚫려 있는 지하 동굴의 입구를 들어서면, 불이 활활 타고 있다. 불의 안쪽에는 동굴을 가로지르는 길이 나 있고, 그 길 앞에는 담이 쳐 있으며, 그 담 앞에는 어릴 적부터 사지와 목을 결박당한 채 동굴의 입구 반대편 앞쪽만 볼 수 있는 사람이 있다. 그들은 포박 때문에 머리를 돌릴 수도 없다. 이들 뒤쪽에 있는 담 너머 위쪽으로 불빛이 비친다. 이때 사람들은 무엇을 볼 수 있을까? 그것은 다름 아닌 불빛에 비친 자신의 모습, 그림자이다. 그리고 사람들이 담을 따라 여러 가지 물건들, 그리고 돌이나 나무 또는 그 밖의 다양한 재료로 만든 인물상이나 동물상들을 이 담 위로 쳐들고 지나간다고 상상해 보자. 또한 이것들을 들고 지나가는 사람들 중 어떤 이들은 소리를 내기도 하고 어떤 이들은 조용하다고 생각해 보자.

좀 이상한 상상이 될 수도 있겠지만, 이 상황 설정은 인간과 세계를 설명하는 데 적절한 비유가 된다.

사실 동굴 안의 사람들은 우리와 동일한 사람이다. 곰곰이 한번 생각해 보라. 이런 사람들이 무엇을 보았을까? 입구 쪽의 불로 인해 자기들의 맞은편 동굴 벽면에 투영되는 그림자들 이외에, 자기 자신이나 서로의 어떤 것인들 본 일이 있을까? 평생을 머리조차 움직이지 못하도록 묶여 있는데, 무엇을 어떻게 볼 수 있었겠는가? 사람들이 담 위로 들고 지나갔던 물건들에 대해서도 그들의 인식은 동일하다.

그런데, 이들이 서로 대화나 토론을 할 수 있다면, 이들은 벽면에 보이는 것들을 가리키면서, 벽면을 비치며 지나가는 실제 사물들을 가리킬 수 있으리라. 또 감옥의 맞은편 벽에서 메아리가 울려온다면 어떤 일이 벌어질까? 지나가는 사람들 가운데 누군가가 소리를 낼 경우, 그 소리를 내는 것이 지나가는 그림자가 아닌 다른 것이라고 이들이 믿을까? 결코 그렇지 않다!

■ 이 사람들은 인공적으로 만든 것들의 그림자들 이외에 그 어떤 것도 진짜라 생각하지 않는다. 이들이 결박에서 풀려나고 자신의 어리석음을 치유할 방법이 있을까? 이들 가운데 누군가가 결박에서 풀려났다고 하자. 그리고 갑자기 일어나

서 목을 돌리고 불빛 쪽으로 쳐다보도록 강요당할 경우, 어떻게 될까? 그는 이 모든 사태에 대해 고통스러워하리라. 뿐만 아니라 눈부심 때문에 이전에 그림자로만 보았던 실제 사물들을 볼 수도 없으리라.

그런데 누군가 이 사람에게 말하기를, "당신이 이전에 보았던 것들은 가짜였네. 이제 진짜에 보다 가까이 와 있고 진정한 실상을 향해 있다네. 곧 진짜를 보게 될 걸세."라고 했다고 하자. 더구나 지나가는 사물들을 하나씩 그에게 가리켜 보이며, 그것이 무엇인지 묻고 대답하도록 강요했다고 하자. 그가 무슨 말을 할 것인가? 그는 당혹해 하며, 이전에 보았던 것들을 방금 지적받은 것들보다 진짜로 믿을 것이 뻔하다. 또한, 그에게 불빛 자체를 보도록 강요한다면, 그는 눈이 아파 자신이 바라볼 수 있는 것들로 향해 달아날 뿐만 아니라, 이것들이 방금 지적받은 것들보다도 더 명확한 것들이라고 믿으리라.

- 누군가 그를 어두운 동굴로부터 끌어내어 태양이 환하게 비추고 있는 동굴 밖 세상으로 데려 갔다고 하자. 그는 자신이 끌려나온 데 대해 언짢아하리라. 뿐만 아니라 햇빛을 보게 되면, 눈이 부셔 진짜 사물을 하나도 볼 수 없다. 적어도 당장은!

  진짜 사물을 보려면 눈이 그것에 익숙해질 필요가 있다. 이런 단계에서 그들이 제일 쉽게 볼 수 있는 것은 그들에게 익숙한 그들 자신의 그림자들이다. 그 다음은 사물의 그림자이고, 그 다음은 실제 사물일 것이다. 그리하여 마지막 단계에서 하늘에 있는 것들과 하늘 자체를 볼 수 있으리라. 하늘에 있는 것 가운데서도 밤에 별이나 달을 보는 일이 낮에 해와 햇빛을 보는 일보다 쉽다.

- 이런 과정을 지속적으로 거치면 그는 태양을 볼 수 있다. 태양을, 물속이나 다른 자리에 있는 태양의 투영으로서가 아니라, 제자리에 있는 태양 자체를 보고, 그것이 어떤 것인지 관찰할 수 있다.

- 한걸음 더 나아가, 그는 태양의 역할과 기능까지도 파악할 수 있게 된다. 태양은 사계절의 변화를 가져다준다. 태양은 보이는 영역에 있는 모든 것을 다스린다.

심지어 그는 이런 생각을 할 것이다. 어떤 의미에서 태양은 자기가 갇혀 있던 동굴, 그를 포함한 동료들이 보았던 것의 '원인'일 수 있다!

　이런 생각의 변화를 통해, 그는 자신이 거처했던 동굴 생활과 함께 있었던 동료들을 상기하면서, 그곳에서의 삶을 한심해 할 것이다. 그리고 자신의 변화에 대해 다행스럽게 여기며, 아직도 동굴에 있는 동료들을 불쌍하게 여길 것이다.

- 그렇다면 동굴 생활 자체만을 두고 고민해 보자. 그것도 어두운 곳이기는 하지만, 동굴도 엄연히 하나의 세계이다. 그들의 세계에도 명예나 칭찬 같은 것을 주고받는 제도가 있을 수 있다. 그들의 삶은 그림자를 보는 데 익숙하다. 그 가운데서도 어떤 사람은, 그들 앞의 벽면을 지나가는 그림자를 예리하게 관찰하고, 그것들 가운데 어느 것이 앞서고 뒤처지며, 때로는 동시에 지나가는지를 기억하고 있다가, 앞으로 닥칠 사태를 그럴듯하게 예측할 수도 있다. 그런 사람에게 명예와 칭찬 그리고 상이 주어진다면, 동굴 속의 다른 동료들도 명예나 칭찬, 상을 받으려고 욕심을 부리게 될 것이다.

　그렇지 않다면, 『오디세이』에서 호메로스가 "지상에서 살게 해주면 농노가 되어 머슴살이를 하거나 가난뱅이가 되더라도 좋다!"라고 한 것처럼, 동굴에서 자기 '의견을 가지며' 그런 식으로 사느니, 지상으로 나와 무슨 일이든 겪어내려 할 것이다. 즉 동굴 속 동료들의 친구가 되기보다는 아무리 천한 대우를 받더라도 지상에서의 생활을 열망한다.

- 그렇다면 이런 점도 생각할 필요가 있다. 그 사람이 다시 동굴로 내려가서 이전의 자리에 앉는다고 하자. 햇빛이 눈부신 곳에 있다가 갑작스레 동굴로 내려가면, 그의 눈은 어둠에 젖어 버리리라. 그런 상황에서 그가 다시 동굴에서 동료들과 그림자를 식별하는 경쟁을 벌인다면, 그것도 눈이 제 기능을 회복하기 전, 시력이 약한 때에 그런 요구를 받는다면, 어떻게 될 것인가? 어둠에 익숙해지는 시간이 아주 짧지는 않다! 추측컨대 동굴 속 동료들의 비웃음을 사기 쉽다. 뿐만

아니라, 태양이 비치는 지상의 세계에 갔다 오더니, 눈을 버려 가지고 왔다고 하며, 지상의 세계에 갈 가치조차 없다고 여기리라. 결국은 자신들을 풀어주면서 지상의 세계로 인도하려는 사람을 붙잡아 죽이려고 하리라.

■ "물론 그러려 할 것입니다." 그가 대답했다. "그러면 글라우콘! 이 전체 비유를 앞서 언급된 것들에다 적용시켜야만 하네. 시각을 통해 드러나는 곳을 감옥의 거처에다 비유하는 한편, 감옥 속의 불빛을 태양의 힘에다 비유함으로써 말일세. 그리고 위로 '오름'과 높은 곳에 있는 것들의 구경을 자네가 '지성에 의해 알 수 있는 영역'으로 향한 영혼의 등정으로 간주한다면, 자네는 내 기대에 적중한 셈이 될 걸세. 자네는 이걸 듣고 싶어 하니 말일세. 그렇지만 그게 진실인지 어떤지는 아마도 신이나 알 걸세. 아무튼 내가 보기에는 이런 것 같네. 즉 인식할 수 있는 영역에서 최종적으로 그리고 각고 끝에 보게 되는 것이 '좋음의 이데아'이네. 그러나 일단 이를 본 다음에는, 이것이 모든 것에서 모든 옳고 아름다운[훌륭한] 것의 원인이라고, 또한 '가시적 영역'에서는 빛과 이 빛의 주인을 낳고, '지성에 의해 알 수 있는 영역'에서도 스스로 주인으로서 진리와 지성을 제공하는 것이라고. 그리고 또 장차 사적으로나 공적으로나 슬기롭게 행하려는 자는 이 이데아를 보아야만 한다고 결론을 내려야만 하네."

"저로서 할 수 있는 한, 저 또한 생각을 같이합니다." 그가 말했네. "자, 그러면 이 점에 대해서도 의견을 같이하여, 놀라는 일이 없도록 하게. 즉 이 경지에 이른 사람들은 인간사에 마음 쓰고 싶어 하지 않고, 이들의 영혼은 언제나 높은 곳에서 지내기를 열망한다는 사실을 말일세. 이 경우에 또한 앞서 말한 비유대로라면, 아마도 그럴 것이라고 생각되기 때문일세."

4. 지도자교육: 유교의 『대학』·『중용』

1) 『대학』의 정치지도자 교육

■ 한 사회의 어른이 될 사람이 배워야 하는 공부의 원리와 체계는 다음과 같다. 첫째, 자신의 순수하고 착한 심성을 인식하고 그것을 밝히는 데 있다. 둘째, 자기 수양을 바탕으로 타인을 이해하고 배려하며 조화로운 사회관계를 만드는 데 있다. 셋째, 자신의 착한 심성의 수양을 바탕으로 타인과 어울리며, 사람 사이의 조화로운 사회관계를 일상생활에서 지속하는 데 있다.

■ '사람 사이의 조화로운 사회관계를 일상생활에서 지속'하는 일이 아름다운 공동체를 가꾸어 가는 바탕임을 알아야 사회의 모든 구성원들은 자기 삶의 방향을 정할 수 있다. 삶의 방향을 정한 다음에 마음을 차분하게 가라앉힐 수 있다. 마음이 차분하게 가라앉은 다음에 몸가짐을 편안하게 할 수 있다. 몸가짐을 편안하게 할 수 있어야 깊이 생각하여 맡은 일을 정밀하고 합당하게 제대로 처리할 수 있다. 깊이 생각하여 맡은 일을 정밀하고 합당하게 제대로 처리한 다음에 '사람 사이의 조화로운 사회관계를 일상생활에서 지속'하는 삶의 양식을 확연히 터득할 수 있다.

■ 모든 사물에는 근본과 말단, 즉 가장 기본적이고 핵심인 것과 이를 보조하거나 풍부하게 만드는 주변에 해당하는 것이 있다. 모든 일에는 완료되는 영역과 시작되는 영역이 있다. 매 단위별로 돌고 도는 가운데 처음과 끝이 있는 것이다. 그러므로 핵심부와 주변부에 해당하는 것이 무엇이고, 시작과 완료의 영역이 언제인지 깨달을 필요가 있다. 이것이 정확하게 판단되면, 먼저 실천하고 나중에 실천할 일이 무엇인지 알게 된다. 이때가 되어야 비로소 사람답게 산다는 것, 그

길이 보이기 시작한다.

- 자신의 순수하고 착한 심성을 세상에 밝혀, 세상의 모든 사람이 저마다의 착한 심성을 밝히는 데 이바지하려는 지도급 인사는 다음과 같은 삶의 원리를 터득해야 한다. 첫째, 먼저 자신이 속한 큰 공동체에 어떻게 기여할 수 있을지 정치지도력의 발휘 여부를 심사숙고해야 한다. 둘째, 큰 공동체에서 정치지도력을 발휘하려면, 그에 앞서 자기가 속한 작은 공동체, 친인척과 연관되는 집안일이나 이웃사촌과 함께하는 마을 공동체에서의 지도적 역할을 고려해야 한다. 셋째, 작은 공동체에서 지도적 역할을 하려면, 그에 앞서 자기 수양을 철저히 해야 한다. 넷째, 자기 수양을 철저히 하려면, 그에 앞서 마음을 바르게 해야 한다. 왜냐하면 마음을 바르게 해야 착한 행동을 하게 되고 마음을 바르게 먹지 않으면 행동이 악하게 드러나기 때문이다. 다섯째, 마음을 바르게 하려면, 그에 앞서 목적의식을 참되게 해야 한다. 여섯째, 목적의식을 참되게 하려면, 그에 앞서 올바른 삶을 위해 어떻게 해야 하는지 지식과 지혜를 모조리 동원하여 최선을 다해야 한다. 일곱째, 이때 지식과 지혜를 모조리 동원하는 작업은 사물의 이치를 하나하나 따지고 캐묻는 데서 시작된다.

- 올바른 삶을 위한 공부의 체계는 다음과 같다. 첫째 단계, 사물의 이치를 하나하나 따지고 캐물어 터득된 다음에 지식과 지혜를 갖추게 된다. 둘째 단계, 지식과 지혜가 갖추어진 다음에 목적의식이 참되게 된다. 셋째 단계, 목적의식이 참되게 된 다음에 마음이 바르게 된다. 넷째 단계, 마음이 바르게 된 다음에 자기 수양이 철저하게 된다. 다섯째 단계, 자기 수양이 철저하게 된 다음에 작은 공동체에서 지도적 역할을 할 수 있다. 여섯째 단계, 작은 공동체에서 지도적 역할을 한 다음에 큰 공동체에서 정치지도력을 발휘할 수 있다. 일곱째 단계, 큰 공동체에서 정치지도력을 발휘하였다면, 온 세상과 인류의 삶을 편안하게 하는 데 기여

할 수 있다.

■ 최고지도자로부터 보통 사람에 이르기까지 우리 모두에게 가장 중요한 것은 '자기 수양'을 바탕으로 해야 한다는 점이다. '자기 수양'이라는 핵심가치에 충실하지 않고 부차적인 일을 제대로 처리하는 사람은 없다. 자기가 속한 작은 공동체에서 풍족하게 해야 할 것을 형편없이 부족하게 하는 사람이, 부족한 것을 풍족하게 만들려고 노력하는 것은 보지 못하였다.

2) 『중용』의 마음 교육

■ 옛날부터 영혼이 맑고 거룩한 성왕, 이른 바 최고지도자가 우주자연의 질서를 모델로 하여 인간이 살아가는 삶의 최고 가치 기준을 세웠다. 그 후, 그것을 핵심으로 하는 도통(道統)을 전래하고 전수하는 학문 행위가 지속되어 왔다.

■ 학문 도통에 관한 말이 경전에 기록된 것은 『논어』「요왈」에서 "진실로 그 마음을 다 잡으라!"이다. 이는 요임금이 순에게 차기지도자 자리를 물려주면서 일러준 말이다. 그리고 또 『서경』「대우모」에서 "사람의 마음인 인심(人心)은 참으로 위태위태하게 잘 드러나고, 우주자연의 마음인 도심(道心)은 아주 은밀하게 가려져 있다. 그러니 주도면밀하게 변함없이 한결같이 하여, 진실로 그 마음을 다 잡으라!"라고 하였다. 이는 순임금이 우에게 차기지도자 자리를 물려주면서 당부한 말이다. 요임금이 순에게 일러준 한 마디, "진실로 그 마음을 다 잡으라!"라는 말은 정말이지, 그 힘과 무게가 빈틈이 없다. 정치지도자가 갖추어야 할 언행의 핵심을 똑부러지게 지시하기에 충분하다. 그런데 거기에 순임금은 다시 세 마디 말을 덧붙여 차기지도자인 우에게 당부하였다. 이는 요임금의 한 마디 말인 "진실로 그 마음을 다 잡으라!"를 보다 진정으로 실천하기 위해, 한 번 더 심

사숙고하고 똑바로 알 수 있도록 배려한 것으로 이해할 수 있다.

■ 이 지점에서 사람의 '마음'에 대해 본질적으로 분석해 보자. 마음은 형체가 없으면서도 그 작용은 신령스럽다. 세상의 모든 것을 알고 깨닫는다. 이런 점에서 사람의 마음은 이와 같은 단 하나의 마음에 지나지 않는다. 그런데 이 하나의 마음에는, 사람의 마음과 우주자연의 마음이라는 두 가지 다른 차원이 있다. 그것은 어떤 때는 개인의 사사로운 기운이나 감정에서 생겨나고, 어떤 때는 본래 타고난 천성 그대로에 기인하여, 지각하는 것이 같지 않게 되기 때문이다. 그러므로 개인의 사사로운 감정이나 기운에서 생겨나는 사람의 마음은 위태롭고 불안하고, 본래 타고난 천성 그대로에 기인하는 우주자연의 마음은 은밀하게 숨겨져 있어 제대로 드러내기 어려운 것이다.

■ 문제는 사람이다! 사람은 누구나 개인으로서 형체를 지니고 있다. 그러므로 아무리 똑똑하고 지혜로운 사람이라 할지라도 개인의 사사로운 기운이나 감정에서 생기는 인심이 없을 수 없다. 또한 사람은 누구나 타고난 본성을 지니고 있다. 그러므로 아무리 어리석은 사람일지라도 본래 타고난 천성 그대로에 기인하는 우주자연의 마음, 즉 도심을 지니고 있다. 인심과 도심! 이 두 차원이 한 치 크기의 조그만 마음 가운데 섞여 있다. 그러나 마음 다스리는 법을 모르면, 위태로운 인심은 더욱 위태롭게 되고, 은밀하게 드러나는 도심은 더욱 은밀하게 되어, 우주자연의 자연스럽고 공평한 이치가 끝내 사람의 사사로운 욕망을 이겨내지 못하는 상황이 발생할 수 있다.

■ 다음으로는 사람의 행동, 삶의 실천이다. 주도면밀하게 하는 것은 인심과 도심의 사이를 살펴, 그 둘이 섞이지 않게 하는 일이다. 변함없이 한결같이 하는 것은 그 본래 마음의 공정함, 즉 도심의 바른 것을 지켜서 떠나지 않는 작업이다. 이

와 같은 당부, 그 가르침을 따라 조금도 중단하지 않고 실천하여, 반드시 도심이 항상 우리 인간의 몸의 주체가 되게 하고, 인심이 매사에 도심에 순종하게 할 필요가 있다. 그러면 개인의 사사로운 감정이나 욕심에 의해 위태롭던 것도 자연스럽게 편안해지고, 은밀하게 숨겨져 제대로 드러나지 않던 것도 잘 드러나게 된다. 이런 상황이 되면 일상생활의 행동거지나 언행에서 지나치거나 모자라는 착오가 저절로 없어진다.

- 앞에서 언급했듯이, 최고지도자 자리를 물려받으며 나라를 다스렸던 요임금과 순임금, 그리고 우임금은 세상에서 가장 위대한 인간이다. 사람이 사는 공동체인 나라를 물려준 것은 세상에서 가장 위대한 사업이다. 세상에서 가장 위대한 인간이 세상에서 가장 위대한 사업을 실천할 때, 나라를 주고받을 즈음에 진정으로 경계하며 당부한 말이, "진실로 그 마음을 다 잡으라!", "사람의 마음인 인심은 참으로 위태위태하게 잘 드러나고, 우주자연의 마음인 도심은 아주 은밀하게 가려져 있다. 그러니 주도면밀하게 변함없이 한결같이 하여, 진실로 그 마음을 다 잡으라!"이다. 요임금, 순임금의 말이 똑같이 여기에 지나지 않는다. 이 당부 속에 세상의 이치가 모두 담겨 있다. 덧붙일 말이 무엇이 더 있겠는가?

- 요−순−우 임금 이후에도, 최고지도자들은 차기지도자들에게 이런 당부의 말을 도통으로 계속 이어 나갔다. 예를 들면, 은나라의 탕왕, 주나라의 문왕과 무왕이 최고지도자로서 그렇게 했고, 순임금의 최측근 참모였던 고요, 탕왕의 참모였던 이윤, 은나라 고종의 참모였던 부열, 주나라의 주공과 소공이 최고의 참모로서, 모두 "진실로 그 마음을 다 잡으라!"라는 가르침으로 도통이 전하는 것을 받았다. 그러나 유학 최고의 스승인 공자는 정치적으로 최고지도자의 자리를 얻지 못하였다. 대신 공자는 전통적으로 전해오던 최고지도자의 도통을 학문적으로 계승하고 미래세대의 학자들에게 그 길을 열어주었다. 요임금이나 순임금처

럼 최고지도자의 자리에서 직접 도통을 전수하지는 못했지만, 공자의 그런 노력
은 오히려 요임금이나 순임금보다 훌륭한 부분이 있다.

■ 『중용』의 첫머리, 제1장에서 '하늘이 명령한 것, 본성을 따르는 것 ― 천명솔성(天
命率性)'이라 한 것은, 순임금이 우에게 당부한 우주자연의 마음인 '도심'이다. 제
20장에서 '착한 것을 가려 굳게 잡는다 ― 택선고집(擇善固執)'라고 한 것은 순임금
이 우에게 당부한 '주도면밀하게 변함없이 한결같이 하는' 정일(精一)이다. 제2장
의 '군자시중(君子時中)'은 '마음을 잡으라'라는, 순임금이 우에게 당부한 집중(執中)
이다. 요임금 이후 자사에 이르기까지, 세월의 흐름이 천년을 훌쩍 넘겼다. 언어
에 역사성과 사회성이 있다고 했지만, 그들이 언급한 말이 다르지 않은 것이 부
절처럼 딱 들어맞는다. 『서경』, 『시경』, 『춘추』 등 훌륭한 옛날 학자들의 책을
살펴보고 글을 추려내어 줄거리를 정돈해 보았다. 그러나 유교의 학문 도통, 그
핵심을 내걸고 그것에 숨어 있는 깊은 뜻을 밝힌 것 가운데, 이 『중용』처럼 분
명하고 상세한 것은 없다.

■ 우주자연의 질서에 따라 타고난 것을 인간의 본성이라고 하고, 그 본성을 따르
는 것을 길이라 하며, 그 길을 끊임없이 지속하며 문명을 창출해 가는 것을 문화
제도라고 한다.

■ 인간의 길은 일상생활을 잠시도 떠나지 못한다. 떠날 수 있다면 그것은 인간의
길이 아니다. 때문에 사람다운 사람인 건전한 인격자는 일상생활에서 다른 사람
에게 보이지 않는 자신의 마음가짐이 흐트러지지 않도록 경계하고 삼가며, 다른
사람에게 들리지 않는 자신의 마음가짐이 흐트러지지 않도록 겁내고 두려워한다.

■ 숨겨져 있는 것보다 더 잘 드러나 보이는 것은 없고, 작은 일보다 더 크고 환하

게 나타나는 것은 없다. 때문에 사람다운 사람인 건전한 인격자는 혼자 있을 때도 모든 일에 대해 조심한다.

■ 기쁨과 노여움, 슬픔과 즐거움이, 아직 행동에 나타나지 않은 것을 알맞음이라 하고, 행동으로 나타나서 이치와 도리에 딱 들어맞는 것을 호응이라고 한다. 알맞음이라는 것은 우주자연과 인간사회가 본래 그러하듯이 원래 있는 기본 질서이고, 호응이라는 것은 그 기본 질서가, 사람과 사람 사이에, 물건과 사람 사이에, 일과 사람 사이의 작용 과정에서 서로 응하여 딱 들어맞는 것, 달리 말하면 화합과 조화이다.

■ 우주자연과 인간사회의 질서가 알맞게 되고, 모든 사물 사이의 작용이 호응하게 되면, 우주자연과 인간사회가 기본 질서를 유지하고, 인간을 비롯한 모든 사물이 저마다의 삶을 완수하리라.

5. 각성교육: 불교의 세계관과 인간관

1) 세계관

부처가 깨달은 진리를 '법(法, dharma)'이라고 한다. 이 법을 상징하는 연기법(緣起法)은 세계의 발생과 그 원인에 관한 이치이다. 연기(pratityā samutpadā)란 '~을 조건(緣)으로 하여 일어난다.'는 뜻으로, 일체의 세계는 다양한 원인과 조건, 이른 바 인연(因緣)에 의해 성립한다는 말이다. 연기는 "이것이 있으므로 저것이 있으며, 이것이 생겨남으로 저것이 생겨난다"라는 말로 설명된다. 즉 모든 존재는 그것을 형성시키는 원인과 조건, 그리고 상호관계에 의해서만 존재하기도 하고 소멸하기도 한다는 것이다. 모든 존재는 서로가 서로에 의지하고 관계를 가짐으로써 존재할 수 있고, 그 관계가 깨어질 때 존재도 사라진다. 그러므로 연기법은 존재의 관계성에 관한 법칙이다.

연기의 원리에 의하면 어떠한 존재도 우연히 생겨나거나 또는 절대적으로 혼자 존재할 수 없다. 모든 존재는 그 존재를 성립시키는 여러 원인이나 조건에 의해 생겨나게 된다. 서로는 서로에게 원인이 되기도 하고 조건이 되기도 하면서 함께 존재한다. 존재를 성립시키는 원인이나 조건이 변하거나 없어질 때, 존재 또한 변하거나 없어져 버린다. 모든 존재는 전적으로 상대적이고 상호의존적이다. 따라서 어떤 존재도 변하지 않거나 절대적으로 존재할 수는 없다. 이러한 연기는 열두 가지의 연결 고리로 설명된다. 모든 존재의 역동적 상의상관성(相依相關性)을 열두 마디의 '고리'로 설명하는 것이 연기법이다. 십이연기는 ① 근본적 무지인 '무명(無明)', ② 형성력인 '행(行)', ③ 의지 활동인 '식(識)', ④ 주관과 객관을 뜻하는 '명색(名色)', ⑤ 대상을 인식하는 장소인 '육처(六處)', ⑥ 접촉을 의미하는 '촉(觸)', ⑦ 감각을 받아들이는 작용인 수(受), ⑧ 맹목적이며 충동적인 망집인 '애(愛)' ⑨ 집착을 뜻한 '취(取)' ⑩ 사상 행위인 '유(有)', ⑪ 내세의 삶을 의미하는 '생(生)', ⑫ 늙음과 죽음을 말하는 '노사(老死)'로 연결되어 있다. 그 인연의 구체적 내용과 관계는 다음과 같다.

① '무명'은 행의 조건이다. 다시 말하면, 무명은 행을 일으킨다. '무명'이란 어리석음과 무지를 말한다. 예를 들면, 인생은 무상한 것이고 마침내는 죽어 없어지지만, 사람들은 곧잘 '자신이 항상 존재하기'를 바란다. 인생은 오온(五蘊; 육체와 감관을 일으키는 괴로움, 즐거움, 기쁨, 근심 등의 감정)의 결합으로 이루어져 자체가 없는 것인데, 사람들은 종종 '나'~영구적이고 불변하는 실체가 실제로 있는 것으로 믿는다. 행은 의지활동을 가리킨다. '무명이 행의 조건'이라는 말은 무지로 말미암아 여러 세속적 의지 활동이 생겨남을 말한 것이다.

② '행'은 식의 조건이다. 식은 뱃속의 심식(心識)인 정신 활동이다. 의지 활동으로 말미암아 끌어당기는 힘이 생겨 의지 활동에 상응하는 곳에 식이 생겨나게 한다.

③ '식'은 명색의 조건이다. 명은 마음·정신이고, 색은 물질·육체를 뜻한다. 명색은 뱃속의 정신과 육체를 가리킨다. '식이 명색의 조건'이라는 것은 어미의 뱃속에서 몸과 마음이 형성된다는 것을 말한다.

④ '명색'은 6처의 조건이다. 6처는 육입(六入)이라고도 한다. 눈, 귀, 코, 혀, 몸, 뜻, 즉 오관(五官)과 심(心)이다. 이는 뱃속에서 몸과 마음이 뒤섞인 상태에서 자라나다가 여러 인식 기관을 만들어 내는 것을 가리키는데, 막 탄생하는 단계이다.

⑤ '6처'는 촉의 조건이다. 촉은 촉각이다. 이는 뱃속에서 태어난 후, 6종의 인식 기관과 외계의 사물이 서로 접촉하여 일으키는 유아의 단계에 해당한다.

⑥ '촉'은 수의 조건이다. 수는 감수를 말한다. 나이가 점점 들면서, 심식이 발달하여 인식 기관과 외부의 대상이 서로 접촉할 때, 외계의 반작용을 받아들일 수 있게 되고, 그래서 '괴로움[苦]', '즐거움[樂]', '괴롭지도 않고 즐겁지도 않음[不苦不樂]'이라는 세 종류의 느낌을 일으키게 된다. 소년, 소녀 단계에 해당한다.

⑦ '수'는 애의 조건이다. 애는 갈망, 탐애, 탐욕이다. 인생의 청년 단계에는 외계 사물에 대한 감수성을 진전시켜서 탐애를 일으킨다.

⑧ '애'는 취의 조건이다. 취는 추구하는 집착이다. 청년 이후에는 탐욕이 점점 커져 외계의 즐길 수 있는 모든 것을 추구하여 집착을 버리지 못한다.

⑨ '취'는 유의 조건이다. 유는 업이다. 즉 사상 행위이다. 집착하고 추구함으로 말미암아 여러 가지 사상 행위가 있게 된다. 이러한 사상 행위는 미래의 과를 낳는 선악의 업을 일으킬 수 있다. 그러므로 유라고 이름 붙였다.

⑩ '유'는 생의 조건이다. 생은 내세(來世)의 생이다. 앞서 있었던 애, 취, 유로 말미암아 생긴 미혹과 그로 인해 만들어진 선악의 업은 필연적으로 과보를 만들어 낸다. 따라서 내세에 다시 태어나게 된다.

⑪ '생'은 생사의 조건이다. 생이 있으면 반드시 노(老)·사(死)가 있다. 미래에 생이 이루어져 그 후에 노쇠하고 사멸에 이르는 데, 이것이 ⑫ 노(老)·사(死)이다.

이처럼 열 두 부분은 계속 과(果)를 일으키기 때문에 인(因)이라 불리며, 서로 조건이 되기 때문에 연(緣)이라고 일컫는다. 그래서 합하여 12인연이라고 한다. 부처는 열두 고리 가운데 특히 주의할 세 고리를 '무명'과 '애'와 '촉'이라고 했다. 이 세 고리로부터 벗어나야 만이 진정한 열반에 들어갈 수 있다.

십이인연은 중생이 생사유전하게 되는 인과관계를 설명한 것으로, 열두 개가 순서대로 인과의 순환관계를 이루고 있다. 정식(情識)을 지닌 어떤 생명체도 해탈하기 이전에는 이러한 인과율에 의지하여 삶을 지속한다. '계속 태어나고 늙고 죽으니 윤회가 끝이 없다!' 십이연기는 시작도 없고 끝도 없으며, 시간적으로나 공간적으로도 아무런 구애를 받지 않는다. 그러기에 십이연기는 생명 현상의 총괄적 설명이며, 또한 생명체의 고통의 원인이다. 부처는 십이인연을 뒤에서 앞으로 역관(逆觀)하여 도를 얻었다고 한다. 즉 노·사(老·死)에서 거꾸로 관찰하여 무명(無明)에 이르러 깨달았다는 말이다.

이러한 십이연기는 '과거~현재'의 인과 관계와 '현재~미래'의 인과 관계라는 이중 구조를 넘어서지 않는다. 그러기에 흔히 '삼세이중인과설(三世二重因果說)'이라고도 한다.

불교는 현실을 고통으로 규정한 데서 출발한다. 카필라국의 왕자였던 싯다르타는 평소 세상이 어떠한지 구체적으로 직면하지 않고 성 안에서 살아왔다. 그러다 우연히 나선 성문 밖에서 세상을 보았다. 그것은 그가 보아왔던 모습과는 전혀 달랐고, 힘겹게 살아가는 사람들을 직시하게 된다. 그가 처음으로 목격한 광경은 인간이 늙고 병들고 죽어감에 따라 겪는 고통이었다. 그런 과정을 통해 싯타르타는 현실을 '고통 그 자체'라고 생각하였다. 이에 싯타르타는 현실 목도와 인식에 그치지 않고 고통을 극복하는 방법에 대해 찾아 나설 결심을 하게 된다. 출가를 결심한 싯다르타는 철저하게 고행(苦行)에 접어들었다. 아무 것도 먹지 않고 마시지 않으면서 고통의 원인에 대해 탐구하려 한 그에게 고행은 고통의 극복 수단이 아닌 고통 그 자체였다. 고행으로 인해 아무 것도 할 수 없고 죽음 직전에 이른 싯다르타는 중도(中道)의 깨달음을 얻고 고행을 버린다. 악기를 연주할 때, 줄이 너무 팽팽하면 끊어지고 줄이 너무 느슨하면 연주할 수 없듯이, 양극단의 방법은 옳지 못하므로 중도를 지향해야 한다는 것이다. 이에 따라 싯다르타는 수행에서 균형을 유지하며, 자기만의 방법으로 고통 극복의 길을 찾아 나섰다.

오랜 수행 끝에 싯타르타는 보리수나무 아래에서 고통의 원인에 대해 깨달음을 얻었다. 모든 고통은 바로 무상(無常)한 데서 비롯된다는 것이다. 세상에는 절대적으로 고정 불변한 것이 없다. 끊임없이 변화하는데, 이 변화는 모든 사물이 서로 연결되어 영향을 주고받기 때문이다. 그것이 다름 아닌, '이것이 생(生)하면 저것이 생하고 이것이 멸(滅)하면 저것이 멸한다'는 연기론이다. 그렇게 끊임없이 서로 영향을 주고받기 때문에 고정 불변한 것은 존재할 수 없다. 이런 이치를 모르는 인간은 고정불변한 것에 집착하고 욕심을 일으킨다. 때문에 거기에서 고통이 발생한다. 이것이 싯다르타가 느낀 깨달음의 요지이다.

불교 교학에서는 고통의 원인을 '탐(貪)·진(瞋)·치(痴)'의 세 가지로 제시한다. '탐욕을 부리다'의 탐(貪)은 잘 채워지지 않기 때문에 성내는 마음인 진(瞋)이 생긴다. 그러나 탐욕이 생겨나는 것은 무상함, 즉 연기적 세계에 대한 무지인 치(痴)에서 생겨난다. 때문에 결국 어리석음[무지]은 모든 번뇌의 근본 원인이 된다. 고통은 무상함에 대한 무지에서 발생하는 집착과 욕심에서 생겨난다. 이러한 집착과 욕심을 버린 상태가 완전한 자유인 해탈(解脫)이다.

해탈은 십이연기를 관찰함으로써 불교적 삶에 대한 인식과 태도로 형성한다. 불교적 삶에 대한 인식은 크게 세 가지로 드러나는데, 불교의 근본 교의인 삼법인(三法印)이다. 이때 인(印)은 '불변하는 진리'임을 강조하는 표현이다. 그 첫째가 '제법무아(諸法無我)'이다. '제법무아'는 일체가 무상으로 '나'라는 존재가 없다는 의미이다. '나'란 존재는 실체가 아니다. 그렇다고 자기 존재 자체를 부정하는 것은 아니다. 또한 긍정하지도 않는다. 부처는 어디까지나 '나의 본질을 파악할 수 없다'라는 '비아(非我)'만을 가르쳤다. 인간의 참된 실존은 원인과 조건의 화합에 따라 변화·존속된다. 둘째는 '제행무상(諸行無常)'이다. '제행무상'은 모든 것은 늘 변한다는 의미이다. 모든 현상은 순간적 존재이다. 찰나(刹那)마다 또는 일정한 기간을 두고 바뀌어간다. 불교는 이를 통해 '영원하다'는 사고나 '소유'한다는 관념을 포기하도록 가르친다. 셋째는 '일체개고(一切皆苦)'이다. '일체개고'는 우리들이 경험하는 모든 것은 '괴로움'이라는 의미이다. 괴로움이란 자기 생각대로 완전하게 되지 않는 것을 말한다. 경전에 따라서는 '일체개고' 대신에 '열반적정[涅槃寂靜; 열반에 들어 고요한 상태에 이름]'을 삼법인으로 제시하는 경우도 있다. 때문에 '제법무아', '제행무상', '일체개고', '열반적정', 이 네 가지를 사법인(四法印)으로 제시하기도 한다.

삼법인[또는 사법인]을 통해 삶의 본질을 인식했다면, 어떻게 올바른 존재 방식으로 유도할 것인가? 불교에서 가장 먼저 모습을 드러낸 실천적 교설은 네 가지 진리인 사성제(四聖諦)이다. 사성제의 첫째는 '고제(苦諦)'이다. 고제는 '미혹된 범부의 생존은 괴로움의 덩어리뿐'이라는 말이다. 그렇다고 부처가 즐거움과 기쁨, 행복을 부정하려는 것은 아니다. 단지 이 말을 통하여 육체적·정신적 쾌락의 무상함을 강조하고자 했을 뿐이다. 괴로움에는 크게 세 가지 종류가 있다. '육체적·정신적 고통'과 '애착하고 있던 것이 괴멸하는 데서 오는 고통', 그리고 '세간의 모든 것이 인연으로 얽혀 있음으로 인해 빚어지는 고통'이다. 이는 현실 세계에 대한 인식을 보여준다. 둘째, '집제(集諦)'이다. 집제는 '현실 세계는 괴로움이 생기는 원인'이라는 말이다.

괴로움의 원인은 세 가지로 분류된다. 인간은 다시 태어나려고 하고, 쾌락을 갈망하며, 탐욕을 부린다. 이는 미혹된 세계의 인과 관계에서 욕망에 물든 삶의 방식이 괴로움을 만들어낸다는 사실을 보여준다. 셋째, '멸제(滅諦)'이다. 멸제는 '욕망에 물든 세계가 사라진 상태가 이상의 경지'라는 말이다. 인간은 스스로 이러한 괴로움에서 벗어날 수 있다. 괴로움의 원인에 대한 올바른 이해와 수행을 통해 인간 스스로 괴로움의 뿌리를 끊고 열반에 이를 수 있다. 멸제에는 두 가지가 있는데, 하나는 생전에 열반에 이르러 자신의 부정함을 벗어 버리는 '잠시멸(暫時滅)'이고, 다른 하나는 깨달은 이가 마침내 죽음에 이르러 자신의 육신마저 모두 벗어버리는 '구경멸(究竟滅)'이다. 이는 인간 존재의 이상 세계에 대한 방향 설정이다. 넷째, '도제(道諦)'이다. 도제는 '괴로움을 없애기 위해 수행이 필요하다'는 의미로 괴로움을 끊는 방법에 관한 사안이다. 이는 구체적 수행의 필요성에 대한 인식과 실천이다. 사성제 가운데 고제와 집제는 미혹의 인과 관계를 나타내고, 멸제와 도제는 깨달음의 인과 관계를 보여준다. 이를 병(病)에 비유해서 설명하면, 고제는 병을 발견하는 일이고, 집제는 병의 원인을 파악하는 직업이다. 멸제는 병이 난 후의 건강 상태를 가리키고, 도제는 좋은 약에 해당한다.

특히, '도제'의 구체적인 실천 방법, 깨달음에 이르는 도리가 바로 '팔정도(八正道)'라는 여덟 가지 올바른 길이다. 팔정도는 다음과 같다.

① 바른 견해인 '정견(正見)'이다. 이는 사성제에 대한 올바른 이해를 말한다. ② 바른 사유인 '정사유(正思惟)'이다. 이는 욕망과 사사로운 견해, 그리고 무자비를 여읜 바른 생각을 말한다. ③ 바른 말인 '정어(正語)'이다. 이는 거짓말, 이간질, 욕설, 실속 없는 말 등을 삼가는 일이다. ④ 바른 행위인 '정업(正業)'이다. 이는 살인, 도둑질, 일체의 삿된 행동을 범하지 말아야 하는 행동으로 불교의 윤리관을 그대로 보여 준다. ⑤ 바른 생활인 '정명(正命)'이다. 이는 점성술, 마술, 예언, 중매, 혼인집전, 그 외의 온당하지 못한 직업(예컨대 백정)에 종사하는 일을 금하는 것을 말한다. ⑥ 바른 수행인 '정정진(正精進)'이다. 이는 끊임없는 노력으로 이미 일어났던 나쁜 생각을

미리 막는 것이다. 될 수 있는 한 착한 생각을 많이 해서 이를 잘 보전하는 것을 가리킨다. ⑦ 바른 정신인 '정념(正念)'이다. 이는 마음을 한 곳으로 모아 자신의 심신은 물론 주위의 일체 사물을 바로 관찰하는 일이다. ⑧ 바른 정신통일인 '정정(正定)'이다. 이는 사선정(四禪定)에 이르기 위해 명상(冥想)에 열중하는 일이다.

『잡아함경(雜阿含經)』(卷28)에는 '해뜨기 전에 밝음이 비치듯이 괴로움의 사라짐에는 먼저 정견이 나타나고, 이 정견이 정사유 내지 정정을 일으키며, 정정이 일어남으로써 마음의 해탈이 있게 된다'라고 하였다. 따라서 팔정도 수행에서 가장 중요한 것은 정견, 즉 지혜이다. 팔정도는 순서에 따라 실천해야 하는 것으로 정견을 닦아야 정사유가 생겨나고 정사유를 닦아야 정어를 할 수 있다. 그런 이후에 정정이 얻어지므로, 이전의 일곱 단계는 정정을 위한 준비이다. 정정을 닦아 지혜를 얻게 되고, 지혜를 가져야 열반이 성취될 수 있다.

팔정도의 수행을 통해 도달하는 궁극적 경지가 다름 아닌 열반(涅槃)이다. '열반'은 산스크리트어 '니르바나(nirvāṇa)'를 음역한 말로 '취멸(吹滅)'·'적멸(寂滅)'·'멸도(滅度)'·'적(寂)' 등으로도 번역된다. 열반의 본래 뜻은 '소멸' 또는 '불어 끔'이다. 여기서 '타오르는 번뇌의 불길을 멸진(滅盡)하여 깨달음의 지혜인 보리(菩提)를 완성한 경지'라는 의미를 지니게 되었다. 열반은 생사(生死)의 윤회와 미혹의 세계에서 해탈한 깨달음의 세계로 불교의 궁극적 실천 목적이다. 고통의 완전한 소멸인 열반은 다음과 같이 묘사된다.

> "비구들이여, 이것이 괴로움이 소멸한 성스러운 진리이다. 그것은 바로 그러한 갈애가 남김없이 빛바래어 소멸함, 버림, 놓아버림, 벗어남, 집착 없음이다."

이러한 열반은 현대적 의미로는 '최고의 행복'이라 할 수 있다. 불교교학에서는 열반을 '유여의(有餘依)'열반과 '무여의(無餘依)'열반의 두 종류로 나누어 설명한다. '유여의'열반은 살아있는 동안 성취하는 열반이다. 그러나 이 열반은 정신적으로는 번뇌를 벗어났지만 육체를 가지고 있기 때문에 육체에 수반되는 병이나 아픔으로 인해 육체적 고통을 벗어날 수는 없는 상태이다. 때문에 보다 궁극적인 고통의 소멸 상태인 '무여의'열반을 상정하게 된다. 이 열반은 육체를 떠나 다시는 태어나지 않는 상태로 정신적·육체적 고통이 완전히 소멸된다.

인도에서는 불교가 아닌 다른 종교·사상에서도 열반이라는 용어를 사용하지만, 불교의 열반 개념과는 다르다. 불교계 내에서도 소승(小乘)과 대승(大乘)의 여러 학파에 따라 해석에 차이가 있다. 소승불교에서는 수행자가 지닌 고통의 완전한 소멸을 열반이라고 한다. 반면, 대승불교에서는 번뇌의 소멸보다 다른 사람의 구제에 보다 방점을 둔다. 대승에서는 기존의 열반 개념에서 나아가 '무주처(無住處)'열반을 상정한다. '무주처'열반은 수행자가 열반에만 머무르지 않고 다시 속세에 태어나 중생을 구제하는 것을 의미한다. '무주(無住)'라는 말은 생사의 세계와 열반의 세계 어디에도 머물지 않기 때문에 붙여진 이름이다. 이러한 '무주처'열반은 나중에 살펴볼 '보살' 개념과 함께 대승불교를 대표하는 핵심 개념이다.

2) 인간관

불교에서 말하는 이상적 인간상은 대승불교(大乘佛敎)가 생겨나기 이전과 이후에 다소 차이가 존재한다. 대승불교에서는 자신의 깨달음보다는 자비(慈悲)를 통한 중생의 구제에 방점을 두고 있다. 대승불교에서 추구하는 지혜와 자비의 정신은 보살(菩薩)이라는 이상적 인간상에 잘 드러난다. 반면, 대승불교 이전의 소승불교(小乘佛敎)에서는 지혜를 통한 깨달음의 추구가 주된 목적이었다.

먼저, 소승불교에서 추구한 이상적 인간상은 아라한(阿羅漢, arhat)이다. 아라한은 본래 부처를 이르는 명칭이었는데 나중에 불제자들이 도달하는 최고의 계위라고 생각되었다. 수행의 결과에 따라 범부(凡夫)·현인(賢人)·성인(聖人)의 구별이 있다. 아라한은 그 자체로 완성되었으므로 더 이상 수행할 것이 없다는 뜻에서 '무학(無學)'의 경지라고도 불린다. 또한 더 이상 수행의 단계가 낮아지지 않는다는 의미에서

'부동(不動)'의 경지라고도 한다. 이는 앞에서 말한 사성제를 완전히 체득한 아라한의 상태를 가리킨다. 아라한은 자신의 깨달음[해탈]을 최우선으로 한다. 해탈은 철저한 수행을 통해서만 가능하다고 규정하기 때문에, 대승불교 이전에는 재가자와 출가자의 구별이 있고, 출가자들에게만 해탈의 가능성이 있다고 믿었다. 그만큼 일반 사람들은 해탈의 가능성으로부터 소외될 수밖에 없었다. 이러한 한계는 대승불교가 생겨나게 된 하나의 요인이 되었다.

대승불교의 경우, 소승불교와 대비해 보면 다른 차원이 부각된다. 첫째, 대승불교의 가르침은 '자리이타(自利利他)'의 교리이다. '자리(自利)'와 이타(利他)를 다 같이 동시에 추구하기 때문에 대승(大乘)이라 부른다. 둘째, 대승불교는 재가와 출가를 일관하는 불교이다. 특히 재가자를 배제하지 않기 때문에 대승이라 한다. 셋째, 대승에서는 선과 악, 어리석은 자와 지혜로운 자 등 모두가 평등하므로 해탈에 장애가 되는 것이 없다. 의지가 약한 자라면 불타(佛陀)에 대한 신앙을 통해 해탈할 수 있으며, 의지가 강한 자라면 스스로 힘든 수행을 통해 깨달음을 얻을 수 있다. 이처럼 대승불교는 신앙[信]과 수행[行] 양면이 모두 존재하며 모든 사람을 포용한다. 넷째, 대승불교는 불신론(佛身論)을 발달시켰다. 소승에서 부처는 인간에 불과하다. 따라서 부처의 위대함에 대한 연구가 거의 없다. 그러나 대승에서는 부처를 초월적 인격으로 강조한다. 그만큼 부처의 구제력(救濟力)이 강조되면서 신격화되었다. 다섯째, 대승불교는 '보살(菩薩)' 사상을 핵심으로 한다. 모든 사람은 불성(佛性)을 가지고 있다. 그러므로 보살의 마음을 일으키면 누구나 보살이 된다. 성불(成佛)이 보증되지 않는 일반 사람일지라도 '보리심(菩提心)'을 일으킴으로써 보살이 될 수 있다. 이처럼 대승불교는 '보살'불교 그 자체라고 할 정도로 보살 사상이 강조된다.

보살(菩薩)은 원래 '보리살타(菩提薩埵)'의 준말로 '보디사트바(bodhisattva)'라는 인도말을 음역한 것이다. 보디사트바(bodhisattva)는 '깨달음'을 의미하는 보디(bodhi)와 '중생'을 뜻하는 사트바(sattva)의 합성어이다. 두 의미가 통합되어 '깨달음을 향해 가고 있는 중생' 또는 '깨달음을 어느 정도 얻은 중생'이란 뜻으로 해석된다. 대승불교에서 보살은 자기 깨달음에 관심을 갖지만, 그러기 위해 먼저 자신을 희생하여 중생을 구제할 필요가 있음을 강조하였다. 중생을 구제하겠다는 서원(誓願)과 자기가 쌓은 공덕을 남을 위해 돌리는 회향(回向)은 보살에게 절대적으로 중요하다.

대승의 보살사상에서 보면, 소승불교의 아라한에서 강조한 자신만의 해탈이라는 목표는 지나치게 이기적인 것으로 생각된다. 그들의 해탈 또한 최고의 깨달음에 비해 열등한 것으로 여겨졌으므로 진정한 해탈로 간주되지 않았다. 대신, '이타(利他)'를 실천하기 위한 보살행의 내용으로서 '바라밀(波羅蜜)'이 제시되었다. 바라밀이란 '빠라미타(pāramitā)'의 음사로 '도피안(度彼岸)' 또는 '완덕(完德)'으로 번역된다.

바라밀 가운데 가장 중요시 되는 것은 지혜, 즉 '반야바라밀(般若波羅蜜)'이다. 이는 초기의 대승경전 가운데 '반야바라밀'의 명칭을 가진 경전이 많이 나타난다는 사실을 통해 짐작할 수 있다. 반면, 다른 바라밀은 반야를 획득하기 위한 준비 단계로서 언급된다. 이는 '반야'만이 해탈로 인도할 수 있다는 불교교학의 경향과도 상응하지만, 반야에 의해 인도될 때만이 '보시(布施)'를 비롯한 여러 행위가 비로소 완성될 수 있다는 의미이다.

대승불교의 경우, 인간은 누구나 이미 깨달은 존재로 불성(佛性)을 지니고 있다. 그러기에 불성을 깨닫는 것을 교육의 목적으로 보았다. 특히, 초기불교에서 연기법으로 나타난 관계성은 대승불교에서 불성으로 재정의되었다. 이런 측면에서 인간은 모두 연기법을 깨달아 번뇌를 소멸할 수 있다. 연기법을 관계성과 상통하는 개념으로 볼 때, 인간이 지닌 불성은 바로 관계성을 자각할 수 있는 능력으로 볼 수 있다. 불성이라는 개념은 대승불교에서 생겨난 것이기 때문에, 불성을 중심으로 인성을 논의할 때는 대승불교를 중심으로 인성을 다룰 수밖에 없다. 대승불교 경전 중에서도 『대승기신론(大乘起信論)』은 완성도 측면에서나 중요도 차원에서 매우 큰 비중을 차지한다. 『대승기신론』은 본체계(本體界)와 현상계(現象界)의 두 측면인 진여문(眞如門)과 생멸문(生滅門)에 관해 고찰한 논의이다. 두 문(門)은 사람들이 가진 마음, 즉 일심(一心)의 두 측면이다. 진여문은 본래적인 깨끗한 마음을 나타내고 생멸문은 그러한 마음이 번뇌에 의해 물드는 것을 나타낸다. 『대승기신론』은 '왜 중생은 불성을 간직하고 있으면서도 온갖 악행(惡行)을 저지르는가?'라는 문제에 대해, 진여문과 생멸문이라는 두 관점으로 모색하고 있다. 생멸의 세계[生滅門]는 진여의 세계[眞如門]에 무명(無明)이 훈습(薰習)하여 분별과 생멸을 나타낸다. 이는 현실적으로 존재하는 중생의 세계를 말한다. 진여의 세계가 온전히 청정하다고 한다면 생멸의 세계는 청정과 번뇌가 뒤섞여 있다. 그러나 생멸의 세계에서도 자성은 본래 청정한데, 이것이 여래장(如來藏)이다. 여래장에 무명이 훈습하면서 현실세계는 번뇌로 물들게 된다. 여래장은 모든 사람이 깨달은 자가 될 수 있다는 보편적 가능성을 말하는 것으로 불성과 동일한 의미이다.

　『대승기신론』의 여래장 논의에 따르면 인간의 본성은 본래 청정(淸淨)하다. 그러나 인간이 악해지는 이유는 본래 깨끗한 여래장이 무지로 인해 오염되기 때문이다. 어리석음으로 인해 탐욕이 생겨나고 그에 따라 대상을 자의적으로 해석하므로 거기에 얽매이게 된다. 『대승기신론』에서 염오(染汚)되어 가는 과정을 잘 드러내 주는 대목이 바로 삼세(三細)와 육추(六麤)이다.

　삼세는 무명업상(無明業相)·능견상(能見相)·경계상(境界相)을 말한다. 무명업상은 처음 무명으로 인해 진여심이 미세하게 움직이기 시작하는 단계이다. 능견상은 무명업상으로 인해 대상의 경계가 드러나기 시작하는 상태로 주관과 객관이 분화되기 이전이다. 경계상은 능견상으로 인해 대상 경계가 비로소 드러나 주관과 객관이 생겨나는 단계를 말한다. 이러한 삼세는 여래장이 염오되기 시작하는 시점으로 너무 미세한 경지이기 때문에 일반 사람들은 자각할 수 없다.

　육추(六麤)는 지상(智相)·상속상(相續相)·집취상(執取相)·계명자상(計名字相)·기업상(起業相)·업계고상(業繫苦相)을 말한다. 지상은 삼세가 만들어낸 객관 대상에 대하여 시비(是非)와 선악(善惡) 등의 분별을 일으키는 단계이다. 상속상은 지상이 만들어낸 분별에 대해 끊임없이 좋고 싫음을 내는 단계이다. 집취상은 스스로 지어낸 세계의 모습에 집착하여 얽매이는 단계이다. 계명자상은 집착이 더하여 이름과 개념을 만들어내는 단계로 그러한 개념으로 대상에 도장을 찍는 것이다. 기업상은 강한 집착 때문에 말과 행동으로 나타나서 선악의 업(業)을 짓는 것을 가리킨다. 업계고상은 자신이 만든 업으로 생겨난 고통으로부터 마음과 몸이 자유롭지 못한 단계이다. 육추는 삼세로 인해 만들어진 대상 경계에 따라 잘못된 생각을 내게 되는 것으로 생각이 이미 거칠어져 일반 사람들도 자신의 생각과 행동을 자각할 수 있게 된다. 생멸문에서는 여래장이 삼세 육추를 거치면서 물드는 과정과 역방향인 깨달음[覺]의 과정을 나타내준다.

6. 시민교육: 아리스토텔레스의 『정치학』

1) 국가와 개인의 행복

이상 국가는 가장 바람직한 삶을 전제로 한다. 플라톤이 언급한 절제, 용기, 지혜, 정의가 행복의 전제 조건이라는 데 대해서는 다들 동의한다. 행복은 외적 선(善)보다 우리의 내적 상태와 더 밀접하다. 외적 선은 목적 달성을 위한 수단일 뿐이다. 국가의 행복도 개인의 행복과 같은 탁월함을 전제로 한다.

최선의 국가가 무엇인지 제대로 탐구하려면, 먼저 가장 바람직한 삶이 무엇인지부터 규정해야 한다. 가장 바람직한 삶이 무엇인지 불분명하면, 최선의 국가가 무엇인지도 불분명할 수밖에 없기 때문이다. 예기치 못한 일이 발생하지 않는 한, 주어진 상황에서 최선의 국가에서 사는 사람들이 가장 행복하다. 따라서 우리는 먼저 어떤 삶이, 말하자면 모든 사람에게 가장 바람직한지 확인하고, 이어서 공동체와 개인에게 같은 삶이 가장 바람직한지 아닌지 확인해야 한다.

선(善)은 '외적 선, 몸의 선, 영혼의 선', 세 가지로 나뉜다. 행복한 사람은 이 세 가지를 모두 갖추어야 한다. 왜냐하면 절제, 용기, 지혜, 정의를 전혀 갖지 못해, 허기를 채우고 갈증을 풀기 위해 범죄를 저지르고, 파리가 윙윙거리며 날아 지나가도 놀라며, 어린애처럼 철없고 미치광이처럼 마음이 삐뚤어지고, 사소한 이익을 위해 가장 가까운 친구들을 망쳐놓는 자를 행복하다고 할 사람은 아무도 없기 때문이다.

이런 명제에 대해서는 다들 동의한다. 하지만, 어떤 선을 어느 정도 갖추어야 하며 어떤 선을 우위에 놓아야 하는지에 대해서는 서로 의견을 달리한다. 어떤 사람들은 탁월함은 어느 정도만 갖추면 충분하다고 여기면서도, 부나 재산, 권력, 명성 등은 한없이 탐낸다. 이런 사실들은 경험을 통해 쉽게 획득되고 보존된다. 인간에게 행복한 삶이 쾌락에 있든 탁월함에 있든 이 양자 모두에 있든, 외적 선은 필요 이상으로 갖고 있다. 그러나 그 성격과 이성의 측면에서 부족한 데가 많은 사람들보다는 성격과 이성은 아주 잘 계발되어 있지만 외적 선을 적당한 한도 내에서 가진 사람들이 더 행복하다.

이 문제는 이론적으로 고찰해 봐도 쉽게 알 수 있다. 다른 도구가 대부분 그러하듯 외적 선은 한도가 있다. 유용한 것은 모두 어떤 목적에 유용하다. 외적 선이 너무 많으면 그것을 가진 자에게 해롭거나, 적어도 이롭지 못한 경우가 많다. 이와 달리 영혼의 선은 무엇이나 많을수록 더 유용하다. '훌륭하다(kalos)'는 표현뿐만 아니라 '유용하다(chrēsimos)'는 표현을 덧붙여야 한다면 더욱 그러하다.

일반적으로 우리는 말한다. 한 사물이 최선의 상태라고 할 때, 그것은 다른 사물이 최선의 상태일 때와의 관계에서, 비교 우위를 고려해야 파악되는 문제이다. 그런데 영혼은 그 자체로 우리를 위해서 재산이나 몸보다 더 귀중하다. 그러므로 영혼이 최선의 상태를 유지한다고 할 때, 그것은 재산이나 몸이 최선의 상태일 때와의 관계를 고려해야 한다. 게다가 재산과 몸이 바람직한 것은 영혼을 위해서이기 때문이다. 때문에 지각 있는 사람이라면 누구나 영혼을 위해 재산과 몸을 바라고, 재산과 몸을 위해 영혼을 바라지 않는다.

따라서 우리는 각자에게 주어지는 행복의 양은 각자가 가진 탁월함과 지혜와 그에 따른 행위의 양과 비례한다는 데 동의해도 좋다. 신을 증인으로 삼을 수도 있다. 신이 행복하고 축복받은 것은 자신 때문이고 그런 본성을 타고난 까닭이지, 어떤 외적 선 때문은 아니다. 그러므로 행운(eutychia)은 필연적으로 행복(eudaimonia)과 다른 것이다. 영혼 바깥의 선은 저절로 우연(tychē)에 의해 이루어지지만, 누구도 우연히 또는 우연에 의해 정의롭고 절제 있는 사람이 된 적은 없다.

이와 관련하여, 달리 증명할 필요가 없는 명제는 최선의 국가는 행복하고 잘나가는 국가라는 점이다. 그러나 훌륭한 행위를 하지 않고서 잘나갈 수는 없다. 개인이건 국가건 탁월함과 지혜 없이는 훌륭한 행위를 할 수 없다. 국가의 절제, 용기, 지혜, 정의는 개인이 절제하고 용기 있고, 지혜롭고, 정의롭다고 불릴 때, 나누어 소유하는 탁월함과 같은 효력, 같은 성격을 갖는다.

2) 국가의 목표로서 행복

이상 국가의 궁극적 목표는 행복이다. 행복은 탁월함의 활성화이자 실천이다. 이를 위해서는 세 가지 수단이 필요하다. '본성, 습관, 이성'이 그것이다. 이 가운데 습관과 이성은 교육, 그리고 입법 문제와 불가분의 관계에 있다.

국가가 행복하고 잘 통치되려면 누가, 어떤 사람들이 국가의 구성원이 되어야 하는가? 어디서나 성공의 요인은 두 가지다. 한 가지는 의도와 행위의 목표를 올바로 설정하는 일이고, 다른 한 가지는 목표에 이르는 수단을 발견하는 일이다. 이 두 가지, 즉 목표와 수단은 서로 일치할 수도 있고 일치하지 않을 수도 있다. 목표는 올바로 설정했으나 목표를 달성하기 위한 행위에서 실패할 수도 있고, 목표를 달성하기 위한 수단은 모두 올바르게 선택했으나 목표를 잘못 설정했을 수 있다. 때로는 두 가지 모두에서 실패할 수 있다. 이를테면 의술(醫術)에서 의사는 건강한 신체는 어떤 상태여야 하는지 올바로 판단하지 못할 뿐 아니라, 소기의 목적을 달성해 줄 수단을 찾아내지 못할 수 있다. 따라서 어떤 기술이나 전문 지식을 이용할 때는 이 두 가지, 즉 목표와 목표에 이르는 행위를 마음대로 조절할 수 있어야 한다. 사람은 분명히 훌륭한 삶과 행복을 추구한다. 어떤 사람은 행복에 도달할 수 있지만, 어떤 사람은 운이 따르지 않거나 타고난 본성 탓에 그렇지 못한다. 훌륭한 삶을 위해서는 어느 정도 보조 수단이 필요하다. 좋은 탁월함을 타고난 사람들에게는 이런 보조 수단이 덜 필요하고, 나쁜 탁월함을 타고난 사람에게는 더 필요하다. 그러나 어떤 사람들은 그럴 능력이 있음에도 불구하고 처음부터 그릇된 방법으로 행복을 추구한다.

최선의 국가란 어떤 상태일까? 가장 잘 다스려지는 국가이다. 행복에 이를 수 있는 가능성이 가장 큰 국가가 가장 잘 다스려지는 국가이다. 그러므로 우리는 당연히 행복이 무엇인지 알고 있어야 한다.

행복은 활동이자 탁월함의 상대적 측면이 아니라 절대적 실현이다. 여기서 '상대적'이란 그때그때의 필요에 따르는 것을 말하고, '절대적'이란 그 자체로서 선한 것

(to kalös)을 말한다. 예컨대 올바른 행위를 생각해보자. 정당한 처벌과 응징은 탁월함에서 비롯된 행위이지만 필요한 행위이다. 따라서 필요한 행위로서만 정당하다. 개인이든 국가든 그런 행위가 필요하지 않다면 더 바람직하다. 반면 명예와 재산에 관계되는 행위는 절대적 의미에서 가장 훌륭하다. 앞의 행위는 어떤 악을 제거하지만, 이런 행위는 그와 반대로 선을 예비하고 창출한다. 마찬가지로 훌륭한 사람은 가난과 질병 같은 역경에서도 의연히 참고 견디겠지만, 행복이란 그와 정반대 편에 있다.

훌륭한 사람이란 자신의 탁월함 때문에 절대적으로 선한 것만을 선하다고 여기는 사람이다. 따라서 그의 태도도 절대적으로 선하고 고상할 수밖에 없다. 사람들은 외적 선이 행복의 원인이라고 믿는다. 그것은 마치 현악기 뤼라의 청아한 연주가 연주자의 솜씨보다 악기 덕택이라고 말하는 것과도 같다.

국가를 이루기 위한 몇몇 조건은 처음부터 충족되어 있지만 나머지는 입법자가 마련해야 한다. 우리는 국가가 형성될 때, 행운을 가져다 줄 수 있는 일이면 무엇이든 다 갖기를 간절히 바란다. 그러나 국가가 훌륭해지는 것은 행운의 소관이 아니다. 지혜와 윤리적 결단의 산물이다. 훌륭한 국가가 되려면 국정에 참여하는 시민들이 훌륭해야 한다. 그런데 우리의 시민들은 모두 국정에 참여한다. 따라서 우리는 어떻게 해야 사람이 훌륭해질 수 있는지 고찰해봐야 한다. 시민 각자가 훌륭하지 않아도 시민 전체가 훌륭할 수 있겠지만, 시민 각자가 훌륭한 것이 보다 바람직하다. 각자가 훌륭하면 전체도 훌륭할 것이기 때문이다.

사람은 세 가지를 통해 선하고 훌륭해진다. 그 세 가지란 '본성'과 '습관'과 '이성'이다. 먼저 사람은 다른 동물이 아닌 인간으로 태어나야 하고, 게다가 특정한 성질의 몸과 영혼을 갖고 태어나야 한다. 그러나 경우에 따라서는 타고난 탁월함이 습관에 의해 바뀌기 때문에 전혀 도움이 되지 못할 때도 있다. 타고난 탁월함은 양면성을 지니고 있어 습관에 따라 더 나쁘게, 또는 더 좋게 바뀔 수 있다.

다른 동물들은 대개 본성대로 살고, 그 가운데 소수는 습관에 따라서도 산다. 그러나 사람은 '이성'에 의해서도 살아간다. 사람만이 이성을 갖고 있기 때문이다. 따라서 이 세 가지가 서로 조화를 이루어야 한다. 사람은 그렇게 하는 것이 낫겠다 싶으면, 이성 때문에 습관과 본성에 반하는 행동을 할 때도 많다.

입법자가 쉽게 다룰 수 있으려면, 사람들의 본성이 어떠해야 하는지 고려해야 한다. 남은 과제는 교육의 소관이다. 사람은 어떤 것은 습관에 의해 배우고, 어떤 것은 들어서 배우기 때문이다.

3) 최선의 국가에서 시민 교육

이상 국가에서는 모든 시민이 번갈아가며 통치자와 피통치자가 된다. 그만큼 모두가 같은 교육을 받아야 한다. 그러나 젊은이들은 훗날 국정에 참여하기 위해 먼저 정부에 복종하는 법부터 배워야 한다. 훌륭한 시민의 탁월함을 배움으로써 그들은 훌륭한 인간의 탁월함을 배우게 된다. 훌륭한 인간과 훌륭한 시민을 양성할 교육제도를 구상하려면, 영혼의 상이한 부분들, 즉 이성을 가진 부분과 이성에 복종하는 부분을 구분해야 한다. 뿐만 아니라 활동과 여가, 전쟁과 평화라는 인생의 상이한 국면들도 구분해야 한다.

교육은 영혼의 상이한 부분들과 인생의 상이한 국면들을 모두 고려해야 한다. 전쟁에서의 승리와 이웃 나라 정복을 목적으로 삼는 스파르타식 교육은 칭찬이 자자하다. 그러나 이는 근본적으로 잘못된 것이다. 목적과 수단을 혼동하고 있기 때문이다. 국가든 개인이든 평화와 여가에 전념하는 것이 바람직하다.

모든 국가 공동체는 통치자와 피통치자로 구성되는 만큼, 이 양자가 서로 다른 사람들이어야 하는지, 아니면 평생 동안 같은 사람들이어야 하는지 고찰하지 않으면 안 된다. 이것이 어떻게 결정되느냐에 따라 교육제도도 달라질 수밖에 없기 때문이다. 신이나 영웅들이 인간보다 우월하다고 생각되는 것만큼, 한 집단이 다른 집단보다 육체적이나 정신적으로도 월등히 우월하여, 통치자들의 우월성이 피통치자들에게도 반박할 여지가 없이 분명하다면, 같은 사람들이 언제까지나 계속해서 지배하고 다른 사람들은 지배받는 것이 분명히 더 바람직할 것이다. 그러나 그렇게 되기는 쉽지 않다. 스퀼락스는 말한다. '인디아에는 신하들보다 월등히 우월한 왕들이 있다!'라고. 실제로 그런 왕들은 없다. 따라서 여러 가지 이유에서 모든 사람들이 똑같이 번갈아가며 지배하고 지배받을 수밖에 없다. 왜냐하면 평등이란 동등한 사람들에게 같은 것이 주어지는 것을 의미하며, 정의에 어긋나게 구성된 국가는 존립하기 어렵기 때문이다.

하지만 통치자가 피통치자보다 나아야 한다는 것은 이론의 여지가 없다. 어떻게 양자가 서로 다르면서도 꼭 같이 국정에 참여하느냐의 문제는 입법자가 결정해야 할 일이다. 자연 자체가 같은 부류의 사람들을 연령에 따라 청년층과 장년층으로 나누어 전자는 지배받기에, 후자는 지배하기에 적합하게 만들어줌으로써 양자를 구분해주었다. 젊기 때문에 지배받는 것에 분개하거나 자신이 통치자보다 우월하다고 생각할 사람은 없을 것이다. 특히 일정한 나이가 되면 봉사한 대가로 자신도 같은 특권을 누린다는 것을 안다면 말이다.

그래서 우리는 통치자와 피통치자가 어떤 의미에서는 같지만, 어떤 의미에서는 서로 다르다고 말해야 한다. 따라서 그들의 교육도 어떤 의미에서는 같고, 어떤 의미에서는 서로 달라야 한다. 사람들이 말하듯, 지배하려는 자는 먼저 지배받아야 하기 때문이다. 지배는 두 가지가 있다. 하나는 통치자를 위한 지배, 다른 하나는 피통치자를 위한 지배다. 이 가운데 첫 번째를 주인의 지배라 하고, 두 번째를 자유민에 대한 지배라 한다. 명령은 흔히 그 내용이 아니라 목적에 따라 구분된다. 그래서 하인이 할 일이라고 여겨지는 많은 일을 자유민으로 성장한 젊은이들도 자랑스럽게 해내는 것이다. 행위가 명예로운 것이냐 불명예스러우냐는 행위 자체보다는 목적과 의도에 달려 있기 때문이다. 그러나 시민과 통치자의 탁월함은 가장 훌륭한 사람의 탁월함과 같아야 하고, 같은 사람이 처음에는 지배받다가 나중에는 지배해야 한다는 것이 우리의 주장이므로, 입법자는 시민들이 어떻게 행위에 의해 훌륭해질 것이며, 최선의 삶의 목적은 무엇인지를 알고 있어야 한다.

영혼은 두 부분으로 구분된다. 한 부분은 스스로 이성을 갖고 있고, 다른 부분은 이성을 갖고 있지는 않지만 이성에 복종할 능력을 갖고 있다. 어떤 사람이 나름대로 훌륭하다는 말을 듣는다면, 그것은 그가 영혼의 이 두 부분의 탁월함을 갖고 있기 때문이다. 영혼을 우리처럼 구분하는 자들에게는 영혼의 두 부분 가운데 어느 쪽에 삶의 목적이 있을 가능성이 많으냐는 질문은 대답하기가 어렵지 않을 것이다. 자연의 세계에서나 기술의 세계에서나 열등한 것은 늘 우월한 것을 위해 존재하기 때문이다. 그리고 이성을 가진 것이 보다 우월한 법이다. 그러나 이것도 우리가 늘 해온 대로 구분한다면 실천적인 측면과 이론적인 측면으로 양분된다. 그렇다면 영혼의 이성을 가진 이 부분도 동일한 방법으로 구분되어야 한다. 그리고 이 부분들의 행위도 똑같이 구분되어야 한다. 이 행위를 모두 또는 그 가운데 두 가지를 할 수 있는 자들은, 영혼의 보다 나은 부분의 행위를 선택해야 하니 말이다. 우리는 누구나 무엇보다도 자기가 달성할 수 있는 최고의 것을 선택한다!

삶 전체도 노동과 여가, 전쟁과 평화로 양분된다. 행위 또한 필요하고 유용한 것과 고상한 것으로 나뉜다. 여기서도 우리는 영혼의 부분과 그 부분의 행위에 적용하는 것과 똑같은 선택의 원칙을 적용해야 한다. 말하자면, 평화를 위해 전쟁을, 여가를 위해 노동을, 고상한 것을 위해 필요한 것이나 유용한 것을 선택해야 한다. 따라서 정치가는 입법을 할 때, 이런 모든 점이 영혼의 부분 및 그 부분의 행위와 조화를 이루도록 고려하되, 열등한 것보다는 우월한 것을, 수단보다는 목적을 중시해야 한다. 또한 그는 생활 방식과 그에 상응하는 행위를 선택할 때도 같은 원칙을 적용해야 한다. 왜냐하면 사람들은 노동하고 전쟁할 줄도 알아야겠지만 더더욱 평화도 유지하고 여가도 즐길 수 있어야 하고, 필요하거나 유용한 것도 할 수 있어야겠지만 더더욱 고상한 것도 할 수 있어야 하기 때문이다. 따라서 어린아이들이나 교육이 필요한 다른 연령층을 교육할 때는 이런 목표들을 추구해야 한다.

유익하지도 옳지도 않은 이론과 법체계는 정치가라면 받아들여서는 안 된다. 개인에게나 공동체에게나 최선의 것은 같으며, 입법자는 그것을 마땅히 인간의 영혼에 각인해야 한다. 군사훈련은 노예가 되어서는 안 될 사람들을 노예로 만들기 위해 실시되어서는 안 된다. 자신이 남의 노예가 되지 않기 위해, 모든 사람들 위에 주인으로 군림하는 것이 아니라 피통치자들에게 이익이 되게끔 주도적인 위치를 확보하기 위해, 본성적으로 노예가 되어 마땅한 자들에게 주인으로 군림하기 위해 실시되어야 한다.

4) 여가 선용을 위한 적절한 교육

행복한 삶을 위해서는 여러 가지 탁월함이 필요하다. 개인을 위해서나 공동체를 위해서나 여가와 평화의 탁월함이 더 중요하지만, 노동과 전쟁의 탁월함도 필요하다. 수단 없이는 목적을 달성할 수 없기 때문이다. 용기와 끈기는 노동에, 철학은 여가에, 절제와 정의감은 노동과 여가 모두에 필요하다. 스파르타인들의 국가처럼 어느 한 가지 탁월함만 단련해서는 안 된다. 이성과 습관 가운데 어느 것을 먼저 계발할 것인가? 인간 본성의 궁극적 목표는 이성이다. 그러나 순서상 몸이 이성보다 먼저이고, 영혼의 경우 이성에 복종하는 부분이 이성을 가진 부분보다 먼저이다. 교육도 이 순서를 따라야 한다.

인간은 공동체의 구성원으로서나 개인으로서나 분명 같은 목표를 추구한다. 따라서 최선의 인간이 추구하는 목표는 최선의 국가가 추구하는 목표와 같을 수밖에 없다. 누차 말했듯이, 전쟁의 목표는 평화이고 노동의 목표는 여가이다. 때문에 개인이나 국가나 여가 선용에 필요한 탁월함을 갖고 있어야 한다. 여가 선용과 마음의 계발에 필요한 탁월함 가운데 어떤 것은 여가를 선용할 때 작동하고, 어떤 것은 노동할 때 작동한다. 여가를 즐길 수 있기 위해서는 여러 가지 필요조건이 충족되어야 한다.

그래서 국가는 절제 있고, 용감하고, 끈기가 있어야 한다. 속담에 따르면, 노예에게는 여가가 없고, 용감하게 위험을 극복하지 못하는 자는 공격자의 노예가 되기 때문이다. 용기와 끈기는 노동에, 철학(philosophia)은 여가에, 절제와 정의감은 노동과 여가 모두에 필요한데, 여가를 즐기며 평화롭게 사는 자들에게는 특히 그러하다.

전쟁은 정의감과 절제를 강요하지만, 번영을 구가하고 평화를 수반한 여가를 즐기게 되면 사람들은 교만해지기 일쑤이다. 따라서 시인들이 말하듯, '축복받은 자들의 섬(makarōn nēsoi)'에 산다는 사람들처럼 만사형통하고, 세상 사람들이 행복이라고 여기는 모든 것을 누리는 자들에게는 정의감과 절제가 특히 많이 필요하다. 그들에게는 무엇보다도 철학과 절제와 정의감이 필요한데, 축복이 넘치는 가운데 여가를 많이 즐길수록 이 세 가지에 대한 필요도 그만큼 커진다. 따라서 국가도 행복하고 훌륭하려면 이런 탁월함을 갖고 있어야 함이 분명하다. 왜냐하면 삶의 선(善)을 제대로 이용할 줄 몰라 노동과 전쟁에서는 유능해 보이지만 평화와 여가를 즐길 때는 노예보다 나을 게 없다는 것은 훨씬 부끄러운 일이기 때문이다.

그렇다면, 어떻게, 어떤 수단에 의해 탁월함이 계발될 수 있을까? 탁월함의 계발에는 본성과 습관과 이성이 필요하다. 한 가지 분명한 것은, 여기서나 다른 곳에서나 모든 생성(genesis)은 출발점에서 시작되고, 특정한 시작을 전제로 하는 목표(telos)는 다시 다른 목표를 위한 출발점이 된다는 점이다. 그런데 인간에게 이성과 지성은 본성이 추구하는 궁극적인 목표다. 따라서 시민들이 태어날 때나 습관을 들일 때는 처음부터 이성과 지성을 목표로 삼아야 한다.

영혼과 몸이 둘이듯, 영혼도 이성을 갖지 못한 부분(alogon)과 이성을 가진 부분(logon echon)으로 나뉜다. 이 둘의 행동 방식(hexis)은 각각 욕구(orexis)와 지성(nous)이다. 그리고 생성의 순서에서 몸이 영혼보다 먼저이듯, 영혼의 경우에도 이성을 갖지 못한 부분이 이성을 가진 부분보다 먼저다. 그 증거로, 어린아이들은 태어날 때부터 분노와 의지와 욕망을 지니지만, 추론(logismos)과 지성은 철이 듦에 따라 자연스럽게 나타난다는 점을 들 수 있다. 이런 이유에서 몸을 돌보는 일이 영혼을 돌보는 일에 선행해야 하고, 그 다음에 욕구를 돌봐야 한다. 그렇다 하더라도 욕구를 돌보는 일은 지성을 돌보는 일을 위한 것이어야 하고, 몸을 돌보는 일은 혼을 돌보는 일을 위한 것이어야 한다.

5) 성인 이전의 교육

유아들은 적절한 영양분을 섭취하고 팔다리를 움직이고 추위에 익숙해져야 한다. 5세[유아기·보육단계]까지는 놀이와 이야기가 중요하다. 외설스러운 말을 듣거나 그런 그림을 보지 못하게 해야 한다. 어릴 때는 깊은 인상이 남기 때문이다. 5~7세[유치원]까지는 자신들이 나중에 하게 될 일을 다른 아이들이 하는 것을 견학해야 한다. 7세 이상은 7~14세[초등학교·청소년 초기]와 14~21세[중등학교·청소년 중기]로 구분되며, 이 구분에 따라 단계별로 적절한 교육이 실시되어야 한다.

아이들이 태어난 다음에는 어떤 음식물을 섭취하느냐에 따라 체력에 큰 차이가 난다. 다른 동물이나 전사다운 체질을 함양하려는 이민족의 예를 보더라도 분명 젖[우유]이 많이 함유된 음식물이 아이들 몸에 가장 좋다. 그 밖에 아이들에게는 허용하는 한 수준에 맞는 운동을 많이 시키는 것이 좋다. 그러나 아이들의 부드러운 팔다리가 비뚤어지지 않도록 주의해야 한다. 오늘날에도 몇몇 부족은 몸을 꼿꼿하게 해주는 도구를 사용하기도 한다. 아이들은 추위에도 되도록 어릴 적부터 익숙해져야 한다. 그렇게 하는 것이 건강에도 좋고, 나중에 군복무를 위해서도 유익하기 때문이다. 그래서 어떤 이민족은 신생아를 차디찬 강물에 담그는 관습이 있고, 또 다른 이민족은 아이들에게 얇은 옷만 입히기도 한다. 아이들에게 습관을 들일 수 있는 일이라면, 아주 어려서부터 조금씩 습관을 들이기 시작하는 편이 더 좋다. 아이들의 몸은 타고난 열 때문에 추위에 아주 쉽게 익숙해질 수 있다.

인생의 첫 단계에는 이런 조치나 이와 비슷한 조치를 취하는 것이 유익하다. 그러나 5살 이후의 단계에서는 아이들의 성장을 저해할 염려가 있으므로, 학습이나 힘든 일을 시키지 말고, 몸이 무기력해지지 않을 만큼 운동을 시켜야 한다. 이런 운동은 놀이나 다른 활동에 의해, 아이들에게 제공되어야 한다. 또한 그런 놀이는 자유민에게 어울리지 않아서도 안 되고, 힘들거나 무절제해서도 안 된다.

어린이 감독관(paidonomos)이라 불리는 담당 공직자들은 이 연령의 아이들이 어떤 말과 이야기를 들어야 하는지에 대해서도 관심을 가져야 한다. 이 모든 것이 미래의 활동을 위해 준비되어야 하기 때문이다. 그들의 놀이도 대부분 미래의 진지한 활동을 흉내내는 것이어야 한다. 아이들이 울고불고할 때 이를 법으로 금지하려는 것은 잘못된 일이다. 그것은 아이들의 성장에 도움이 되고 어떤 의미에서는 운동이기 때문이다. 폐를 긴장시키는 일은, 심호흡이 노동하는 성인에게 힘을 돋우는 것과 같은 효과를 아이들에게 준다.

어린이 감독관들은 아이들이 어떻게 시간을 보내는지 눈여겨보되, 특히 아이들이 노예들과 함께 하는 시간이 가능하면 적도록 유의해야 한다. 이 연령의 아이들은 7세까지는 집에서 교육받을 수밖에 없다. 이 연령층의 경우에도 듣고 보는 것을 통해 자유민답지 못한 습관이 들 수 있기 때문이다. 입법자는 무엇보다도 상스런 말을 국가에서 완전히 추방해야 한다. 상스런 말을 쉽게 하면 금세 상스런 짓을 하기 때문이다. 따라서 아이들은 특히 상스런 말을 듣거나 쓰지 못하게 해야 한다.

자유민이 금지된 말을 하거나 금지된 행동을 하다가 적발될 경우, 아직 공동 식사에 참가할 나이가 되지 않았으면 체벌을 받고 다른 불명예를 당해야 한다. 그보다 나이 든 사람이면 노예 같은 짓을 했으니 자유민에게 어울리지 않는 처벌을 받아야 한다.

부적절한 말을 국가에서 추방했으므로, 부적절한 그림과 공연을 보는 것도 당연히 금해야 한다. 따라서 통치자들은 조각이나 그림이 그런 상스런 행위를 묘사하지 못하도록 유념해야 한다. 그런 행위를 묘사한 물건은 상스런 행위가 법적으로 허용된 몇몇 신들의 축제 때만 허용되어야 한다. 이때는 일정 나이가 된 남자면 자신과 처자를 위해 신에게 경배하는 일이 법적으로 허용된다. 젊은이들은 공동 식사에 참여하여 술을 마실 나이가 될 때까지는 일정한 격식을 사용한 풍자시 낭송대회나 희극 공연에 입장이 허용되어서는 안 된다. 그때쯤이면 교육을 받을 만큼 받아서, 모두들 그런 공연의 나쁜 영향에 면역이 생겼기 때문이다. 다시 말해, 아이들은 열등한 것은 무엇이든, 특히 악의와 적의를 품은 것이면 멀리해야 한다.

아이들은 5세가 지나면 7세가 될 때까지 2년 동안 나중에 배워야 할 과목들을 다른 아이들이 배우는 것을 견학해야 한다. 그러고 나면 교육 기간이 7세부터 사춘기까지와 사춘기에서 21세까지로 나뉘어야 한다. 인생을 7년 주기로 나누는 것은 대체로 옳다. 하지만 자연의 구분을 따라야 할 필요도 있다. 모든 기술과 교육의 목표는 자연의 결함을 보완하는 일이기 때문이다.

따라서 교육에서 신중하게 고려해야 할 일은 '첫째, 아이들과 관련하여 어떤 규정이 있어야 하는가? 둘째, 아이들에게 공교육이 유리한가 아니면 오늘날 대부분의 국가에서 시행되고 있는 사교육이 유리한가? 셋째, 어떤 종류의 교육이어야 하는가?'이다.

7. 학문교육: 유교의 견해들

1) 순자의 권학

순자(荀子)는 성악설(性惡說)로 대변되는 사상가다. 하지만 그의 논의는 단순히 '인간의 본성은 악(惡)!'이라는 부정적 사태에 그치지 않는다. 악한 품성을 억제하거나 선으로 전환하기 위한 실질적 고민과 실천 방안을 내놓았다. 그 결과, 인간 사회를 지탱하는 질서의 바탕인 '예(禮)'와 교육의 의미를 부각했다. 그것을 증명이라도 하듯, 『순자』의 첫 편은 「권학」으로 시작한다. 대강의 내용은 다음과 같다.

교양을 갖춘 지도급 인사는 말한다. '인간에게서 학문은 하지 않을 수 없는 중대한 사안이다!'

푸른 물감은 쪽 풀에서 얻지만, 쪽 풀보다 파랗다. 이른바 '청출어람(靑出於藍)'이다. 얼음은 물로 이루어졌지만, 물보다 차갑다. 나무가 곧아서 그것을 재는 먹줄에 꼭 들어맞는다 하더라도, 그 나무를 굽혀 둥근 수레바퀴를 만들면 곧은 먹줄이 아니라 굽은 자로 재어야 들어맞는다. 그렇게 나무가 바짝 마르게 되면 다시 펴지지 않는데, 그것은 나무를 굽혀 놓았기 때문이다.

나무는 곧은 먹줄을 따라 가공해 놓으면 곧게 된다. 쇠는 숫돌에 갈면 날카롭게 된다. 이처럼 사람은 널리 배우고, 매일 자기에 대해 생각하고 살피면, 인식이 밝아지고 행동에 허물이 없게 된다. '박학(博學) 일참성(日參省)!', '지명(知明) 행무과(行無過)!'

그러므로 높은 산에 올라가 보지 않으면, 하늘이 얼마나 높은지를 알지 못한다. 깊은 계곡 가까이에 가보지 않으면, 땅이 얼마나 두터운지를 알지 못한다. 옛날 훌륭한 사람들이 남긴 말씀을 듣지 않고, 그들이 탐구한 기록을 검토하며 연구하지 않는다면, 인간 사회에서 학문이 얼마나 위대한지 알지 못한다.

변방에 있는 오나라 월나라, 또는 사방에 흩어져 있는 오랑캐의 자식들도 태어났을 때는 같은 소리를 낸다. 하지만 다양한 경험을 하며 성장을 거듭해 나가면 풍습과 습관이 달라진다. 이는 경험에서 배우는 양상과 가르침의 양식이 다르기 때문이다. 즉 '생이동성(生而同聲)'이나 '장이이속(長而異俗)'이다.

그러기에 『시경』에서도 다음과 같이 노래했다. "아아, 그대들 교양인이여!/언제나 편히 쉬려고만 하지 말라/그대들이 맡은 임무를 잘 처리하고/올바른 사람을 좋아하라/곧은 도리를 잘 따르면/그대에게 큰 복이 있으리!"

그렇게 인생의 학문을 이행한 존재는 이 세상에 우뚝 선다. 올바른 길을 따라 공부하는 일보다 크게 여기는 삶의 길은 없다! 화(禍)를 입지 않는 것보다 좋은 복(福)은 없다!

2) 「학기」와 「대학」

『예기』의 「학기(學記)」와 『대학(大學)』은 인생의 필수 사업인 학문을 심도 있게 논의하고 있다. 생애를 가꾸는 데 필요한 지혜와 그것을 펼칠 수 있는 양식을 구체적으로 제시한다. 『설원(說苑)』에는 그 대강을 다음과 같이 수록하고 있다.

> 어린아이 때는 삶에 필요한 지혜를 가르치고, 공부해서 어른이 되었을 때는 도덕성을 갖추어야 한다.[소자유조(小子有造), 성인유덕(成人有德)!] 교육도 하지 않고 인간으로서 덕성도 체득하지 못했는데, 어찌 사람이라 할 수 있겠는가!
>
> 어떤 일이 발생하기 전에 미리 막는 것을 '예(預)'라고 한다. 문제가 발생했을 때 제 때에 마주하는 것을 '시(時)'라고 한다. 서로의 장점을 보고 착한 쪽으로 나아가는 것을 '마(磨)'라고 한다. 배워서 절도에 맞게 베푸는 것을 '순(馴)'이라고 한다.[시금어기미발지왈예(時禁於其未發之曰預). 당기가지왈시(當其可之曰時). 상관이선지왈마(相觀而善之曰磨). 학불능절이시지왈순(學不陵節而施之曰馴)]
>
> 어떤 일이건, 일이 발생한 후에 막으려고 달려들면 서로 싸움이 나서 이겨내지 못한다. 시기가 지난 후에 배우는 것은 고생만 많을 뿐 성공하기 어렵다. 마구 베풀며 겸손하지 않으면 조절이 되지 않는다. 홀로 배워 친구가 없으면 견문이 좁아진다.
>
> 그러기에 옛날부터 서울의 최고 교육 기관에서는 나라를 이끌어갈 훌륭한 지도자를 길러냈다. 지방의 고등교육기관에서는 지역사회를 발전시킬 현명한 인재를

길러내어 각 지역을 두루 다니며 실정을 파악하여 복지를 베풀었다. 그리하여, 상
종집질(相從執質), 유족이문(有族以文)! — 서로를 배려하며 기본을 지키고, 건전한 문
명으로 사회를 지속해 나간다.

인생의 지혜는 나 홀로 짜내는 상상에서 나오지 않는다. '예(預) — 시(時) — 마(磨) —
순(馴)', 즉 '미리 준비하고, 때에 맞게, 갈고 닦아, 적응하고 개척해 나가는' 사회적
관계에서 상식으로 정돈된다. 배려를 통해 서로 따르며 친하게 사귀는 '상종(相從)'과
인간관계의 기초를 탄탄하게 다잡아 나가는 '집질(執質)'을 체현하며 지속 가능한 문
명사회를 꿈꾼다. 그런 일상이 인생을 장식할 때 건강한 삶이 역동적으로 춤춘다.

3) 『고문진보』의 학문 권장

『고문진보』는 한문을 익히는 초학자들에게는 필수교재로 인식되어 왔다. 그만큼
주옥같은 문장들이 실려 있다. 고전의 명칭을 『고문진보(古文眞寶)』라고 한 것은 문
자 그대로 '옛 문장 가운데 참된 보배'라는 의미이다. 다시 말하면, 고풍(古風)의 문
체(文體) 가운데 핵심이 될 만한 것을 편집한 글이다.

중국의 한(漢)나라 이후, 위(魏)·진(晉)·송(宋)·제(齊)·양(梁)·진(陳)·수(隋)나라 등
당(唐)나라 이전까지 800여 년을 거치면서 시문(詩文)의 양식이 많이 바뀌었다. 문장
을 아름답게 꾸미는 데만 치중하여, 글의 내용이 빈약해지고 사상이 퇴폐하게 되었
다. 이른 바 '사륙병려체(四六騈儷體)'라는 네 글자 또는 여섯 글자의 대구(對句)를 써
서 외형을 화려하게 꾸미는 형태로 드러났다. 그것은 형식이 사상[내용]을 구속하는
폐단을 낳았다.

이에 당나라 때 한유(韓愈)·유종원(柳宗元) 등이 고문으로 복귀하려는 운동을 벌이
고, 시경의 문학 정신과 선진 시대의 사상이 담긴 문장을 숭상하게 되었다. 그 과정
에서 고문을 존중의 기운이 싹텄고, 고문 학습을 위한 교재가 만들어졌다. 그것이
『고문진보』라는 고전이 현재까지 전해지게 된 연유이다.

그런 만큼, 『고문진보』(前集-詩篇)의 첫 번째 글은 「진종황제 권학(眞宗皇帝 勸學)」이다. 학문을 권장하기 위한 황제의 호소로부터 시작한다. 두 번째 글은 「백낙천 권학문(白樂天 勸學文)」이고, 세 번째 글은 「주문공 권학문(朱文公 勸學文)」이다. 백낙천의 권학문은 학문(學問)을 농경(農耕)에 비유하여 노래한 명문장이다.

유전불경창름허(有田不耕倉廩虛)　밭이 있어도 갈지 않으면 곳간은 비고
유서불교자손우(有書不敎子孫愚)　책이 있어도 가르치지 않으면 자손은 어리석
　　　　　　　　　　　　　　　으리라
창름허혜세월핍(倉廩虛兮歲月乏)　곳간이 비면 인생살이가 구차하고
자손우혜예의소(子孫愚兮禮義疎)　자손이 어리석으면 예의가 바르지 않으리라
약유불경여불교(若有不耕與不敎)　밭 갈지 않고 글 가르치지 않음은
시내부형지과여(是乃父兄之過歟)　부모와 형의 잘못이리라.

농사를 제대로 짓지 않으면 수확량이 없는 만큼 창고가 비듯이, 학문에 임하지 않으면 자손이 어리석게 마련이다. 집안의 창고가 비면 생활이 곤란하듯이, 자손이 어리석으면 세상을 살아가기 위한 사회의 윤리를 알지 못한다. 인생을 살아가는 교양을 일러주지 않는 것은 부모나 형·언니·누나의 잘못이다.

8. 격몽교육: 율곡 이이의 『격몽요결』

일반적으로 『격몽요결』은 율곡이 동몽(童蒙) 교육을 위해 지은 책으로 인식하기 쉽다. 그러나 『격몽요결』의 서문을 자세히 검토해 보면, 그것은 초학자(初學者)의 교육이나 타자에 대한 계몽과 교화의 차원을 넘어서 있다. 율곡은 『격몽요결』의 저술 경위를 통해, 몇 가지 차원의 저술 배경을 드러낸다.

> "한두 학도가 서로 좇아와 배움에 대해 물었으나, 내가 스승이 될 수 없는 것이 부끄러웠다. 문제는 그들과 같은 초학자가 무엇을 어떻게 배워야 하는지 그 방향을 모르고, 또 배움에 대한 견고한 뜻도 없이 붕뜬 마음으로 배우기만 바라는 것이 걱정되었다. 그러다가는 서로 간에 도움이 없을 뿐만 아니라 도리어 남의 비방을 살 수도 있었다. 이런 것이 염려되어 마음을 정해 세우고, 몸가짐을 단속하며, 부모를 모시고 사람이나 물건을 맞이하는 방법 등을 담아 대략적으로 서술하고 『격몽요결』이라는 이름을 붙였다. 학도가 이것을 보고 마음을 깨끗이 하고 기초를 세워 즉시 공부하도록 하고, 나 또한 오래도록 구태에 얽매였던 것을 근심해 왔는데, 이를 계기로 스스로 경계하고 반성하려고 한다."

율곡이 『격몽요결』을 지은 의도는 상당히 중층적이다. 초학자를 위한 배려와 자기에 대한 배려, 이 두 가지가 동시에 저술의 동기로 작용하고 있다. 그것은 『격몽요결』이 초학자를 위한 학문이론서이면서도 자기성찰을 위한 수양서의 성격을 지닌다는 의미이다.

초학자들은 당시 주류 학문인 성리학(주자학)에 입문하는 학도를 의미한다. 그렇다고 이들이 글공부를 처음 시작하는, 이제 겨우 문자를 깨우친 정도의 어린 학동은 아니다. 성리학을 중심으로 학문을 본격적으로 시작하려는 성동(成童), 현대적 의미로 말하면 고등 학문에 진입하기 위해 고심하는 청소년 수준의 학생으로 이해할 수 있다. 『격몽요결』은 기본적으로 율곡을 찾아온 초학자를 위한 학문이론서에 무게

중심이 있다. 그러면서도 관직을 사퇴한 율곡의 입장에서 볼 때, 순환 반복되는 관료의 일상과 자신의 존재를 잊고 살아온 구태의연한 모습을 학문적으로 반추하려는 율곡의 자기성찰이 담겨 있다. 즉 율곡은 『격몽요결』을 저술하면서 유학의 학문단계와 과정을 체계화하기 위한 노력은 물론 자신을 새롭게 일깨우고 성찰하려는 수양의 계기로 삼았던 것이다. 이런 점에서 율곡이 『격몽요결』을 지은 동기와 목적이 의미심장하다.

『격몽요결』은 서문을 비롯하여 본문에서 모두 10개의 항목을 다루고 있다. 서문에서는 학문의 의의와 중요성을 다루었고, 본문에서는 학문의 단계와 내용을 10개로 구조화하여 설명하고 있다.

율곡은 서문에서 학문의 의의와 중요성을 간단명료하게 제시한다. 그것은 첫째, 사람이 세상에 태어나 학문[교육]을 하지 않으면 바른 사람이 될 수 없다는 선언이고, 둘째, 학문은 일상생활에서 일삼음의 마땅함을 확보하는 작업이며, 셋째, 학문의 길은 책을 읽고 이치를 연구하며 자신의 본분에 맞는 일을 실천하는 것이라고 정돈했다. 그것은 한 마디로 말하면, 일상생활의 올바른 운용과 실천에 다름 아니다. 이어 본문에서는 교육의 내용을 10개의 영역으로 나누어 설명하고 있다.

첫째, 입지(立志)이다. 입지는 뜻을 세우는 일이다. 뜻을 세우는 일은 학문의 관건이다. 학문을 본격적으로 시작하려는 초학자에게, 미래에 어떤 사람이 될 것인지, 뜻을 세우는 일은 매우 중요하다. 그런데 교육의 전제 조건인 되는 인간의 본성 파악에서 율곡은 의미심장한 견해를 제시한다. 사람의 본성은 일반인이나 성인(聖人)이나 모두 동일하다는 선언이다. 그것은 본성의 차원에서 볼 때, 인간은 평등하다는 교육가능성을 적극적으로 옹호한 발언이다. 대신, 율곡은 인간은 제각기 기질(氣質)의 차이가 있음을 강조한다. 따라서 기질을 바로 잡으면 누구나 요임금이나 순임금과 같은 훌륭한 사람, 이른 바 성인(聖人)이 될 수 있다는 것이다. 엄밀히 말하면, 이런 인식은 율곡의 고유한 학설이라기보다는 성리학자들이 인간을 바라보는 기본 입장으로 볼 수 있다.

교육은 인간의 변화가능성을 전제로 한다. 율곡은 '격몽'의 첫 단추를 기질의 변화라는 '교기질(矯氣質)'에서 찾았다. 인간은 천리(天理)를 본성으로 하는 존재이다. 그렇다고 하늘로부터 주어진 덕성인 명덕(明德), 그 성선(性善)이 가만히 있어도 저절로 드러나는 것은 결코 아니다. 유위적인 기(氣)를 분석하고 살펴서 기(氣)의 본연을 회복할 수 있도록 노력하는 과정을 거쳐야 한다. 이런 점에서 율곡은 '격몽'의 초기 단계인 입지에서, 사람마다 기질이 다르다는 점을 중시하고, 그것의 변화가능성을 타진했다.

율곡은 『성학집요』에서 기질의 차이에 따라 교정하는 학문 방법을 제시하기도 하였다. 그 방법은 자기를 이기는 일인 극기(克己)와 애쓰고 노력하는 면강(勉強)이고, 그 목적은 굳세고 부드러운 인간의 기품인 강유(剛柔)를 통해, 악(惡)을 선(善)으로 이끌어 내는 데 있었다. 이는 율곡이 주돈이의 견해를 취하여 인간의 성격을 기(氣)가 센 사람과 기가 부드러운 사람의 두 부류로 나누고, 장·단점을 분석하여 단점을 고쳐 나가려는 교육양식이다. 이러한 율곡의 교기질(矯氣質)론은 결국 어리석음을 명석함으로, 악함을 착하게 만들 수 있다는 믿음에 기초하여, 인간을 변화하려는 인간 개조론이다. 때문에 학문을 본격적으로 시작하는 사람은 성인이 되기 위한 뜻을 세운 후, 그것을 지켜나가기 위한 강한 의지를 갖고 학문에 온 힘을 쏟아야 한다는 것이 율곡의 논리이다.

이어서 등장하는 혁구습(革舊習)에서 처세(處世)에 이르기까지는 입지를 실천하는 구체적인 교육방법이다. 그것은 유가의 수기치인(修己治人)의 관점에서 보면, 일종의 교육단계일 수도 있고, 교육의 차원을 개인에서 보다 큰 규모의 공동체로 나아가며 확장하는 구조로 인식된다.

두 번째 등장하는 혁구습(革舊習)은 학문의 기본자세인 동시에 교육의 태도를 가늠할 수 있는 열쇠이다. 그러기에 그것은 실제로 교육을 추동하는 일종의 전제 원리이다. 왜냐하면 학문에 뜻을 두고 입지를 했음에도 불구하고 진보가 없는 것은 구습에 얽매여 헤어나지 못하기 때문이다. 따라서 구습은 교육의 실천 과정에서 우선적으로 척결해야 할 대상이다. 율곡은 사람다운 사람인 성인으로 나아가는 공부의 과정에서 가장 큰 방해물은 삶을 왜곡시키는 낡은 습관들이라고 했다. 때문에 마음을 어지럽히고 일상의 건전한 삶을 해치는 나쁜 습관들은 단호하게 떨쳐버려야 한다. 마음을 깨끗이 한 후에 학문의 길로 접어들어야 일상을 순탄하게 만드는 동시에 성숙한 삶을 승화할 수 있다. 이때 삶을 왜곡시키는 낡은 습관은 여덟 가지로 제시되고, 욕망을 절제하지 못하는 데서 생기는 다양한 습속과 유학이 추구하는 것과 어긋나는 공부 방법 등이 여기에 포함된다.

셋째, 지신(持身)이다. 지신은 몸가짐이다. 뜻을 세우고 낡은 습관을 버린 다음, 자신을 가다듬는 실제적 작업이다. 이때 몸가짐은 예의에 맞게 지속해야 한다. 학문하는 사람은 정성스럽게 일상의 길을 행해야 하고 세속의 자질구레한 일로 자신을 어지럽혀서는 안 된다. 몸가짐을 실천하는 방법은 유학의 전통에서 아홉 가지 용모를 다스리는 법인 '구용(九容)'으로 정돈되고, 학문하는 방식은 아홉 가지 생각인 '구사(九思)'를 교훈으로 삼는다. 나아가 예의가 아닌 네 가지의 비례(非禮)를 배척하고, 음식과 의복, 거처 등과 같은 삶의 일상성에 주의할 것을 당부한다. 이는 일상생활에서 자신의 마음이 천리에 합치하도록, 자신의 개인적 욕망을 극복하기 위한 극기(克己) 공부의 강조이다. 그것은 외부로 드러나는 지식습득보다는 실제로 모든 사람의 현장에서 자신의 몸을 삼가는 작업이다.

넷째, 독서(讀書)이다. 독서는 학문에서 간접 경험을 부여하기 위한 주요한 장치이다. 학문할 자세가 갖추어진 후에는 이치를 궁리하여 나아갈 길을 밝혀야 한다. 그것을 위한 훌륭한 수단이 다름 아닌 독서이다. 왜냐하면 성현들의 가르침이 다양한 경전에 담겨있기 때문이다. 따라서 예로부터 학문의 방법으로 가장 많이 쓰이는 방법이 독서이다. 율곡은 독서의 단계를 『소학』에서 시작하라고 일러준다. 그 다음이 『대학』과 『대학혹문』, 『논어』, 『맹자』, 『중용』 등의 사서(四書)이고, 그 이후에 『시경』을 비롯하여 오경(五經)을 차례대로 읽어 나간다. 『소학』과 사서오경이 끝난 후, 성리학으로 자신을 갈고 닦았던 송대 학자들의 고민을 읽어낸다. 『근사록』을 비롯하여 『주자어류』, 송대 여러 학자들의 저술에 이르기까지 깊고 넓은 독서가 권장된다. 그것은 주자가 제기한 독서의 양식과 동일한 구조이다. 하지만, 주자 당시에는 유행하지 않았으나, 주자의 주도하에 편집된 『소학』을 맨 앞에 두었다는 점이 특이하다. 이는 주자학을 강화하는 성격을 지닌다. 나아가 율곡은 독서의 방법적 원리를 일러 주는데, 글의 뜻과 이치를 정밀하게 깨닫고 마음에 젖어드는 글 읽기를 강조했다.

다섯째는 사친(事親)이다. 사친은 부모 섬기기이다. 그것은 유학의 핵심 이론인 효(孝)의 중요성을 일깨우는 작업이다. 유교는 부모의 은혜를 깊이 깨닫고 부모의 뜻을 따르며 효도를 다하는 것을 사람의 도리 중 으뜸으로 가정한다. 부모 섬기기에서 첫 번째로 중요한 것은 부모의 뜻을 잘 따르는 일이다. 그리고 생활에 불편함이 없도록 정성껏 봉양하는 일이다. 그것은 일상생활에서 한시라도 부모님을 잊지 않은 효의 실천으로 나타나야 하고, 몸가짐을 삼가고 언행을 법도에 맞게 하는 것으로 부모를 드러낼 수 있어야 한다.

여섯째와 일곱째는 상제(喪制)와 제례(祭禮)이다. 이는 부모를 비롯하여 선조들에 대한, 사후에 진행되는 효도 행위이다. 율곡은 주자의 후학답게, 상·제례에 해당하는 모든 예를 한결같이 『주자가례(朱子家禮)』에 따를 것을 권고한다. 그러고도 의심이 나거나 잘 모를 때는 예를 아는 선생이나 어른에게 물어서 행하도록 인도한다. 그 궁극의 목적은 슬픔과 공경, 정성을 다하여 부모와 선조를 모시는 것이다.

여덟째는 거가(居家)이다. 거가는 집안에 거처할 때의 행동양식을 말한다. 거가의 방법 또한 유교의 예법에 따른다. 한 집안에서 처자와 식구들을 거느리는 작업은 간단하지 않다. 여기에서 집안은 현대적 의미의 가정과는 상당히 다르다. 그것은 형제자매, 자식, 생질, 숙부모, 일꾼 등을 포함하는 대가족 내지 대친족이다. 따라서 집안에서의 살림은 절약을 해야 하고 사치스럽고 호화로운 생활은 금해야 한다. 뿐만 아니라 형제 사이에는 우애 있게 지내야 하고 부부 사이에는 예의와 공경을 잃지 않아야 한다. 나아가 집안의 어른은 자녀 교육에도 힘을 쏟아야 하고, 하인이나 일꾼들은 그 직분에 적절하게 대우하고 다스려야 한다.

아홉째는 접인(接人)이다. 접인은 말 그대로 사람과 사귀고 교제하는 일이다. 만남 가운데 이루어지는 관계이다. 율곡은 강조한다. 사람을 대할 때는 온화하고 공경해야 하며 스스로를 높이거나 남을 업신여겨서는 안 된다라고. 사람을 사귈 때는 착한 사람을 선택하여 교제하면서 상호 영향력을 미치고, 내가 남에게 비방을 받는 경우가 생기면 스스로를 성찰해야 한다. 윗사람인 스승과 어른을 모실 때는 공손하게 삼가야 하고, 동료나 아랫사람인 친구, 지역인사, 어린 아이를 대할 때는 온순하고 공손하며 자애로워야 한다.

그리고 율곡은 마지막 열 번째에 처세(處世)를 배치했다. 처세는 세상에 거처하는 방식, 즉 나의 삶을 펼칠 공동체 사회에서 어떻게 살아갈 것인지에 대한 고려이다. 율곡은 세상에 나아가는 떳떳한 통로로 과거를 들었다. 율곡의 인식은 간단하다. 과거(科擧)를 통하지 않고서 세상에 나가 뜻을 펼 수 있는 어떤 지위에도 나아갈 수 없다! 따라서 과거 공부에 힘써야 한다는 것이다. 그 시험에 통과해야 공식적으로 백성을 다스리는 관료가 되어 뜻을 펼 수 있다. 그것은 당시 제도권에 충실한 일종의 시대정신일 수도 있다. 그러면서도 율곡은 과거 공부와 리학(理學; 성리학 이론) 공부를 병행할 수 있다는 입장을 견지한다. 그리고 과거를 통해 관직에 올랐다면 마땅히 자신의 직책을 성실히 이행해야 한다. 하지만 자신의 직책을 성실히 수행하기 힘든 상황이 오면 그 자리에서 물러나야 한다. 설사 가난을 면하기 위해, 녹봉을 받기 위해 과거를 통해 관직에 나왔다고 하더라도, 청렴하고 부지런히 공무를 수행하여 직무에 충실해야 한다.

입지에서 처세에 이르는 과정은 일종의 학문 단계로 볼 수도 있고, 교육과정으로 이해할 수도 있다. 그 시작과 종결은 개인이 어떤 뜻을 세우느냐에서 출발하여 세상에서 삶을 누리는 처세에서 마무리가 된다. 입지는 학문에서 가장 중요한 관문 역할을 한다. 본격적으로 유학을 시작하는 사람은 반드시 '성인(聖人)'이라는 최고의 경지를 추구하는 뜻을 세우고 다양한 차원의 유학 공부를 통해 일상의 합리적 운용을 도모하는 수준에 이르러 학문의 완성을 엿볼 수 있다.

이러한 격몽의 요체는 '수신(修身)'과 '제가(齊家)', 그리고 '접인(接人)·처세(處世)'의 세 영역으로 분류되기도 한다. 수신의 영역은 개인이 공부하는 학습내용으로 입지, 혁구습, 지신, 독서가 이에 해당하고, 제가의 영역은 가정생활에 관한 내용으로 사친, 상제, 제례, 거가가 해당하며, 접인·처세 영역은 사회생활에 관한 내용으로 접인과 처세가 이에 해당한다. 또는 수기, 인륜, 처사의 세 부분으로 구분되기도 한다. 이때 수기는 입지, 혁구습, 지신, 독서장의 항목이고, 인륜은 사친, 상제, 제례를 배치하였으며, 처사는 거가, 접인, 처세장이 해당한다. 이는 개인에서 가족, 사회로 나아가는, 학문의 범주와 내용의 확산을 보여준다. 이는 유학의 학문론을 체계화하고 있는 『대학』의 8조목, 이른 바 격물치지(格物致知)에서 수신제가치국평천하(修身齊家治國平天下)에 이르는 학문의 단계와 유사한 논리적 맥락을 갖추고 있다.

9. 자연교육: 루소의 『에밀』

■ 모든 것은 창조자의 수중에서 나올 때는 선한데, 인간의 손에서 모두 타락한다. 인간은 어떤 땅에서 나는 산물을 다른 땅에게 기르도록 강요한다. 어떤 나무의 과일을 다른 나무에게 맺으라고 강요한다. 인간은 기후와 자연 조건과 계절에 혼란을 주며, 개와 말과 노예를 불구로 만든다. 인간은 모든 것을 뒤죽박죽으로 만들고 보기 흉하게 만든다. 그만큼 기형과 괴물을 좋아한다. 그들은 무엇 하나 자연이 만든 상태 그대로 남겨 놓는 것을 좋아하지 않는다. 심지어는 다른 인간에 대해서까지 조련된 말처럼 자신들을 위해 인간을 훈련시켜야 한다. 그들 정원의 나무들처럼 그들의 기호에 따라 인간을 만들어야 한다.

하지만 그런 식으로라도 하지 않으면 모든 것은 훨씬 더 악화될 것이다. 우리 인간은 어중간한 상태로 만들어지는 것을 바라지 않기 때문이다. 그러한 형편이기에 태어나자마자 홀로 타인들 틈에 내팽개쳐진 인간은 세상에서 가장 보기 흉한 모습이 될 것이다. 편견과 권위와 필요와 본보기들, 그리고 우리를 옭아매고 있는 모든 사회 제도는 그에게서 본성을 질식시켜, 그 자리에 아무것도 채워주지 않을 것이다. 본성은 우연히 길 한가운데 태어나서 행인들에 의해 마구잡이로 밟혀 으깨짐으로써 죽게 되는 한 그루 관목과 같으리라.

■ 내가 말하는 대상은 당신, 즉 갓 태어난 그 관목을 큰 길에서 비켜나게 하여, 세상 사람들의 인습의 충격으로부터 보호해줄 줄 아는, 애정 깊고 용의주도한 어머니, 바로 당신이다. 어린 식물을, 죽기 전에 물을 주고 돌보아라! 그 열매는 언젠가는 당신에게 큰 기쁨을 가져다주리라. 당신 아이의 영혼에 일찍이 울타리를 둘러라! 그 울타리는 다른 사람도 계획할 수 있지만, 울타리를 직접 쳐주어야 할 사람은 오로지 당신밖에 없다.

■ 식물은 재배를 통해 가꾸어지며, 인간은 교육을 통해 만들어진다. 인간이 설령 키가 크고 강하게 태어난다 할지라도 그가 그것을 이용할 줄 알 때까지는 그것은 그에게 아무 쓸모가 없을 것이다. 그 큰 키와 센 힘 때문에 누가 그를 돌볼 생각을 하지 않기에, 오히려 그에게 그것들은 장애물이 된다. 그리하여 홀로 버려진 그는 자기에게 무엇이 필요한지 알기도 전에 굶어 죽고 말 것이다. 사람들은 어린이의 무력한 상태를 한탄한다! 그것은 인간이 어린이로부터 시작하지 않았다면, 인류가 이미 멸망했을 것이라는 사실을 알지 못하기 때문이다.

■ 우리는 약하게 태어난다. 그러므로 우리에게는 힘이 필요하다. 우리는 모든 것이 결핍된 상태로 태어나므로 도움이 필요하다. 우둔한 상태로 태어나므로 판단력이 필요하다. 어른이 되면 필요하겠지만, 태어나면서 가지지 못한 모든 것은 교육을 통해 우리에게 주어진다.

■ 그 교육은 자연이나 사물, 또는 인간의 소산이다. 우리의 능력과 기관들의 내적인 성장은 '자연의 교육'이다. 반면, 그 성장을 이용하도록 우리에게 가르치는 것은 '인간의 교육'이다. 그리고 우리와 접촉하는 대상들에 대한 경험 획득은 '사물의 교육'이다.

그러므로 우리 모두는 세 종류의 선생을 통해 교육받는다. 그 세 선생의 가르침이 서로 대립되는 교육을 받은 학생은, 제대로 된 교육을 받지 못하여, 결코 조화로운 사람이 되지 못할 것이다. 그 세 선생의 가르침이 일치하고 같은 목표로 향할 때만, 학생은 자기의 목적지를 향해 나아가며 시종 일관되게 산다. 그 사람만이 올바른 교육을 받은 사람이다.

그런데 그 상이한 세 교육 가운데, 자연의 교육은 우리가 어떻게 할 수 있는 문제가 전혀 아니다. 사물의 교육은 몇 가지 점에서만 우리가 어떻게 할 수 있다. 인간의 교육만이 진정으로 우리가 마음대로 할 수 있는 교육이다. 그것마저도 가정(假定)상으로만 그럴 뿐이다. 도대체 한 어린이 주위의 모든 사람의 언행을 누가 완전히 선도할 수 있다고 기대하는가?

그러므로 교육은 하나의 기술이 되자마자, 거의 성공할 수가 없다. 왜냐하면 그것의 성공에 필요한 그 세 가지 교육의 일치를 누구에게서나 기대할 수 없기 때문이다. 모든 정성을 기울여 할 수 있는 것이라고는, 목표에 어느 정도 가까이 가는 것일 뿐, 그 목표에 이르기 위해서는 행운이 따라야 하리라.

그러면 그 목표란 무엇인가? 앞에서 말했듯이 그것은 자연의 목표 그 자체이다. 그 세 교육의 일치는 각자의 교육의 완성에 필요하기 때문에, 다른 두 교육을 통솔해야 하는 것은 우리가 어찌할 도리가 없는 바로 그 자연의 교육 쪽이다. 그런데 그 자연이란 말은 너무 막연한 의미를 지닌다. 여기서 그 의미를 정확히 해두어야 한다.

자연은 '습관'일 뿐이라고 사람들은 말한다. 그 말은 무슨 뜻인가? 강제로 형성되는 습관은 없는가? 자연을 질식시키지 않는 습관은 없는가? 예를 들면, 수직 방향의 성장을 방해받는 식물의 습성이 바로 그런 것이다. 그 식물은 그런 방해로부터 해방되더라도, 사람들이 강요한 그 구부림이 남는다. 하지만 수액은 그 본래의 성장 방향을 전혀 바꾼 적이 없기 때문에, 식물이 성장을 계속하는 한 그것은 다시 수직으로 커간다.

인간의 성향도 그와 마찬가지이다. 동일한 상태에 머물러 있는 한 인간은 습관에서 유래한 성향들, 심지어는 가장 부자연스러운 성향들까지도 보존한다. 하지만 그 상태가 변하자마자 곧 습관은 사라지고 자연이 되살아난다. 교육은 분명 하나의 습관일 뿐이다. 그런데 자신이 받은 교육을 잊어버리거나 잃어버리는 사람들은 없는가? 그 교육을 계속 보존하고 있는 사람들은 없는가? 그러면 그러한 차이는 어디에서 오는가? 자연이라는 말을 자연에 일치된 습관들에 국한시킨다면, 우리는 그 모호한 말의 피해를 양쪽에 입히지 않을 수 있다.

우리는 감각적인 존재로 태어난다. 우리는 태어날 때부터 주위의 사물들로부터 다양한 방식으로 영향을 받는다. 이를테면 우리가 우리의 감각을 의식하자마자, 처음에는 그것이 우리에게 유쾌감을 주느냐 아니면 불쾌감을 주느냐에 따라, 그 다음에는 우리가 느끼게 되는 우리와 사물들 사이의 조화 또는 부조화에 따라, 끝으로 이성이 우리에게 주는 행복이나 선에 대한 관념에 기초하여 우리가 내리는 판단에 따라 그 감각을 만들어내는 사물을 추구하거나 피할 마음을 품는다. 그러한 성향은 보다 예민하게 느낄 수 있게 되고 지식이 늘어감에 따라 확대되고 견고해진다.

하지만 습관에 의해 방해받는 그 성향은 우리의 편견들에 의해 많게 또는 적게 변질된다. 그러한 변질 이전의 성향을 나는 우리 안에 있는 '자연'이라고 부른다. 그러므로 모든 것을 이 최초의 성향에 일치시켜야만 한다. 그런데 그것은 우리의 세 가지 교육이 다르기만 하면 가능한 일이다. 하지만 그 세 가지 교육이 서로 대립되어, 어떤 사람에게 그 자신을 위한 교육이 아닌 타인을 위한 교육을 시키고자 할 때는 어떻게 될까? 그때에는 그 최초의 성향과의 일치는 불가능하다. 자연과 싸우든지 아니면 사회제도와 싸우도록 강요받기 때문에, 한 인간을 만드느냐 아니면 한 시민을 만드느냐 가운데 하나를 택해야 한다. 왜냐하면 그 둘을 동시에 만들 수는 없기 때문이다.

■ **5세~12세**: 여기부터는 인생의 두 번째 시기로, 유년기가 끝난 시기이다. 아이는 말을 하기 시작하면 덜 운다. 그와 같은 발전은 당연한 일이다. 한 언어가 다른 언어로 대체되었기 때문이다. 고통스럽다고 말로 할 수 있게 되었는데, 고통이 너무 커서 말로 표현할 수 없을 정도가 아니라면, 울음으로 고통을 호소할 이유가 무엇인가? 그러므로 아이가 계속해서 운다면, 그것은 주위에 있는 사람들의 잘못이다. 에밀이 "아파요!"라는 말을 일단 할 수 있게 되면, 그때부터 그는 이제 훨씬 더 심한 고통이 있어야만 울 것이다.

아이가 까다롭고 민감해서 천성적으로 별 이유도 없이 잘 운다면, 나는 그의 울음이 무용하고 효과가 없도록 만들어, 곧 눈물의 근원을 차단할 것이다. 아이가 우는 한, 나는 절대로 그에게 다가가지 않을 것이다. 조용해지면 곧 그에게 달려가리라. 마침내 그가 나를 부르는 방식은 울음을 그치든지, 아니면 기껏해야 한 번 정도 고함을 지르는 일이 될 것이다. 아이가 그의 몸짓이나 표정의 의미를 판단하는 것은, 그것들이 가져오는 뚜렷한 효력에 의해서이다. 그것들에는 그 외의 다른 의미가 없다. 어떤 한 아이가 설령 아무리 아프더라도, 혼자 있어서 자신의 말이 누구에게 들리리라는 희망이 없는 한, 거의 울지 않는다.

넘어지거나 부딪쳐 머리에 혹이 생기거나 코피가 나거나 아니면 손가락을 벨 때, 나는 놀라면서 그의 곁으로 서둘러 달려가는 대신, 적어도 잠시 동안은 가만히 있을 것이다. 아픔은 이미 주어졌으니, 그는 참을 필요가 있다. 내가 서둘러 다가가면 오히려 그를 더 두렵게 할 뿐이며, 아픔을 더 심하게 느끼게 할 뿐이다. 요컨대, 아이가 다쳤을 때 상처 그 자체보다 공포가 아이를 더 아프게 만든다.

나는 적어도 그에게, 이 두 번째 아픔은 없게 해줄 것이다. 확실히 그는 자신의 아픔에 대해, 내가 어떻게 생각하는가를 살피면서 판단할 것이기 때문이다. 내가 안절부절못하며 달려가 자기를 안아주고 불쌍히 여기는 것을 보면, 그는 자기가 많이 다쳤다고 판단할 것이다. 그런데 내가 냉정함을 잃지 않으면, 그도 곧 냉정함을 되찾을 것이고, 아픔이 더 이상 느껴지지 않을 때는 '이제 치유되었구나!' 하고 생각할 것이다. 아이가 처음으로 용기에 대해 배우며, 가벼운 고통을 겁내지 않고 참음으로써 단계적으로 더 큰 고통을 참아내는 법을 배우는 것은 바로 그 시기이다.

에밀이 다치지 않도록 주의를 기울이기는커녕, 오히려 나는 그가 단 한 번도 다치지 않아서 아픔을 모르고 자란다면 매우 유감스러울 것이다. 고통스러워하는 것, 그것은 그가 가장 먼저 배워야 할 것이며 가장 알아야 할 필요가 있는 것이다. 아이는 그런 위험을 당해보지도 않고 그 중요한 교훈을 얻기 때문에 연약하고 나약한 것이다. 아이는 높은 곳에서 떨어져도 다리가 부러지지 않을 것이다. 막대기로 맞아도 팔이 부러지지 않을 것이다. 날카로운 칼을 잡아도 꽉 쥐지 않을 것이기에 아주 깊숙이 베이지는 않을 것이다. 부주의하게 높은 곳에 아이를 올려놓거나 불 옆에 혼자 내버려두거나 아니면 손이 닿는 곳에 위험한 연장들을 놓아두지 않는 한, 나는 자유롭게 자라는 아이가 목숨을 잃거나 불구자가 되거나 크게 다친 것을 본 적이 없다. 커서도 용기도 경험도 없기에 고통의 손아귀에 마음대로 놀아나며, 어떤 것에 처음으로 찔리자 처음으로 흘리는 핏방울을 보고는 죽는 게 아닐까 생각하며 졸도해버릴 정도로 아이 주위에 고통으로부터 보호하기 위해 철저하게 대비시키려고 모든 것을 모아놓은 그런 물건들에 대해 뭐라고 말을 해야 할까?

우리의 현학적인 교육 편집증은 항상 아이가 스스로 훨씬 더 잘 배울 수 있는 것은 가르치면서도 우리만이 가르칠 수 있는 것은 등한히 한다. 마치 유모의 게으름으로 어른이 되어서도 걸을 줄 모르는 아이를 보기나 한 듯, 그에게 걷는 것을 가르치면서 수고하는 것보다 더 어리석은 일은 없을 것이다. 그 반대로, 걷는 것을 잘못 가르쳐서 일생 동안 바르게 걷지 못하는 아이가 얼마나 많은가?

에밀은 충격막이 모자도, 보행 보조기도, 걷기 시작하는 아동용 걸음마 끈도 갖지 않을 것이다. 그렇지만 그가 한 발짝씩 걸음을 떼기 시작하면 포석이 깔린 길 위에서만 그를 부축해주며, 빨리 걷도록 할 것이다. 공기가 탁한 방 안에 있게 하지 말고 날마다 밀밭 사이로 그를 데리고 나가라. 그곳에서 달리기도 하고 깡충깡충 뛰어놀기도 하면서 하루에 수십 번을 넘어져도 좋다. 오히려 더 나은 일이다. 그는 일어나는 법을 더 일찍 배울 테니 말이다. 자유가 주는 즐거움은 많은 상처를 가져온다. 내 학생은 자주 타박상을 입게 될 것이다. 반면, 그는 언제나 즐거울 것이다. 당신의 학생이 타박상을 덜 입을지는 모르지만, 그 대신 그는 항상 저지 받고 속박 받으며 즐겁지 못한 상태에서 우울하게 지낼 것임에 틀림없다. 나는 그런 아이에게 무슨 이득이 있을지 의심스럽다.

또 하나의 진보는 아이에게 불평을 덜 필요하게 만든다. 그의 힘의 증가가 그것이다. 자신의 힘으로 더 많은 것을 할 수 있으므로 그는 타인에게 도움을 청할 필요가 적어진다. 그 힘과 더불어 그것을 잘 사용하고 통제할 수 있게 하는 지식도 증대한다. 명실상부하게 한 개인의 인생이 시작되는 것은 바로 그 두 번째 시기이다. 그가 자신을 의식하는 것은 바로 그때이기 때문이다. 기억은 그의 매순간의 삶이 자신의 것임에 틀림없다는 감정을 갖게 만든다. 그는 진정으로 한 개체가 되어 자신을 의식하게 됨으로써 행복이나 불행을 느낄 수 있게 된다. 그러므로 이제 그를 한 도덕적 존재로 생각하기 시작해야 한다.

사람들은 대개 수명을 가장 길게 생각하면서 각 연령으로부터 그 수명의 한계까지 도달할 확률이 어느 정도인가를 말하기도 하지만, 무엇보다 각 개인의 수명보다 더 불확실한 것은 없다. 아주 소수의 사람만이 그 수명의 한계까지 산다. 생명의 가장 큰 위험은 인생 초기에 도사리고 있다. 나이가 어릴수록 살아남을 희망도 적다. 태어난 아이들 가운데 기껏해야 절반 정도가 청년기에 이른다. 당신의 학생이 성인이 되지 못할 수도 있다.

그러므로 불확실한 미래를 위해 현재를 희생시키면서 아이에게 온갖 종류의 사슬을 채워, 그가 맛보지도 못할 이른바 그 행복이라는 것을 미래에 안겨준다는 미명 아래, 아이를 불행하게 만드는 그런 야만적 교육을 도대체 어떻게 생각해야 하는가? 설령 그 교육이 목적에서는 온당하다고 생각할지라도, 견딜 수 없는 속박에 복종하며 그 각별한 보살핌이 자신에게 꼭 유익할 것이라는 보장도 없이, 마치 죄수처럼 끊임없는 노역에 처해진 불쌍한 아이를 바라보며, 어찌 분노가 치밀지 않겠는가?

즐거워야 할 시절은 눈물과 체벌과 위협과 속박 속에서 지나간다. 사람들은 그의 행복을 위한다며 그 불행한 아이를 괴롭힌다. 그들은 그 우울한 교육을 통해 자초하고 있는 아이의 죽음을 보지 못한다. 얼마나 많은 아이가 아버지나 가정교사의 엉뚱한 지혜의 희생양으로 사라져가고 있는가? 그런 아버지나 가정교사의 잔혹함을 피했으니 다행스러운 일이다. 아이들이 참으면서 받은 고통으로부터 얻은 유일한 이득은, 인생에 미련을 두지 않고 죽는 일이다. 그들에게 인생은 고통일 뿐이기 때문이다.

사람들이여! 인간답게 행동하라! 그것이 당신들의 첫째 의무이다. 모든 신분과 세대, 그리고 인간에게 낯설지 않은 모든 사물에 대해 인간적이 되어라! 당신들에게 인간애(人間愛) 외에 어떤 지혜가 더 있는가? 아이를 사랑하라! 그의 놀이와 즐거움과 사랑스러운 천성을 독려하라! 웃음이 항상 입가를 떠나지 않으며, 영혼이 언제나 평화로웠던 그 시기를 그리워하지 않는 사람이 누가 있는가? 왜 당신은 그 천진한 아이에게서, 쏜살같이 지나가는 그렇게도 짧은 순간의 환희와 그들이 남용할 줄 모르는 그렇게도 귀중한 행복을 빼앗으려 하는가? 어째서 당신은 이미 당신들에게는 지나가 다시 오지 않는, 이게 그들에게도 다시 오지 않을 그 쏜살같은 어린 시절을 회한과 고통으로 채워주려 하는가? 아버지들이여! 죽음이 당신의 아이들을 기다리고 있는 때를 아는가? 자연이 그들에게 부여한 이 짧은 시간을 조금일지언정 빼앗아 당신에게 후회의 동기를 부여하지 말라! 그들이 존재의 기쁨을 느낄 수 있게 된 이상, 그것을 향유하도록 하라. 신이 그들을 언제 불러가더라도, 그들이 아직 인생의 기쁨을 맛보지도 못한 채 세상을 뜨게 하지 말라.

■ **12~15세:** 청년기가 될 때까지의 인생 단계는 전체적으로 유약함의 기간이다. 하지만, 이 초기의 기간에 힘의 발전이 요구의 발전을 앞질러 상대적으로 강해지는 한 시기가 있다. 하지만 아직도 성장 중인 동물이기에 절대적으로 약하다. 그의 욕망은 아직 모두 발달하지 않았으므로, 현실의 그의 힘은 그의 요구를 다 채워주기에 충분하다. 어른에 비해 그는 아주 약하지만, 아이로서의 그는 아주 강하다.

인간의 유약함은 어디에서 오는가? 그가 가진 힘과 욕망 사이에 존재하는 불균형에서 온다. 우리를 약하게 만드는 것은 우리의 지나친 '정념(情念)'이다. 왜냐하면 그것을 만족시키기 위해서는 자연으로부터 부여받은 것보다 더 큰 힘이 필요하기 때문이다. 그러므로 당신의 욕망을 줄여라! 그것은 당신의 힘을 늘리는 일과 같은 효과를 낸다. 자신이 원하는 이상을 할 수 있는 사람은 여분의 힘을 가지게 되는 것이다. 그는 확실히 아주 강한 존재임에 틀림없다. 바로 그 시기가 아이 시절의 제3단계이며, 내가 지금 이야기하려는 단계이다. 그 단계를 지칭할 적절한 어휘가 없어, 나는 계속 '아이 시절'이라고 부르겠다. 이 시기는 청년기에 가깝지만 아직 사춘기는 아니기 때문이다.

열두세 살 때 아이의 힘은 그의 욕망보다 훨씬 더 빨리 커간다. 아주 강렬하고 격심한 욕망을 그는 아직 느껴본 적이 없다. 기관 자체도 여전히 미완성 상태이고, 그 미완성에서 벗어나기 위해 의지가 탈출을 강요하기를 기다리는 것 같은 모양새이다. 대기와 계절이 주는 침해에 거의 무감각하여, 자기에게서 발생하는 열이 옷을 대신하며, 식욕은 곧 반찬을 대신한다. 그 시기에는 어떤 음식이든 맛있다. 잠이 오면 그는 땅바닥에서라도 누워 잘 것이다. 그는 어디를 가나 자기에게 필요한 모든 것이 자기 주위에 있음을 본다. 그는 어떤 상상의 욕망에도 고통스러워하지 않는다. 남들의 생각은 그에게 아무런 의미가 없다. 그의 욕망은 자신의 팔보다 더 멀리 가지 않는다. 그는 스스로 자신을 만족시킬 수 있을 뿐만 아니라 자기에게 필요한 것 이상의 힘을 지니고 있다. 그 시기는 그의 인생에서 아이가 그러한 상태에 놓이게 되는 유일한 때이다. 분명 이의가 있을 것이다. 사람들은, 아이가 내가 말한 것보다 더 많은 욕망을 지니고 있다고는 말하지 않을 테지만, 내가 말한 것만큼 아기가 힘을 가지고 있음은 부인할 것이다. 그들은 이 방에서 저 방으로 겨우 다니고 방 안에서 상자나 가지고 놀며 마분지더미 정도나 옮기는, 그런 움직이는 인형 같은 아이에 대해서가 아닌, 나의 학생에 대해 이야기하고 있다는 것을 생각하지 못하고 있다. 어른의 힘은 어른에게만 있을 뿐, 그들 고유의 혈관 속에서 만들어져 신체 전체에 확산되는 생명의 기력만이 근육에 강인함과 활력과 원기와 탄력을 제공하여, 그 근육으로부터 진정한 힘이 생겨난다고 사람들은 말할 것이다. 그런 것이 바로 탁상공론이라는 것이다.

나는 그와는 달리 '경험(經驗)'에 호소할 것이다. 나는 당신들의 논밭에서 키가 큰 사내아이들이 그들의 아버지처럼 흙을 파고, 이듬매기를 하며, 쟁기를 부리고, 포도주 통을 채우며, 수레를 끄는 덧을 본다. 그들의 목소리를 들어 보지 않은 이상 사람들은 아마 그들을 어른으로 생각할 것이다. 도시에서도 대장장이 일이나 날붙이 제조 또는 제철 일을 하는 아이들은 그들의 주인만큼 강하며, 그들을 일찍부터 훈련시켰더라면 주인 못지않게 솜씨도 좋을 것이다. 차이가 있다손 치더라도, 다시 말하지만, 어른의 격렬한 욕망과 아이의 한정된 욕망 사이의 차이보다는 훨씬 적을 것이다. 하지만 여기에서 문제가 되는 것은 단지 육체의 힘에 관한 것뿐만이 아니다. 무엇보다 그 육체의 힘을 보충해주거나 인도하는 정신의 힘과 능력에 관한 것이다.

자신이 원하는 것을 하고도 남는 능력이 있는 그 기간은, 비록 그 기간이 절대적으로 가장 큰 힘을 가지는 기간은 아니지만, 내가 앞서 말했듯이, 상대적으로 가장 큰 힘을 가지는 시기이다. 그 시기는 인생에서 가장 값진 기간으로, 단 한 번밖에 오지 않는다. 그 시기는 아주 짧다. 이어지는 설명에서 보겠지만, 그 기간을 잘 이용하는 것이 그에게는 중요한 일인 만큼 더 짧게 느껴지는 시기이기도 하다.

그는 자신이 현재 가지고 있는 그 잉여의 능력과 힘으로 도대체 무엇을 할까? 그는 필요할 때, 유익하게 사용될 수 있는 것의 준비에 그것을 이용하려 할 것이다. 이를테면 그는 그의 현재의 여분을 미래를 준비하는 데 사용한다. 즉 건강한 아이는 약한 어른이 되지 않도록 대비할 것이다. 하지만 그는 도둑맞을 수 있는 금고 속에도 남의 곳간 속에도 그것을 저장해두지 않을 것이다. 그가 획득한 것을 진정으로 제 것으로 만들기 위해 그는 자신의 팔과 머리에, 자기 자신 안에 넣어둘 것이다. 그러므로 이때야말로 일과 교육과 공부를 할 시기이다. 그런데 그러한 시기 선택은 내가 자의적으로 하는 것이 아니라 자연이 지정해주고 있다는 점을 염두에 두라!

인간의 지능(知能)에는 한계가 있다. 그리하여 한 인간이 모든 것을 알 수는 없다. 다른 사람들이 알고 있는 조그마한 지식조차도 완전히 다 알 수는 없다. 잘못된 각 명제에 대한 반대 명제는 진리이기 때문에, 진리의 수는 오류의 수만큼 무한하다. 따라서 가르칠 시기에 대해서와 마찬가지로 가르칠 것에 대해서도 적절한 선택이 필요하다. 우리가 얻을 수 있는 지식 가운데 어떤 사안들은 잘못된 것들이며, 어떤 사안들은 무익한 것들이다. 또 어떤 사안들은 그것을 소유한 사람의 교만의 양식으로 이용된다. 실질적으로 우리의 행복에 도움이 되는 소수의 지식만이 현명한 사람이, 그리고 우리가 현명한 사람으로 키우고 싶은 아이가 추구할 만한 것이다. 있는 모든 사안을 아는 것이 중요한 게 아니라, 유익한 사안만을 아는 것이 중요하다.

얼마 안 되는 유익한 지식 가운데, 그것을 이해하기 위해서는 완전히 형성된 오성(悟性)을 요구하는 진리들, 즉 아이가 갖출 수 없는 인간관계에 대한 지식을 전제로 하는 진리들, 그리고 그 자체로는 진리이지만 경험이 없는 정신에게, 다른 문제들에 대해 잘못 생각하게끔 하는 진리들은 또 다시 제외해야 한다. 그러므로 우리는 존재하는 만물과 비교해볼 때, 진정으로 아주 작은 범위 안으로 국한된다. 하지만 그것 또한 아이의 정신적 역량에 비하면 아직 엄청나게 큰 영역이다. 인간의 오성이 미치지 못하는 암흑이여, 어떤 무모한 손이 감히 그대의 장막에 손을 댔던가? 우리의 쓸데없는 지식들로 그 불행한 아이 주위에 얼마나 깊은 심연을 파고 있는가! 오! 아이를 그 위험한 곳으로 데리고 가는 당신이여! 그의 눈앞에서 자연의 신성한 장막을 찢는 당신이여, 두려워할 줄 알라! 먼저, 그도 당신도 현혹되지 않도록 하라. 당신이 현혹되지 않을까? 아니면 그가 현혹되지 않을까? 아니면 둘 다 현혹되지 않을까? 두려워하라! 오류의 허물 좋은 유혹과 교만의 덧없는 도취를 두려워하라. 기억하라! 언제나 기억하라. 무지(無知)는 전혀 해를 끼치지 않으며, 오류만이 해롭다는 사실을. 사람은 알지 못하는 것 때문이 아니라, 안다고 생각하는 것 때문에 길을 잃는다는 사실을.

기하학에서의 그의 발전은 그의 지능의 발전에 대한 확실한 증거이자 척도로 이용될 수 있다. 하지만 그가 유익한 것과 그렇지 않은 것을 구분할 줄 알게 되면, 그에게 이론적인 공부를 시키기 위해서는 많은 기술과 신중함이 필요하다. 예를 들어, 그에게 두 직선의 비례 중항을 찾아보도록 한다고 하자. 주어진 직사각형과 똑같은 넓이의 정사각형을 찾는 것이 필요하다는 사실을 그에게 이해시키는 일부터 시작하라. 두 개의 비례 중항이 문제가 되면, 먼저 이중 정육면체의 문제에 흥미를 갖게 할 필요가 있을 것이다. 우리가 어떻게 선과 악을 구별하는 도덕적 관념에 단계적으로 접근하는지를 보라. 지금까지 우리는 법칙들 가운데 필연의 법칙만 알았는데, 이제 우리는 유용한 것을 고려해 넣는다. 우리는 이내 우리에게 알맞고 쓸모 있는 것에 이르게 된다.

동일한 본능이지만 인간의 다양한 능력을 부추긴다. 배우고자 하는 정신 활동이 발육하려는 신체 활동에 뒤이어 온다. 처음에 아이들은 활동적이며 소란스러울 뿐이다. 이어 그들은 호기심이 많아지는데, 그 호기심은 잘 지도되면 우리가 지금 다루려는 연령의 아이들에게 원동력이 된다. 하지만 호기심에 대한 자연적 성향과 후천적 성향을 언제나 구별하자. 오로지 박식하다고 평가받고 싶은 욕망에 기반을 둔 '알고자 하는 열정'이 있는가 하면, 가까이 있는 것이든 멀리 있는 것이든 그의 흥미를 끄는 것 모두에 대해 알고자 하는, 타고난 호기심에 기반을 둔 '알고 싶은 열정'이 있다. 행복에 대한 선천적 욕망과 그 욕망을 충족시키지 못함은, 그에게 그 욕망을 채워주는 데 도움이 되는 새로운 수단을 끊임없이 추구하도록 만든다. 바로 그것이 호기심(好奇心)의 최초의 근원이다. 그 근원은 우리 마음에 선천적인 것이지만, 그 발전은 우리의 정념(情念)과 지식(知識)에 비례해서만 이루어진다.

■ **15~20세:** 이 지상에서의 삶은 얼마나 빨리 지나가는가! 인생 초반의 1/4이 인생의 활용법도 알기도 전에 흘러가버렸다. 또 인생의 마지막 1/4은 향유하지도 못한 채 흘러가버린다. 초기에, 우리는 사는 법을 모른다. 그러므로 그 삶 또한 향유하지 못한다. 그러니 그 양 끝 시기는 쓸모가 없다. 그 양끝 시기 사이에 끼인 기간 중에서도 3/4은 잠과 일과 고통과 제약과 온갖 종류의 괴로움들로 낭비

된다. 인생은 짧다. 얼마 안 되는 기간 때문이기보다는, 그 얼마 안 되는 기간에 우리는 인생을 즐기는 시간을 거의 갖지 못하기 때문이다. 죽음의 순간이 출생의 순간에서 아무리 멀리 있을지라도, 그 중간 기간을 유용하게 사용하지 않으면, 또한 인생은 너무나 짧다.

말하자면, 우리는 두 번 세상에 태어난다. 한 번은 존재하기 위해서이며, 다른 한 번은 살기 위해서이다. 전자는 인간이라는 종(種)으로 태어나며, 후자는 자신의 성(性)으로 태어난다. 여자를 미완성의 남자로 생각하는 사람들은 분명 잘못 생각하고 있는 것이다. 그런데 외적 유사성으로 보면 그들의 생각이 맞다. 사춘기에 이르기 전까지 아이들을 성적으로 구분할 수 있는 명확한 특징이 없다. 얼굴도 형체도 목소리도 안색도 모두가 똑같다. 소녀도 아이이고, 소년도 아이이다. '아이'라는 말 하나로 그렇게 유사한 존재를 부르는 데 충분하다. 그 후에도 성적 발달을 방해받는 남성은 평생 그러한 유사성을 간직한다. 그는 언제까지나 큰 아이인 것이다. 여성 또한 그 유사성을 전혀 잃지 않기에, 많은 점에서 결코 아이와 다를 바 없는 것처럼 보인다.

하지만 남성은 일반적으로 언제까지나 아이 상태로 머물러 있도록 만들어지지 않았다. 그는 자연에 의해 지정된 시기에 그 상태를 벗어난다. 그런데 그 위기의 순간은, 비록 꽤 짧기는 하지만 오래도록 영향을 미친다.

바다의 격렬한 파도가 훨씬 앞서 폭풍우를 예고하듯이, 이 격렬한 급변은 일기 시작한 정념의 중얼거림에 의해 예고된다. 은밀한 동요가 위험이 다가오고 있음을 예고한다. 기질의 변화, 잦은 흥분, 끊임없는 정신의 동요 등이 아이를 거의 다루기 힘들게 만든다. 그는 그동안 자기에게 온순하게 말하던 목소리도 잘 들으려 하지 않게 된다. 이를테면 그는 열병에 걸려 있는 사자이다. 그는 그의 안내자를 무시하며, 더 이상 지배받는 것을 원하지 않는다.

변하는 기질(氣質)의 정신적 징후들 외에 얼굴에는 현저한 변화가 일어난다. 외모는 발육하여 어떤 특징들이 드러난다. 두 뺨 아래쪽으로 듬성듬성하게 나는 보풀보풀한 솜털은 갈색이 되며 빳빳해진다. 목소리도 성숙해지는데, 더 정확히 말하면 그는 목소리를 잃는다. 그는 아이도 어른도 아니며, 그 어느 쪽의 목소리로 아니다. 그의 눈, 즉 이제까지는 아무 말도 하지 않았던 그 영혼의 기관은 어떤 언어와 표정을 가진다. 일기 시작한 열정이 생기를 준다. 더 강렬해진 시선은 아직도 고결한 순결을 지니지만 초기의 어리숙함은 남아 있지 않다. 그는 이미 그 눈이 무척이나 많은 이야기를 할 수 있다는 것을 안다. 그는 눈을 내리깔거나 눈시울을 붉힐 줄 알기 시작한다. 그는 자신이 느끼는 것이 무엇인지도 모르면서 감수성이 예민해진다. 그는 까닭 없이 불안해한다. 그 모든 것은 천천히 나타나므로, 당신에게 아직 시간적 여유를 줄 수 있다.

하지만, 혈기로 너무나 안절부절 못하게 되면, 흥분이 격렬해지면, 화내는 일과 감동하는 일이 시시각각으로 교차하게 되면, 까닭 없이 눈물을 흘리게 되면, 그에게 위험해지기 시작한 대상에 가까이 있을 때 맥박의 횟수가 오르고 눈이 휘둥그레지게 되면, 여자의 손이 그의 손을 스칠 때 소스라치게 떨게 되면, 여자 옆에 있을 때 불안해하거나 겁을 내게 되면, 율리시스여! 오! 현명한 율리시스여! 그때에는 조심하라. 당신이 그토록 정성을 들여 봉해두었던 가죽 주머니가 열리는 것이다. 바람은 이미 광란하듯 한다. 더 이상 잠시라도 키를 놓지 말라. 키를 놓으면 모든 것이 끝장이다.

내가 지금 말한 것이, 바로 '제2의 탄생'이다. 여기에서 인간은 진정으로 인생에 눈뜨며, 인간의 어떤 것도 그에게 생소하지 않다. 지금까지 우리의 보살핌은 어린애 놀이일 뿐이었다. 지금이 정말 중요하다. 통상적 교육이 끝나는 이 시기가 그야말로 우리의 교육이 시작되어야 하는 때이다. 하지만 이 새로운 계획을 잘 설명하기 위해, 그와 관련된 상황을 처음부터 다시 이야기해보기로 하자.

우리의 정념(情念)은 자기 보존의 주요한 도구이다. 따라서 그것을 없애려는 것은 어리석고 무익한 시도이다. 그것은 자연을 거역하는 일이며, 신(神)의 작품을 개조하는 일이다. 신 자신이 인간에게 준 정념을 없애버리라고 명령한다면, 그는 원하기도 하고 원하지 않기도 하여 스스로 자가당착에 빠지는 꼴이 될 것이다. 신은 결코 그런 무모한 명령을 내리지 않았다. 그러므로 그 같은 명령은 인간의 마음속에 새겨져 있지 않다. 인간이 행하기를 바라는 것을, 신은 타인의 입을 통해 말하지 않는다. 자신이 몸소 인간에게 이야기하여 인간의 마음 깊숙한 곳에 그것을 새겨놓는다.

그런데 정념이 생겨나는 것을 막으려 하는 사람이 있다면, 나는 그것을 없애려는 사람만큼이나 그를 무모한 사람으로 생각할 것이다. 그리하여 지금까지 내 계획이 그런 데 있었다고 생각하는 사람이 있다면, 그는 확실히 나를 너무나 잘못 이해하고 있다. 정념을 가지는 일은 인간의 본성에 속한다는 사실로부터, 우리가 우리 자신 안에서 느끼며 타인에게서도 보는 정념이 모두 자연의 것이라고 결론을 내린다면, 추론을 올바르게 한 것인가?

정념의 근원은 자연임이 사실이다. 하지만 다른 많은 하천이 그것을 불어나게 한다. 그것은 끊임없이 불어나 커다란 강물이 되는데, 그 강에서 사람들은 근원에서 흘러온 물은 겨우 몇 방울밖에 찾지 못할 것이다. 우리의 자연에서 오는 정념은 아주 제한되어 있다. 그것은 우리의 자유의 도구이며, 결국 우리를 보존하게 한다. 우리를 억압하고 파멸하게 하는 모든 정념은 다른 곳에서 온 것들이다. 자연은 우리에게 그러한 정념을 주지 않는다. 우리는 자연의 뜻을 무시하고 그것을 우리 것으로 만들었던 것이다. 우리 정념의 근원, 다른 모든 정념의 기원이자 시발인 것, 인간과 함께 태어나서 인간이 살아 있는 한 인간을 떠나지 않는 유일한 정념이 있다면, 그것은 곧 자기애(自己愛)이다. 그것은 다른 모든 것보다 앞서며 원시적이고 선천적인 것으로, 다른 모든 정념은 어떤 의미에서 그것의 변형물에 지나지 않는다. 그런 의미에서 보면 모든 정념은 자연적이라고 말할 수도 있다. 하지만 그 변형물들 가운데 대부분은 외부적 원인을 가지고 있어서, 그 원인이 없으면 전혀 생겨나지 않는다. 또한 그와 같은 변형물들은 우리에게 이롭기는커녕 해롭다. 그것들의 최초의 목표를 바꾸어 그 근원에 역행한다. 바로 그때 인간은 자연 밖에 있게 되며, 자신과 대립하게 된다.

자기애는 언제나 훌륭하며 자연의 질서에 부합한다. 인간은 모두 특히 자기 자신의 보존을 책임지고 있으므로, 인간의 세심한 주의 가운데 최우선적인데다 가장 중요한 것은 끊임없이 자기 보존에 주의를 기울이는 일이며, 또 당연히 기울여야만 한다. 그런데 그 일에 가장 큰 흥미를 느끼지 않는다면, 어떻게 끊임없이 주의를 기울일 수 있을 것인가?

따라서 우리는 자기 보존을 위해서 자신을 사랑하지 않으면 안 된다. 그리고 그와 같은 감정의 직접적 결과로, 우리는 우리를 보호해주는 것을 사랑한다. 모든 아이는 그의 유모에게 애착을 느낀다. 로물루스는 자기한테 젖을 먹여 살렸던 그 이리에게 애착을 느꼈음에 틀림없다. 처음에는 그런 애착은 순전히 기계적이다. 그는 자신의 안락한 삶을 돕는 것에 끌린다. 그는 자신에게 해를 끼치는 것을 싫어한다. 그것은 맹목적 본능일 뿐이다. 그 본능을 감정으로, 그 애착을 사랑으로, 그 싫어함을 증오로 변화시키는 일, 바로 그것은 우리에게 해를 끼치려 하거나 아니면 도움을 주려는 명백한 의도이다.

사람들은, 그들이 주는 충동을 따라갈 뿐인 무감각한 존재에 대해서는 애착을 느끼지 못한다. 하지만 내적 기질에 의해서, 또는 의지에 의해서, 선행 또는 악행이 예상되는 사람들, 우리를 위해서나 아니면 우리를 거역하여 자유롭게 행동하는 것을 우리가 보는 사람들은, 그들이 우리에게 보여주는 감정과 똑같은 감정을 우리에게 일으키게 한다. 우리는 우리에게 도움이 되는 것을 추구하며, 우리에게 도움을 주려는 사람을 좋아한다. 우리는 우리에게 해가 되는 것을 피하며, 우리에게 해를 끼치려는 사람을 미워한다.

아이의 최초 감정은 자기 자신을 사랑하는 일이며, 그 첫 번째 감정에서 파생하는 두 번째 감정은 자신을 가까이하는 사람을 사랑하는 일이다. 왜냐하면 그는 현재 처한 나약한 상태에서 그가 받는 도움과 보살핌을 통해서만 사람을 알게 될 뿐이기 때문이다. 처음에 그의 유모와 자기를 돌보는 하녀에 대한 애착은 습관적인 것일 뿐이다. 그는 그녀들이 필요하기 때문에, 그녀들이 곁에 있으면 몸이 편하기 때문에 그녀들을 따른다. 그것은 그녀들에게 호의를 가지고 있어서 그렇다기보다는 그녀들을 그저 알아보기 때문일 것이다. 그녀들이 그에게 도움이 될 뿐 아니라 도움이 되고 싶어 한다는 사실을 아이가 이해한다면, 오랜 시간이 걸린다. 그리고 그것을 이해했을 때 아이는 그녀들을 좋아하게 된다.

그러므로 아이는 타고나기를 호의에 기우는 경향이 있다. 왜냐하면 그는 자기가까이 오는 모든 사람이 자기를 보살펴주려 하는 것을 알기 때문이며, 그런 관찰로부터 자기와 같은 인간에 대해 호의적 감정을 갖는 습관이 들기 때문이다. 하지만 그가 그의 관계와 필요, 그리고 능동적 또는 수동적 의존 상태를 확대해 감에 따라 타인과의 관계에 대한 의식이 싹트고 의무감과 편애의 감정이 생겨난다. 그리하여 그 아이는 명령적이 되고, 질투를 하게 되며, 속이거나 보복적이된다. 만일 누가 그를 복종시키려 하면, 아이는 자신이 명령받는 그것이 무슨 쓸모가 있는지 전혀 모르기에 그것을 변덕이라고 치부하거나 자기를 괴롭히려는 의도로 생각한다. 그리하여 그는 말을 듣지 않는다. 자신에게 복종해야 하는데도 무언가가 저항이 있으면, 그는 곧 그것을 반역 또는 자기에 대한 저항의 의도로 보고, 자기에게 복종하지 않았다며 의자나 탁자를 후려친다.

자기 자신만 생각하는 자기애는 자신의 진짜 욕구만 충족되면 만족한다. 하지만 이기심은 자기를 남들과 비교하기 때문에 절대 만족하지 않으며 만족할 수도 없다. 왜냐하면 타인보다 자신을 더 아끼는 그 감정은, 타인에게 그 자신보다 자기를 더 아껴주기를 요구하기 때문이다. 그런데 그것은 불가능하다. 그렇게 해서 온화하고 애정이 넘치는 정념은 자기애에서 유래하며, 앙심 깊고 성을 잘 내는 정념은 이기심에서 유래한다.

따라서 인간을 본질적으로 선하게 만드는 것은 욕심을 거의 갖지 않는 일과 자신을 타인에게 거의 비교하지 않는 일이다. 인간을 본질적으로 악하게 만드는 것은 많은 욕심을 가지는 것과 세간의 의견에 아주 집착하는 일이다. 그 원리에 의하면, 어떻게 우리가 아이와 어른의 모든 정념을 좋은 일로 또는 나쁜 일로 이끌 수 있는지를 쉽게 알 수 있다. 항상 혼자서만 살 수 없으므로 항상 선하게 산다는 것은 어려운 일이다. 그 어려움은 인간관계가 넓어지면서 필연적으로 커질 수밖에 없다. 그러므로 특히 이 점에서 사회의 위험들은, 인간의 마음속에 욕심들로 말미암아 생겨나는 타락을 예방하기 위한 기술과 배려를 더 절대적으로 필요한 것으로 만들고 있다.

인간에게 어울리는 연구는 인간과의 관계들에 대한 연구이다. 인간이 육체적인 존재에 의해서밖에 자신을 인식하지 못하는 동안 그는 사물과의 관계를 통해 연구되어야 한다. 그것은 유년기의 일이다. 자신을 도덕적 존재로 의식하기 시작할 때 그는 인간과의 관계를 통해 연구되어야 한다. 그것은 우리가 지금 다다른 이 시기에서 시작해 전 생애에 걸쳐 해야 하는 일이다.

인간이 반려를 필요로 하자마자, 그는 더 이상 고립된 존재가 아니다. 그의 마음은 더 이상 고독하지 않다. 인간과의 모든 관계, 그의 마음의 모든 애정은 그 반려와 함께 생겨난다. 그의 최초의 정념은 곧 다른 정념들을 발효시킨다.

본능의 성향은 아직 불확정적이다. 한 성(性)은 다른 성에 끌린다. 그것은 자연의 감정이다. 하지만 선택, 선호, 개인적 애착은 지식과 편견과 습관의 산물이다. 우리가 사랑할 수 있게 되기 위해서는 시간과 지식이 필요하다. 사람들은 판단을 한 다음에야 좋아할 뿐이며, 비교를 한 다음에야 더 나은 쪽을 선택할 뿐이다. 그 판단은 자신도 모르는 사이에 행해지지만, 그래도 또한 현실적 판단임에는 변함이 없다. 사람들이 뭐라 말하든 진실한 사랑은 언제나 찬양받을 것이다. 왜냐하면 그것의 열광이 비록 우리를 혼미하게 만듦에도 불구하고, 또한 사랑이 비록 그것을 느끼는 마음에서 역겨운 성질들을 내쫓지 않고, 오히려 그것들을 부추기기까지 함에도 불구하고, 그것은 언제나 존중할 만한 성질을 전제로 하고 있어, 그것이 없으면 사람들은 사랑을 느낄 수 없기 때문이다.

■ **20세~결혼까지 :** 우리는 이제 청춘기의 마지막 장에 이르렀다. 하지만 아직 끝

에 와 있지는 않다. 성인 남자가 혼자 사는 것은 좋지 않다. 에밀은 성인이 되었다. 우리는 그에게 반려자를 약속한 바 있다. 그러니 이제 찾아주어야 하지 않겠는가! 그 반려자는 다름 아닌 소피이다. 그녀의 집은 어디에 있을까? 어디에서 그녀를 찾을 수 있을까? 그녀를 찾기 위해서는 먼저 그녀가 누구인지를 알 필요가 있다. 그러면 그녀가 살고 있는 곳에 대해 더 잘 판단할 수 있을 것이다.

그녀를 찾았다고 해도, 아직 모든 것이 다 된 것은 아니다. 로크는 이렇게 말한다. "우리의 귀족 집 청년은 결혼할 준비가 되어 있기에, 그를 그의 애인 곁에 내버려둘 때다!"라고. 그렇게 말하면서 그는 그의 저서를 끝맺고 있다. 귀족을 교육시키는 영광을 갖지 못한 나는, 그 점에서는 로크를 본받지 않을 것이다.

에밀이 남자인 것처럼 소피는 여자여야 한다. 이를테면 육체적·정신적 질서 속에서 자신의 역할을 다하기 위해 인간으로서 뿐만 아니라 여성으로서의 구조에 필요한 모든 것을 가져야 한다. 성과 관련이 없는 모든 점에서 여자는 남자와 다름이 없다. 여자는 남자와 똑같은 기관, 똑같은 욕구, 똑같은 기능을 가지고 있다. 신체 구조 역시 남자와 같은 식이며, 그 구조의 부품들도 같다. 작용하는 형편도 같으며, 형태도 유사하다. 어느 모로 보아도 그것들 사이에는 약간의 차이만 있을 뿐이다. 성과 관련되는 모든 면에서 여성과 남성은 도처에 유사점과 차이점이 있다. 두 성을 비교하는 어려움은 각 성의 구조 속에서 성에 속하는 것과 그렇지 않은 것을 결정짓는 데서의 어려움에 기인한다. 비교 해부학을 통해, 아니, 단순한 검사만으로도 두 성 사이에서 성과 관련이 없는 것처럼 보이는 일반적인 차이점들이 발견된다. 하지만 그 차이점들은 성과 관련이 있는데도 우리는 그 관계를 알아챌 수가 없다. 우리는 그 관계가 어디까지 확대될 수 있는지 모른다. 우리가 확실하게 아는 유일한 것은 양성에 공통적인 것은 한 종이라는 것, 차이점은 모두 성에 관련된 것이라는 사실이다. 이 두 가지 관점에서 우리는 그 두 성 사이에서 너무도 많은 유사점과 차이점을 보는데, 그들을 그토록 다르게 조립하면서도 유사한 두 존재로 만들 수 있었던 것은 아마도 자연의 불가사의 가운데 하나일 것이다.

그 유사점과 차이점은 도덕적인 것에 영향을 끼침에 틀림없다. 그 결과는 현저하며, 경험에 일치한다. 그것은 또한 성의 우열이라든지 평등에 대한 논쟁 등의 공허함을 증명하고 있다. 각 성은 자연의 특별한 사명에 따라 그 자연의 목적을 향해서 가는 것이기에, 만일 한쪽 성이 다른 성을 더 닮았다면, 그 성은 더 완전하지 못할 것이다. 그들이 공통적으로 가지고 있는 측면에서 보면, 두 성은 평등하다. 그런데 그들이 상이하게 가지고 있는 측면에서 보면 그들은 비교할 수가 없다. 완전한 여자와 완전한 남자는 모양새에서나 마찬가지로 정신적으로도 서로 닮지 않았음에 틀림없다. 완전성이라는 것은 더한 것도 덜한 것도 허용하지 않는다.

성이 결합할 때, 각 성은 공동의 목적에 협력하지만, 협력하는 방식은 다르다. 그 방식의 다름으로부터 두 성의 윤리적 관계에 부여할 수 있는 최초의 차이점이 생겨난다. 남성은 능동적이고 강해야 하며, 여성은 수동적이고 약해야 한다. 그러므로 필연적으로 전자는 원하는 바를 할 수 있어야 하며, 후자는 저항하지 않는 것만으로 충분하다.

이 원칙이 확고부동하다면, 여자는 특히 남자의 마음에 들기 위해 만들어졌다는 결과가 나온다. 남자 역시 여자의 마음에 들어야 하겠지만, 그 필요성은 덜하다. 남자의 가치는 그의 힘에 있다. 그는 강하다는 한 가지 사실만으로 여자의 마음에 든다. 그것은 사랑의 법칙이 아님을 나도 인정한다. 하지만 그것은 사랑 그 자체보다 앞서는 자연의 법칙이다.

만일 여자가 남자의 마음에 들기 위해, 그리고 복종하기 위해 만들어졌다면, 여자는 남자를 자극하지 말아야 하며 남자의 마음에 들도록 해야 한다. 여자의 '난폭성'은 그녀의 매력에 있다. 바로 그 매력으로 여자는 남자에게 힘을 솟게 해야 하고, 그 힘을 사용하도록 해야 한다. 그 힘을 부추기는 가장 확실한 기술은 저항을 통해 그 힘이 필요하게 만드는 것이다. 그렇게 되면 욕망에 자존심이 합쳐져, 남자는 여자가 그에게 거머쥐게 해준 승리에 기뻐한다. 거기에서 공격과 방어가, 남성의 대담성과 여성의 소심함이, 끝으로 강자를 굴복시키기 위해 자연이 약자에게 무장시켜준 얌전함과 수줍음이 생겨난다.

자연은 양성 모두가 똑같이 서로에게 프로포즈를 할 수 있도록 규정해 놓았다. 먼저 욕망을 품은 쪽이 따라서 먼저 그 욕망을 표시해야 한다고 생각하는 사람은 도대체 어떤 사람일까? 얼마나 이상하고 비정상적인 판단인가! 그런 기도는 두 성에서 너무도 다른 결과를 가져오는데, 두 성이 똑같이 대담하게 그렇게 하는 것이 당연한 일일까? 공동생활에서 그토록 많은 역할상의 차이가 있는데, 만일 여성이 수줍음을 갖지 않고 남성은 남성대로 자연으로부터 부여받은 본성에 의해 지배된다면, 두 성은 곧 모두의 파멸을 초래할 것이며, 인류는 자기 보존을 위해 구축된 바로 그 수단에 의해 멸망할 것이라는 사실을 사람들은 어째서 모를까? 여자는 남자의 관능을 쉽게 뒤흔들 수 있고 그의 마음속에 거의 꺼져 있는 성적 욕망의 불씨를 쉽게 일깨울 수 있기에, 만일 철학이 그 관습을 도입한 어떤 불행한 땅이 지구상에 있다면, 특히 남자보다 여자가 더 많이 태어나는 열대 나라들에서는, 남자는 여자에 의해 학대당하여 마침내 그 희생자가 될 것이며, 그들은 모두 죽음으로 질질 끌려가고 결코 그 죽음으로부터 자신들을 방어하지 못할 것이다.

동물의 암놈은 그 같은 수줍음이 없는데 어떤 결과가 일어날까? 여자와 마찬가지로 그것은 그 수줍음이 제동기로 이용되는 무한한 욕망을 가지는가? 암놈에게서 욕망은 필요에 의해 생겨날 뿐이다. 필요가 채워지면 욕망은 사라진다. 암놈은 더 이상 시늉이 아니라 정말로 수놈을 거절한다. 암놈은 아우구스투스 황제의 딸이 했던 것과는 정반대로 한다. 화물이 가득 실리면 배는 승객을 태우지 않는다. 아직 빈 곳이 있을 때조차도, 승객을 받아들이기에는 시간이 짧아 곧 끝나버린다. 암놈을 자극하고 억제하는 것은 본능이다. 여자에게서 수줍음을 제거할 경우, 여자의 그 소극적 본능을 보충할 수 있는 것은 어디에 있을까? 여자가 남자에 대해 개의치 않는 것은, 남자가 더 이상 아무 소용이 없기를 기대하는 것과 같다.

지고의 존재자는 모든 점에서 인간을 명예롭게 해주고자 했다. 남자에게 무제한의 열정을 부여해주는 동시에 그가 자유롭도록 하기 위해, 또한 자기 자신을 제어할 수 있도록 하기 위해 그 열정을 규제하는 법칙을 주었다. 남자에게 과도한 정념을 맡기면서도, 그 지고의 존재자는 그 정념을 제어할 수 있도록 이성을 겸비해주었다. 여자에게 무한한 욕망을 맡기면서도, 신은 그것을 제어하도록 수줍음을 겸비해주었다. 게다가 신은 자기가 준 능력을 훌륭하게 사용하는 데 대한 현실적인 보상, 즉 그 능력의 정직한 사용을 그들의 행동 규칙으로 삼을 때 얻게 되는 쾌감을 주고 있다. 그 모든 것은 짐승의 본능보다 더 훌륭한 가치가 있는 듯하다.

그러므로 여성은 남성처럼 욕망을 갖든 갖지 않든, 그 욕망을 만족시키고 싶든 만족시키고 싶지 않든, 항상 남성을 밀쳐내며 자신을 방어한다. 하지만 언제나 똑같은 힘을 가지고 그런 것은 아니기에 결과적으로 똑같은 성공을 거둘 수는 없다. 공격자가 승리를 거두기 위해서는, 공격당하는 자가 그것을 허락하거나 아니면 명령을 해야만 한다. 공격자에게 힘을 사용하도록 하기 위해 공격당하는 자는 얼마나 많은 능란한 방법을 사용하는가?

모든 행위 가운데 가장 자유롭고 달콤한 그 행위는 실제적 폭력은 전혀 허용하지 않는다. 자연과 이성이 그 폭력에 반대하고 있는 것이다. 자연은 여자가 원하면 저항을 위해 필요한 만큼의 힘을 마련해주었다는 점에서 그러며, 이성은 실제적 폭력은 모든 행위 가운데 가장 잔인한 행위일 뿐만 아니라 자신의 목적에 완전히 반한다는 점에서 그러하다. 그런 식으로 하면, 남자는 그의 반려자에게 전쟁을 선포하여 그녀에게 공격자의 생명까지도 희생시켜 자신의 몸과 자유를 보호하도록 허락하기 때문이며, 또 여자만이 자신이 처한 상태를 잘 판단할 수 있기에, 만일 모든 남자가 아버지가 될 수 있는 권리를 침해당한다면, 아이는 전혀 아버지를 가질 수 없기 때문이다.

그러므로 성의 구조로부터 다음과 같은 세 번째 결론이 나온다. 두 성 가운데 강자는 외견상 지배자이지만, 실제로는 약한 성에 종속되어 있다. 그런데 그것은 여성에게 환심을 사기 위해 친절하게 구는 그런 경박한 관습에 의한 것이 아니며, 보호자의 오만한 관용에 의한 것도 아니다. 그것은 남자가 채울 수 있는 것 이상으로 욕망을 부추기는 능력을 여자에게 부여함으로써 부득이 남자를 여자의 의향에 의존하도록 하며, 여자가 남자를 강한 자로 인정해주도록 하기 위해 이번에는 반대로 그에게 그녀의 마음에 들도록 애쓰게 만드는, 변함없는 자연의 법칙에 의한 것이다.

그리하여 남자가 승리한 경우 그에게 더 흐뭇한 것은 자신의 힘에 굴복한 것이 약함 때문인지, 아니면 그녀의 의향에 의한 것인지 의심해보는 일이며, 여자가 일상적으로 사용하는 계약은 자신과 남자 사이에 계속해서 그 의심을 남겨두는 일이다. 그 점에서는, 여자의 정신은 완벽하게 그녀의 체격에 상응한다. 여자는 자신의 약함을 부끄러워하기는커녕 그것을 자랑스럽게 생각한다. 그녀의 약한 근육은 힘이 별로 없다. 그녀는 아주 가벼운 물건조차도 들어 올리지 못하는 척한다. 그녀는 힘이 세면 오히려 그것을 부끄러워 할 것이다. 왜 그럴까? 그것은 단지 가냘프게 보이기 위해서 뿐만 아니라 더 교묘한 대비에 의해서이다. 필요할 경우, 그녀는 훨씬 이전부터 약한 자가 될 변명과 권리를 마련해두고 있다.

우리의 악덕에 의해 얻어진 지식의 진보는 이 점에 대한 우리의 오랜 견해를 많이 변화시켰다. 그리하여 사람들은 성폭력이 거의 필요 없게 된 이후로는, 그렇기 때문에 그것에 대해 더 이상 믿지 않게 된 후부터는, 그에 대한 이야기를 거의 듣지 못한다. 반면 그러한 성폭력은 고대 그리스나 유대에서는 아주 흔했다. 왜냐하면 그 소박한 자연 상태에서, 방종의 경험만이 그것을 근절할 수 있었기 때문이다. 우리 시대에는 성폭력이 덜하다고 말하지만, 그것은 사실 남자들이 더 절도가 있어서가 아니라 사람들이 남의 말을 그만큼 잘 믿지 않기 때문이며,

옛날이라면 일반 서민을 믿게 만들었을지도 모를 그러한 하소연도 오늘날에는 조롱을 잘 하는 자들의 비웃음만 초래할 뿐이기 때문이다. 그러니 침묵을 지키는 것이 더 나을 것이다. 『구약성서』의 「신명기」에 보면, 처녀가 강간당할 경우 그 사건이 도시 내에서 일어나면 간음한 남자와 당한 여자도 함께 처벌했다. 하지만 그 범죄가 시골이나 외진 곳에서 발생하면 남자만 처벌받았다. 왜냐하면 그 율법에 따르면 '처녀가 고함을 질렀지만 아무도 듣지 못했기 때문이다.' 그 너그러운 해석은 사람들이 많이 다니는 장소에서 기습당하지 않는 법을 여자들에게 가르쳐주었던 것이다.

그처럼 관점의 다양성이 풍속에 미친 영향은 현저하다. 오늘날 여자에게 정중하게 행동하는 것은 그 관점의 다양성의 소산이다. 남성은 자신의 쾌락이 생각했던 것보다 더 여성의 의향에 달려 있다고 믿었기에 친절한 행동을 통해 여성의 의향을 사로잡았으며, 여성은 그에 대해 보상을 해주었던 것이다.

육체적인 것이 우리도 모르게 어떻게 우리를 정신적인 것으로 인도하는지, 두 성의 투박한 결합으로부터 어떻게 가장 감미로운 사랑의 법칙이 생겨나는지를 보라. 여성의 지배력은 남성이 그것을 원했기 때문이 아니라 자연이 원하기 때문에 여성에게 있는 것이다. 그 지배력은 여성이 그것을 드러내 보이기 이전에 이미 그녀에게 속한 것이었다. 테스피오스 왕의 50명의 딸을 강간했다고 생각한 그 헤라클레스도 하지만 옴팔레 곁에서 실을 잣지 않을 수 없었다. 또한 그렇게 힘이 센 삼손도 데릴라보다 강하지 못했다. 그 지배력은 여자에게 속하는 것으로, 그녀가 그것을 남용할 때조차도 그녀에게서 빼앗을 수 없다. 만일 그것이 여성이 잃을 수 있는 것이라면, 아주 오래 전에 여성은 그것을 잃었을 것이다.

성의 실행에 관해, 두 성은 전혀 같지가 않다. 남성은 행위가 이루어지는 한순간에만 남성일 뿐이며, 여성은 전 생애 동안, 아니면 적어도 청춘기 동안 여성이다. 모든 것이 그녀에게 끊임없이 자신의 성을 환기시킨다. 그리고 그 역할을 잘 수행하기 위해서는 그 역할에 적합한 체질을 가질 필요가 있다. 임신 기간에는 조심을 요하며 분만 기간 동안에는 휴식이 필요하다. 아이에게 젖을 먹이기 위해 한 곳에 정착하는 안락한 삶이 필요하며, 아이를 양육하기 위해서는 인내와 다정함과 어떤 일에도 매정하게 거절하지 않는 열성과 애정이 필요하다. 그녀는 아이와 아버지 사이의 연결 통로로 이용되며, 그녀만이 그에게 아이를 사랑하게 만들며, 그 아이를 자신의 아이라고 부르는 것에 대한 확신을 준다. 결혼 생활에서 가족을 보호하기 위해 그녀에게는 얼마나 많은 애정과 보살핌이 필요한가! 그런데 그 모든 것은 미덕으로부터 나오는 것이어서는 안 되며 사랑으로부터 나오는 것이어야 한다. 그렇지 않으면 인류는 곧 사라져버릴 지도 모른다.

10. 인간교육: 칸트의 『교육학 강의』

■ 인간은 교육되어야 하는 유일한 피조물이다. 요컨대 교육의 의미는 양육[간호: 부양], 단련[훈육], 그리고 도야를 포함하는 교수이다. 그에 따라 인간은 유아, 학동, 그리고 학습자이다.

■ 동물은 그들의 힘을 소유하자마자, 즉 그들이 자신을 해치지 않는 방식으로 규칙적으로 그러한 힘을 사용한다. 우리가 알에서 겨우 깨어나 아직 눈이 먼 어린 제비들이 그럼에도 불구하고 그들이 배설물을 둥지로부터 떨어지게 하는 것을 어떻게 알고 있는가를 관찰한다면 실제로 놀라게 된다. 그러므로 동물은 어떤 양육도 필요로 하지 않고 기껏해야 먹이, 온기와 지도, 또는 일정한 보살핌이 필요하다. 동물은 먹을 것을 필요로 하나 전혀 양육을 필요로 하지 않는다. 양육의 의미는 어린 것들이 그들의 힘을 유해하게 사용하지 못하게 하는 부모[어미]의 배려(配慮)이다. 예를 들면, 한 동물이 아이들이 행하는 것처럼 세상에 태어날 때 곧 울음을 터트린다면, 그 동물은 그 울음을 통하여 몰려든 늑대들이나 다른 야수들의 획득물이 될지도 모른다.

■ 훈육(訓育)은 동물성을 인간성으로 바꾼다. 동물은 물론 그의 본능이 전부이다. 외부의 이성이 그것을 위한 전부에 대하여 이미 배려하였다. 그러나 인간은 자신의 이성을 필요로 한다. 인간은 어떤 본능도 갖지 않으나 자기 행동의 계획을 자신이 해야 한다. 그러나 인간은 즉시 이를 행할 상태가 아니고 세상에 미숙하게 태어나기 때문에 다른 사람이 그를 위하여 그것을 해야 한다.

■ 인간 종족(種族)은 그 자신의 노력으로, 점차로 자신이 스스로 인간성의 천성(天性)을 이해해야 한다. 한 세대는 다른 세대를 교육한다. 그 최초 발단을 우리들은 야만적이거나 그렇지 않으면 완전하고 완성된 상태에서 찾을 수 있다. 후자의 상태가 이전의 그리고 최초의 상태인 것처럼 생각한다면, 인간은 또한 그 후 다

시 야성(野性)을 갖게 되고, 틀림없이 야만 상태에 빠지게 된다.

훈육은 인간이 그의 동물적 충동으로 그의 숙명인 인간성과는 다르게 되지 않도록 예방한다. 훈육은 예컨대 동물적 충동이 야만적이고 분별없이 위험을 무릅쓰지 않도록 그 충동을 구속해야 한다. 훈육은 이와 같이 단지 소극적 행동이며, 그 행동으로 우리는 인간에게서 야만성을 빼앗는다. 이와 반대로 교수는 교육의 적극적 부분이다.

야만성은 법칙의 독립이다. 훈육은 인간을 인간성의 법칙에 예속시키며, 인간에게 법칙의 강세를 느끼게 한다. 그러나 이는 초기에 행해져야 한다. 예를 들면, 어린이들이 학교에서 무엇인가를 배우기 위하여라는 관점에서가 전혀 아니고 그들이 조용히 앉아 있고, 그들에게 지식이 되는 것을 세심하게 준수하는 데 익숙해지기 위하여, 즉 그들이 미래에 모든 그들의 착상을 실제적으로 그리고 즉각적으로 실행에 옮기지 않게 하기 위해서라는 관점에서 사람들은 어린이들을 처음에 학교에 보낸다.

■ 인간은 태어나면서 자유를 향한 하나의 너무나 커다란 성향을 가지고 있다. 그가 처음에 오랫동안 자유에 익숙해진다면, 그는 자유를 위하여 모든 것을 희생시킬 것이다. 바로 그런 이유에서 훈육은 아주 일찍이 사용되어야 한다. 왜냐하면 훈육이 행해지지 않는다면 그 후에 인간을 바꾸기는 어렵기 때문이다. 그래서 그는 갖은 망상을 따른다. 훈육되지 않은 사람들은 망상을 추구하는 경향이 있다.

우리는 그것을 야만적 국민들에게서 본다. 비록 그들이 보다 오랫동안 처음부터 끝까지 유럽인들에 대해서와 똑같이 애를 쓰지만, 그런데도 그들은 유럽인들의 생활 방식에 결코 익숙해지지는 못한다. 그들에게 이것은 루소와 그 밖의 사람들이 생각했던 자유를 향한 하나의 고귀한 성향이 아니고, 동물이 여기에서 인간성을 일정한 방식으로 그 자신 속에서 계발하지도 못하는 일종의 야만성이다. 그러므로 인간은 일찍부터 이성의 명령에 복종하는 것에 익숙해져야 한다. 우리가 유년기에 그에게 그의 의지에 따라 행하는 것을 허락하고 그에게 전혀 저항도 하지 않는다면, 그는 전 생애를 통하여 일종의 야만성을 보유할 것이다. 그리고 그것은 유년기에 너무나 큰 어머니의 애정으로 보호받은 자들을 도와주지도 못한다. 왜냐하면 그것은 그 후 단지 더욱더 모든 방면으로부터 그들에게 저항하고, 그들이 세상사에 관계하자마자 그들은 언제나 충격을 받을 것이기 때문이다. 사람들은 부유한 자들을 지배자로 결정하였다. 때문에 그들에게 유년기에도 결코 저항하지 않는다는 것은 부유한 자들 교육에서의 보편적인 하나의 결함이다. 인간에게는 자유를 향한 성향 때문에 그의 야만성의 정련이 필요하나 이와 반대로 동물에게서는 그의 본능들 때문에 필요하지 않다.

- 인간은 보호와 도야를 필요로 한다. 도야의 의미는 훈육과 교수이다. 어떤 동물도 훈육과 교수를 필요로 하지는 않는다. 동일한 동물도 그들의 노래를 연장자로부터 배우는 새들을 제외하고는 연장자들로부터 무엇인가를 배우지 않는다. 이러한 점에서 새들은 연장자로부터 가르침을 받는다. 그리고 학교와 같이 연장자가 그들의 어린 새끼들에게 모든 힘을 다하여 노래하는 것을 가르치고 어린 새끼들은 그들의 작은 목청으로 어미와 같은 소리를 내려고 노력하는 것을 관찰하는 것은 감동적이다. 새는 본능에서 노래하지 않고 실제적으로 노래하는 것을 배운다는 것을 논증하기 위하여, 실험, 즉 카나리아 새들로부터 그들의 알들 가운데 대략 반을 끄집어내고, 그들에게 참새 알을 안게 하거나 뿐만 아니라 아주 어린 참새를 카나리아의 새끼들로 교환하는 실험은 해볼 만한 보람이 있다. 만약 우리가 아주 어린 참새들이 밖에서 참새 소리를 들을 수 없는 둥지 속에 그들을 넣어 둔다면, 그들은 카나리아 새들의 노래를 배우고, 그래서 우리는 노래하는 참새를 얻게 된다. 각기 새의 부류들은 모든 세대들을 통하여 그 자신의 독특한 노래들을 보유하고 있고, 그리고 그 노래의 전통은 세상에서 아마 가장 바뀌지 않는 전통이라는 것은 실제로 매우 경탄할 일이다.

- 인간은 교육을 통해서만 인간이 될 수 있다. 인간은 교육이 만든 것에 불과하다.

인간은 인간을 통하여 다만 교육된다는 것을 깨달아야 한다. 그러므로 어떤 사람들에게서 훈육과 교수의 결함은 또한 그들을 학동의 나쁜 교육자로 다시 만든다. 한때 보다 높은 유형의 인간들이 우리들의 교육을 돌보아 준다면, 인간이 어떤 사람이 될 수 있는가를 우리는 알게 될 것이다. 그러나 교육은 부분적으로 사람에게 몇 가지를 가르치고 부분적으로 또한 그에게서 다만 몇 가지를 계발하는 까닭에, 우리는 인간들에게 천성들이 얼마나 멀리 미치는가를 알 수 있다. 만약 부유한 사람들의 후원으로 그리고 많은 사람들의 일치된 힘들로 지금 최소한 하나의 실험을 하게 된다면, 그 실험 또한 인간이 대략 그 실험을 얼마나 넓게 성취하는 것이 가능한가에 관한 정보를 우리에게 제공할지도 모른다. 그러나 부유한 사람들은 대개 다만 항상 자신을 돌보고, 그런 방식으로 교육의 중대한 실험에 관여하지 않는 것과 같이 본성이 완전성에로 한 걸음 더 가까이 내딛는 것을 보는 것이 인도주의자들에게는 슬픈 말인 것처럼 사변적인 사람에게는 너무나 중대한 말이다.

훈육이나 도야에서 그의 유년기에 방임되지 않고, 성숙한 나이에 자신을 인식하지 못하는 사람은 전혀 없다. 도야되지 않는 사람들은 야만적이고, 훈육 받지 않은 사람은 난폭하다. 훈육을 무시하는 일은 도야를 무시하는 일보다 더 큰 악이다. 왜냐하면 후자는 나중에 치료될 수 있으나 야만성은 제거되지 않고, 훈육에서의 잘못은 결코 고쳐질 수 없기 때문이다. 교육은 보다 더 좋아질 것이고, 그리고 다음 세대는 각기 인간성에로 한 걸음 더 가까이 내딛는다. 왜냐하면 교육의 배후에는 인간 본성의 완전성의 큰 비밀이 숨어 있기 때문이다. 이제부터 이들이 행해질 수 있다. 왜냐하면 우리들은 먼저 원래 무엇이 하나의 좋은 교육에 속하는지를 정확하게 판단하고, 명확하게 이해하기 시작했기 때문이다. 교육을 통하여 인간 본성은 더 좋게 계발될 수 있고, 우리는 인간성의 가치 있는 형식으로 인간 본성을 데리고 갈 수 있음을 상상하는 것은 기쁜 일이다. 이는 우리에게 미래의 행복한 인류에로 향하는 전망을 열어준다.

- 교육 이론의 초안은 하나의 훌륭한 이상이며, 또한 우리들이 똑같이 그것을 실현할 상태에 있지 않다 할지라도 그것은 상관없다. 우리는 다만 그 개념을 환상적으로 똑같이 취급해서는 안 되며, 비록 옛날 개념을 실행할 때 장해가 생긴다 할지라도 하나의 아름다운 꿈으로 악평해서는 안 된다. 하나의 개념이 경험 속에 아직 존재하지 않는 완전성의 개념과 다른 것은 아니다. 예를 들면, 하나의 완전한 정의의 원칙들에 따라 통치하는 공화국이 그렇지 않은가? 그 때문에 그 공화국이 불가능한가? 먼저 우리들의 개념이 정확해야 하고, 그리고 나서 그 개념 이행의 방해가 되는 모든 장해들에도 불구하고, 그 개념이 전혀 불가능하지는 않다. 예컨대 사람마다 거짓말을 한다고 참말이 하나의 단순한 망상인가? 그러므로 인간에서 모든 천성을 계발하는 교육의 개념은 확실히 하나의 개념이다.

- 인간들이 동일한 원칙에 따라 행동하고, 이 원칙이 획일성을 또 다른 본성으로 변하게 한다면, 인간들 사이의 획일성은 일어난다. 우리는 목적에 적합한 교육에 종사하고, 그런 교육으로 향하는 지침을 후손에게 전할 수 있다. 예를 들면, 앵초에서 우리는 관찰한다. 만약 우리가 앵초들을 뿌리에서 취한다면, 동일한 색깔들을 가진 앵초들을 얻게 된다. 그러므로 또한 자연은 배아들을 앵초들 가운데 넣어 두지는 않았으며, 앵초들에서 배아들을 계발하기 위해서는 적당한 파종과 이식이 필요하다. 인간도 그러하지 않는가?

- 인간성에는 많은 배아들이 있다. 그래서 이제 천성을 균형 있게 계발하고 그들의 배아에서 인간성을 육성하며, 인간이 그의 운명에 도달하게 만드는 것은 우리들의 본분이다. 동물은 이를 실현한다. 그런데도 그들은 그의 운명을 이해하지 못한다. 인간이 그의 운명에 관한 하나의 개념을 갖고 있지는 않았다고 할지라도, 그는 행해질 수 없는 운명에 도달하려고 힘써야 한다. 개인에게는 그 운명의 도달이 전혀 불가능하지 않다. 우리가 실제적으로 완성된 최초의 인간 부부를 택한다면, 우리 또한 그 부부가 그의 아동을 어떻게 교육하였는가를 관찰할 것

이다. 최초의 부모는 어린이들에게 물론 본보기를 보이고, 어린 아이들이 그것을 모방하고, 그래서 유일한 천성이 발달한다. 모든 어린이들이 이러한 방식으로 완성될 수는 없다. 왜냐하면 어린이들이 어떤 본보기를 보느냐 하는 것은 모두가 우연적 상황에 의존하기 때문이다. 이전에 인간들은 인간 본성이 도달할 수 있는 완전성에 관한 어떤 개념을 한 번도 갖고 있지 않았다. 우리 자신은 아직도 이러한 개념에 관해서는 순수한 개념조차도 가지지 못하고 있다. 그만큼 개별적 인간이 그들 아동들을 도야한다 할지라도, 아동이 그들의 운명에 도달하기까지 일을 진척시킬 수 없다는 것은 확실하다.

- 인간은 많은 세대들의 실행을 통해 완전하게 될 수 있는 하나의 예술이다. 각 세대마다에게 선행 세대의 지식을 제공한다면, 모든 세대는 교육을 인간의 천성을 균형 있게 그리고 목적에 적합하게 계발하는 상태로 점점 더 많이 이르게 할 수 있다. 그래서 전 인류를 그들의 운명으로 인도할 수 있다. 신의 섭리는 인간이 자발적으로 선을 드러내기를 원했다. 그래서 인간들에게 말한다. 세상에 나가라! 그러면 조물주가 인간들에게 말을 걸어오리라! 나는 너희에게 선을 향한 모든 소질을 부여하였다. 그것을 계발하는 일은 너희들의 의무이다! 그래서 너희들의 행복과 불행은 너희 자신에게 달려있다.

- 인간은 선(善)을 향한 그의 소질을 계발해야 한다. 신의 섭리는 그 소질을 이미 준비하여 인간 속에 넣어 두지는 않았다. 그것은 단순한 소질이고 도덕성의 구별이 없다. 자기 자신을 보다 선하게 만들고, 그래서 자기 자신을 도야한다. 그리고 만약 악하다면, 그에게서 도덕성을 만들어내는 일은 인간이 해야 한다. 만약 우리가 철저하게 숙고한다면, 우리는 이것이 아주 어렵다는 것을 알게 된다. 그러므로 교육은 인간들에게 부과될 수 있는 가장 큰 문제이고, 가장 어려운 문제이다. 왜냐하면 통찰은 교육에 의해 좌우되고, 다시 교육은 통찰에 의해 좌우된다. 그러므로 점차로 한 걸음 앞으로 나아갈 수 있다. 그를 통해서만 한 세대

는 그들의 경험과 지식을 다음 세대에 전달할 수 있다. 이들 경험과 지식에 다시 무엇인가를 부과하고, 그렇게 그것을 다음 세대들에게 넘겨준다. 그러므로 교육의 방법이라는 정확한 개념이 생기게 된다. 교육이 개별적으로 인간성의 상이한 세대를 통해 모방해야 하는가? 인간은 두 가지 발명, 즉 '통치술'과 '교육예술'을 가장 어려운 발명이라 생각할 수 있다. 그런데도 인간 자신은 그들의 개념에서 아직도 미결이다.

■ 우리는 인간의 소질을 계발하기 위해 어디에서부터 시작해야 할까? 우리는 야만적 상태에서 시작해야 하는가? 그렇지 않으면 이미 형성된 상태에서 시작해야 하는가? 야만성에서 계발을 생각하는 것은 어렵다. 이 경우, 최초의 인간이란 개념도 아주 어렵다. 그리고 그러한 상태에서 계발할 때, 우리는 항상 야만성으로 다시 되돌아가게 된다. 그래서 우선 그와 동일한 상태에서 새로운 상태로 끌어올린다는 것을 우리는 알고 있다. 아주 예절 바른 국민들이지만, 그들이 우리들에게 기록하여 전해준 가장 먼 옛날의 기록에서도 우리는 발견한다. 이미 기록되지 않은 문화가 얼마나 많은가? 그래서 예절 바른 인간을 고려하여, 우리는 기록 예술의 시초를, 세계의 최초인 야만성에 접하는 것이라고 부를 수 있다.

■ 인간에게서 천성의 계발은 저절로 행해지지 않는다. 때문에 모든 교육은 하나의 예술이다. 그것을 위하여 자연 – 어떤 본능도 인간성 속에 넣어 두지 않았다 – 은 이러한 예술의 진행과 마찬가지로, 그 근본 원리는 계획 없이, 기계적으로든 또는 판단력이 있든, 주어진 상황들에 따라 규정된다. 무엇이 인간에게 유해하거나 또는 무익한가는, 우리들이 경험하여 나타난 상황에서만 교육예술이 기계적으로 발원한다. 단순히 기계적으로 발원하는 모든 교육예술은, 이에 근거할 계획들을 전혀 갖고 있지 않기 때문에, 아주 많은 결함과 결점들을 갖고 있음에 틀림없다. 인간성들이 그들의 운명에 도달할 만큼, 교육예술이나 교육학이 인간 본성을 계발해야 한다면, 교육예술이나 또는 교육학은 당연히 판단력이 있어야 한다. 이미

교육받은 부모들은 그들에 의하여 어린이들이 형성되는 모방의 본보기이다. 어린이들이 보다 좋아진다면, 교육학은 하나의 연구가 되어야 한다. 그렇지 않다면 교육학은 어떤 희망을 줄 수 없다. 교육예술에서 기계론은 과학으로 변해야 하고, 그렇지 않다면 교육예술은 결코 교육과 관련된 어떤 노력으로 승화되지 않을 것이다. 한 세대는 오히려 다른 세대가 구축하였던 내용을 파괴할 것이다.

■ 교육할 계획들을 수립하는, 특히 그러한 사람들이 눈앞에 지니고 있어야 하는 교육예술의 원리는, 어린이들은 인류의 현재 상태가 아니고 미래에 가능하면 보다 좋은 상태, 즉 인간성의 이념, 그리고 인간성의 운명에 적합하게 교육되어야 한다는 것이다. 이러한 원리는 매우 중요하다. 부모들은 보통 현세가 비록 타락하였다 하더라도 현세에 적합하도록 그들의 자녀들을 교육한다. 교육을 통하여 미래에 보다 좋은 상태가 창조되도록 하기 위해 부모들은 자녀들을 보다 좋게 교육해야 한다.

■ 자녀 교육에는 두 가지 난점이 있다. 첫째, 부모들은 보통 그들의 자녀들이 훌륭하게 출세하는 데만 관심을 갖고, 군주들은 그들의 신하들을 그들이 의도하는 데 쓰일 도구로만 생각한다. 부모들은 가정을 돌보고 군주들은 국가를 돌본다. 양자는 최종 목표를 성취할 세계 공동체의 최선과 완전성을 갖고 있지 않다. 그리고 그것을 위해 인간성도 규정되지 않았다. 그리고 그들은 세계 공동체의 최선이나 완전성에로 향한 설계도 갖지 않았다. 하나의 교육계획에 대한 설계는 세계주의적이어야 한다. 그러면 세계 공동체의 최선이 개인적 최선에서 볼 때 우리들에게 유해한 개념인가? 결코 아니다! 왜냐하면 우리들이 개념에서 무엇인가를 희생해야 한다는 것이 동일하게 보인다면, 우리는 그럼에도 불구하고 개념을 통하여 항상 또한 개념의 현재 상태에서 최선을 요구하게 된다. 그러면 여러분들은 어떤 훌륭한 결과를 따르겠는가? 세상에서 모든 선을 발원하는 일은 바로 좋은 교육이다. 인간 속에 놓인 배아들은 점점 더 계발되어야 한다. 왜냐하면

우리는 악의 근원들을 인간 천성 속에서는 발견하지 못하기 때문이다. 본성이 규범들의 지배를 받지 않게 되는 것이 다만 악의 원인이다.

■ 하지만 세계의 보다 좋은 상태가 어디에서 나타나겠는가? 군주들에 의해서인가? 그렇지 않으면 신하들에 의해서인가? 이들이 먼저 자기를 개선하고, 좋은 정치의 뜻을 중도에서 받아들이는 일에 의해서인가? 만약 세계의 보다 좋은 상태가 군주들에 의하여 확증된다면, 우리들이 유년기에 그들에게 저항하지 않았던 오랜 기간을 통하여 여전히 큰 결점을 갖고 있는 왕자들의 교육이 먼저 좋아져야 할 것이다. 들판에 홀로 서있는 하나의 나무는 곧게 자라지 못하고, 그의 가지들을 넓게 펴며 자란다. 이와 반대로 숲 속에 있는 하나의 나무는 자기 곁의 나무들이 자신에게 저항하기 때문에, 곧게 위로 자라서 자기 위에 있는 공기나 햇빛을 찾는다. 군주들도 그렇다. 군주들이 그들과 같은 사람에 의하여 교육받기보다는 여러 신하들 가운데 누군가에 의하여 교육받는 것이 보다 좋다. 그 교육이 우수한 교육일 경우에만, 우리 또한 위로부터 선을 기대해도 좋다. 그런 까닭에 그것은 특히 사적 조력에 좌우되며, 바제도브와 그 밖의 사람들이 생각한 것과 같이 마찬가지로 군주들의 조력에 좌우되지 않는다. 왜냐하면 군주들은 그들의 목적에 도달하기 위하여, 세계 공동체의 최선보다는 오히려 그들의 국가복지에 의도를 둔다. 그것은 경험이 가르쳐 준다.

■ 교육을 할 때 인간은 훈육되어야 한다. 훈육하는 일은 개별적 인간과 마찬가지로 사회적 인간에게서, 인간성에는 화가 되지 않도록 예방하려고 노력하는 일이다. 훈육은 예컨대 야만성의 억제이다.

인간은 도야되어야 한다. 도야는 교수를 포함한다. 도야는 기능의 획득이다. 기능은 모든 임의의 목적들이기에 충분한 능력의 소유이다. 기능은 요컨대 전혀 어떤 목적도 결정하지 못하지만 나중에 그것을 상황들에 맡긴다. 예를 들면, 어떤 기능들은 읽기와 쓰기는 모든 경우에 좋고 다른 기능들은 우리들에게 인기 있는 음악에만 좋다. 많은 목적들 때문에 기능은 거의 끝이 없다. 사람들은 인간이 또는 현명하고, 인간사회에 뒤지지 않을 것이고, 그는 인기가 있고, 세력을 가지는 것을 중요하게 여겨야 한다. 이에 대하여 사람들이 문명화라고 부르는 일종의 문화 유형이 필요하다. 이와 같은 것에는 예절, 공손과 일종의 분별이 필수적이며, 그에 따라 사람들은 모든 인간을 그의 최종 목적에 적용할 수 있다. 문명화는 시대마다 변하기 쉬운 취향에 따른다. 사람들은 몇십 년 전에도 사교의 예법을 그대로 좋아했다.

사람들은 도덕화를 중요하게 여겨야 한다. 인간은 여러 가지 목적들에 어울려야 할 뿐만 아니라, 그가 진짜 좋은 목적을 선택하는 성향을 획득해야 한다. 좋은 목적들이란 필연적으로 모든 사람들에 의하여 시인되고, 같은 시대에 모든 사람들의 목적일 수 있는 그러한 것이다.

■ 인간은 길들여질 수 있고, 훈련되어질 수 있고, 기계적으로 가르치거나 또는 계발되어질 수 있다. 사람들은 개나 말을 길들이고, 인간을 길들일 수 있다. 그러나 어린이들이 생각하는 것을 배우는 일은 또한 길들이는 것에 의하여 도달하지는 못하지만, 주로 길들이는 것에 달려 있다. 모든 행위들이 발원하는 참된 교육을 할 때, 아주 많은 것을 행할 수 있다. 일반적으로 그러나 사적 교육을 할 때, 네 번째의 가장 중요한 부분, 즉 도덕화는 아직도 이행되지 않는다. 왜냐하면 사람들이 도덕화를 성직자에게 양도할 정도로 어린이들을 실제적으로 가르쳤기 때문이다. 신이 악덕을 금했기 때문이라는 근거에서 뿐만 아니라 악덕이 자기 자신에게서 증오할 가치가 있기 때문이라는 근거에서도, 어려서부터 어린이들이 악덕을 미워하도록 가르치는 일이 그렇게 중요하지는 않다. 그렇지 않다면 어린이들은 그들이 항상 악덕을 행할 수 있고, 그밖에 악덕은 신이 그것을 금하지 않았다면 허락된다. 그러므로 신이 한 번은 하나의 예외로 할 수 있다는 생각이 떠오르기 쉽다. 신은 성스러운 존재이고 다만 선하다는 그것이며, 신이 덕을 요구하기 때문에 우리가 덕을 행하기를 요구하는 것은 아니다.

우리는 훈육, 문화와 문명화의 시점에 살고 있으나, 도덕화의 시점에서 아직 오래지 않았다. 현재 인간의 상태에서 국가의 행운은 인간의 불행과 함께 동시에 성장한다고 우리는 말할 수 있다. 모든 이러한 문화가 우리들에게는 일어나지 않기 때문에, 우리는 우리들의 현재 상태에서 보다 운이 좋지 않은 야만 상태에 있지 않는가? 그것은 아직 의문이다. 그래서 우리들이 인간을 윤리적이고 현명하게 만들지 못한다면, 어떻게 인간을 행복하게 만들 수 있는가? 인간을 윤리적이고 현명하게 만들지 못할 경우, 악의 양이 줄어들지 않는다.

- 교육은 부양과 도야를 포함한다. 도야는 소극적 측면에서는 단지 과오를 막아주는 훈육이다. 적극적 측면에서는 먼 옛날부터 문화에 속하는 교수와 지도이다. 지도는 사람들이 배운 그러한 것을 실행하는 데서 지도이다. 여기에는 다만 교사인 학교교사와 안내자인 가정교사 사이의 구별이 생긴다. 학교교사는 학교를 위하여 가르치고, 가정교사는 생활을 위하여 가르친다.

- 학교에서 최초의 교육 시기는 학동이 공손과 수동적 복종을 표시해야 하는 때이다. 다음 시기는 사람들이 학동들에게 이미 숙려와 숙려의 자유를 법칙에 따라 이용하도록 허락하는 시기이다. 최초 시기의 구속은 기계적 구속이고, 다음 시기에는 도덕적 구속이다.

11. 완전한 삶을 위한 교육: 허버트 스펜서의 『교육론』

■ 인간에게 '어떻게 살 것인가?'라는 물음은 중대한 사안이다. '어떻게 사느냐?'는 물질적 의미에 국한되지 않는, 굉장히 의미가 넓은 문제이다. 개별적인 것을 포괄하는 보편적인 문제는 모든 방향과 상황을 감안하여 행실을 바르게 규정한다. 예컨대, '몸과 마음은 어떻게 단련해야 하는가?', '사업상 업무는 어떻게 관리해야 하는가?', '가족은 어떻게 부양해야 하는가?', '어떤 각오로 시민답게 살아야 하는가?', '자연이 준 행복을 어떻게 활용할 것인가?' 등과 같은 물음은 모두 완벽한 인생의 묘안에 대해 묻는 질문이다.

'어떻게 살 것인가?'라는 주제는 사람이 마땅히 배워야 할 원대한 과제이다. 그러므로 궁극적으로 교육이 가르쳐야 하는 사안이다. 완전한 삶을 준비하는 일은 교육이 감당해야 한다. 그렇기에 합리적인 교육과정을 위한 방안은 이와 같은 기능을 실현하는 데 중점이 주어져야 한다.

그러나 이러한 철학은 전부는 아닐지라도 일부분의 경우도 제대로 활용된 적이 없다. 앞으로는 모든 사례를 통틀어 이를 체계적으로 적용해야 한다. 완전한 삶이야말로 우리가 성취해야 할 목표라는 점을 분명히 염두에 두라! 그러면 이러한 목적을 세밀하게 고려하여 아동의 양육에 필요한 교과와 교수법을 선택하게 될 것이다.

현재 유행하고 있는 교육의 양식을 무비판적으로 수용해서는 안 된다. 그것은 여느 때의 유행과 나을 것이 없기 때문이다. 아동의 정서를 계발하는 일에 대해 주의 깊게 살펴야 할 지성인이라면, 제한된 경험에 따르는 판단 방식을 하루빨리 탈피해야 한다. 이런저런 지식이 훗날에는 쓸모 있다거나 이런 지식이 다른 것보다 실용적이라는 '사고'만으로는 부족하다. 관심을 가져도 될 만한 지식에 대해 가능한 한 충분히 '알 수 있도록' 지식 나름의 가치를 추정하는 과정도 모색해야 한다.

물론, 이러한 일이 쉬운 과제는 결코 아니다. 그러나 이해득실을 따져본다면, 어렵다고 소심하게 포기할 것이 아니라, 에너지를 모두 쏟아서라도 이를 성취해야 한다는 데 동의할 것이다. '완전한 삶을 위한 교육'과 같은 일은 체계적으로 착수해야만 보다 큰 성과를 얻을 수 있다. 그 첫 단추는 생활에서 구현되는 주된 활동을 비중에 따라 구분한 것이다. 그 순위는 다음과 같다.

첫째는 '자기보존에 직결되는 활동'이다. 둘째는 '생활수단으로써 간접적으로나마 자기보존에 직결되는 활동'이고, 셋째는 '자녀의 훈육에 관한 활동'이며, 넷째는 '사회 정치적 인맥을 적절히 관리하는 데 주안점을 둔 활동'이다. 그리고 마지막 다섯째는 '여가에 해당되며 취미와 취향을 만족시키는 다양한 활동'이다.

교육의 이상이란 위의 다섯 가지 항목에서 완벽한 대비를 두고 하는 말이다. 이상을 이룰 수 없다면, 사람마다 행동에 차등이 있을 수밖에 없다. 현재로서는 이 다섯 항목을 적절한 비율로 대비하는 것을 목표로 삼아야 한다. 어떤 항목에서건 그것이 매우 중요하다고 하더라도 하나에 치우치거나, 둘이나 서너 가지 중요한 항목에만 관심을 두기보다는, 가치가 가장 큰 것에서 가장 낮은 항목에 이르기까지 모두에 주안점을 두어야 한다. 일반인의 경우, 삶에 보탬이 될 만한 항목에서는 완전함에 가까워지는 교육을, 그렇지 못한 항목에서는 완전함의 정도가 낮은 교육을 바랄 것이다.

■ 기존의 문화는 쇠퇴하기 마련이다. 새롭게 부상하는 것 가운데 가장 중요한 변수는 '관찰력'이라는 체계적인 문화이다. 인류는 눈이 가려진 채 수세대를 보내다가 마침내 '아동의 관찰력'이라는 자율활동에 의미와 쓰임새가 있다는 것을 알게 되었다. 과거에는 무의미하다고 생각했던 허튼짓이나 놀이나 장난에 불과했던 사안이 지금은 후속 지식의 근간인 지식 습득의 과정으로 인정받게 된 것이다. 학습자가 실제 사물을 직접 관찰하거나 만져보도록 하는 학습 방법인 실물교육은 발상은 좋았다. 하지만 구체적으로 실시된 적이 거의 없었다.

물리학이 과학이라는 베이컨의 격언은 교육에도 적용해 볼 만하다. 인간의 지각은 오류가 많다. 때문에 물체의 시각적·촉각적 특성을 정확히 알지 못하면, 추론이 잘못되어 일을 그르칠 확률이 높다. 수면 부족으로 나른하고 몽롱한데도 교육이 감각을 등한시한다면 그것을 고칠 방법은 없다.

우리는 철저한 관찰력이 성공을 부르는 기본 원리라는 점을 알게 될 것이다. 관찰력이 필요한 사람은 예술가, 자연주의자, 과학자에 국한되지 않는다. 매우 유능한 의사도 정확한 진단을 내리려면 관찰력이 남달라야 하고, 오랜 경력이 있는 기술자라면 관찰력이 이미 생활화되었을 것이다. 그러나 따지고 보면 철학자도 다른 사람들은 간과하고 마는 대상의 관계를 '관찰하는' 사람이다. 시인 또한 지적해주면 단번에 알아차리지만 말하기 전에는 누구도 눈치채지 못하는, 자연계의 세밀한 사실을 '관찰하는' 사람이다. 확실하고 생생한 인상이 중요한 대상이라면, 단연 섬세한 관찰력이 필요할 것이다. 지혜라는 튼튼한 직물을 썩은 원재료로 짤 수는 없다.

■ 변화의 물결 가운데 가장 의미심장한 사실은, 지식 습득을 고통이 아니라 즐거움으로 바꾸겠다는 욕구이다. 다시 말하면, 연령별로 좋아하는 지적 활동이 학습에 바람직하며, 그 반대도 성립된다는, 지각에 근거한 욕구가 점차 커지고 있다는 것이다. 지식에 대한 욕구가 커지고 있다는 것은 지식을 이해할 수 있도록 지각이 적절히 발달해 왔음을 뜻한다. 반면, 지식이 발달에 필요하지만, 너무 이르게 또는 소화할 수 없는 방식으로 지식을 전달하면서 지식에 대한 혐오가 생겨났다는 의견이 확산되고 있다. 따라서 조기교육은 물론, 모든 교육에 '재미'를 덧입혀야 할 것이다.

놀이뿐만 아니라, 동요와 동화도 가르쳐라. 날이 갈수록 우리는 아동의 의견에 계획을 맞추고 있다. '아동이 이런저런 수업을 좋아할까?', '아동이 과연 몰입할 수 있을까?' 우리는 끊임없이 질문을 던진다.

"아이가 선천적 욕구를 마음껏 해소해야 한다"라는 것이 마르셀의 지론이다. 그는 "호기심 해소를 통해, 지적·신체적 능력이 발달되어야 한다. 수업은 아이가 지루하다는 의사를 밝히기 전에 마쳐야 한다."라고 하였다. 중등이나 고등교육도 대동소이하다. 수업 후 잠시 쉬거나, 야외로 소풍을 가거나, 재미있는 강연을 듣거나, 합창을 연습하는 과정에서, 우리는 기분 전환을 느낄 수 있다. 금욕주의는 교육 밖으로 사라지고, 인생에서도 작별을 고하는 추세이다. 아울러 행복을 장려하는 정책은 학교와 교육시설에 관한 입법의 기초가 될 것이다.

■ 아동이 넘어지거나 탁자에 머리를 부딪쳐 통증을 느끼면, 그때마다 다음에는 좀 더 조심해야겠다는 마음을 갖게 된다. 같은 실수를 반복하다 보면 바른 행동의 가이드라인이 몸에 배게 마련이다. 한두 번의 안전사고는 뇌리에 깊이 각인되어 이후에는 굳이 설득하지 않아도 '사고 불감증'에 걸리지 않는다. 이와 같이 자연은 가장 단순한 방법으로 도덕교육의 진정한 이론과 실제를 자세하게 밝히고 있다.

첫째, 몸에 상처를 입거나 모종의 불이익을 당한 경우, 우리는 잘못과 그 결과를 가장 단순한 사안으로 축소시키려는 성향이 있다. 사회적 통념상 '옳고 그름'은 신체적 결과가 따르는 행위에는 거의 적용되지 않는다. 하지만, 이 문제를 염두에 둔 사람이라면, 그런 행위도 여느 것과 같이 '옳고 그름'이라는 범주로 구분할 수 있음을 알게 될 것이다.

둘째, 신체적 잘못을 방지하는 체벌의 특성을 살펴볼 필요가 있다. 여기에서 '체벌'이란, 단순하게 인위적이고 불필요한 고통을 가하는 것이 아니다. 신체의 행복에 근본적으로 위배되는 행동을 자비롭게 견책하는 작업을 두고 하는 말이다. 견책이 없으면 상해로 몸이 금세 망가질지도 모른다. 이 벌칙은 특성상 행동에 따른 '불가피한 결과'이자 아동의 행동에서 비롯된 '필연적 반응'에 불과하다.

셋째, 잘못에 따르는 자연의 대응은 지속적이고, 직접 체감할 수 있으며 주저하는 법이 없다. 또한 피할 수 없다는 점도 주목해야 한다. 자연은 위협하지 않는다. 단지, 엄정하면서도 묵묵히 반응을 보일 뿐이다. 주변의 무생물계를 관찰하다 보면, 빗나갈 틈도 없이 조밀하다는 것을 깨닫게 된다. 변명을 들어주거나 핑계로 호소할 기회조차 없다. 엄정하지만 유익한 규율을 빨리 깨닫는다면, 이후에 잘못을 저지르지 않도록 조심할 것이다.

이러한 지식은 아동뿐만 아니라 성인의 일생에도 두루 적용된다. 그래서 더욱 중요해 보인다. 남녀를 막론하고 인간은 누구나 자연적 결과를 경험으로 습득하여, 이러한 지식을 통해 그릇된 행동에 대한 견책을 받는다.

■ 현재의 교육 방식으로 아이를 가르치는 일은 여러 가지로 해롭다. 결론은 그렇다. 먹고 입는 것이나 운동이 부족한데 머리를 지나치게 가동시키고 있으니, 교육이 잘못되었다는 말이다. 현행 교육제도는 대체로 가혹하다. 주는 건 거의 없고, 너무 많은 것을 요구한다. 에너지를 쥐어짜는 정도를 보면 청소년의 일상이 성인의 것과 크게 다르지 않다.

태아의 경우, 모든 에너지는 아이의 성장에 투입된다. 유아기가 되면, 성장에 동원되는 에너지가 대부분을 차지하기 때문에 신체 및 두뇌활동에 투입되는 에너지는 아주 적을 수밖에 없다. 아동기와 청소년기를 통틀어도 성장이 주된 요건이 된다. 다른 사안은 하위범주에 들어간다. 이때는 더 주고 덜 거두어야 한다는 조건이 붙는다. 성장률이 증가하는 속도만큼 신체 두뇌활동을 제한하고, 성장률이 감소하는 속도만큼 그것을 허용한다는 뜻이다.

다른 관점에서 보면, 이렇게 부담스러운 교육은 문명이 과도기에 접어들면서 발생한 것으로 보인다. 원시시대에는 공격과 방어가 주된 사회활동이었기 때문에 왕성한 체력과 담력이 필요하였다. 그때는 물리적 교육이 전부를 차지했고, 지성은 뒷전으로 밀려났다. 봉건시대처럼 지성이 푸대접을 받았다. 그러나 지금은 비교적 평화로운 시대이기 때문에 체력보다는 수공업이 더 중요해졌다. 출세도 대개는 사고력이 좌우하게 되었다. 그러므로 교육도 머리에 편중될 수밖에 없는 것이다. 몸은 중시하고 머리를 경시하는 과거와 달리, 지금은 머리를 중시하고 몸을 경시하는 추세이다. 물론 둘 다 바람직하지 않다. 인간은 물질이 정신의 근간을 이루고, 물질 없이는 정신이 발달할 수 없다는 진리를 아직 깨닫지 못했다. 고대와 현대의 사고방식을 별개로 생각해선 안 된다.

건강을 지키는 일이 사명이라는 신념을 전파할 때, 신체와 정신이 골고루 육성하는 시대를 앞당길 수 있을지 모른다. 신체적 도의라는 개념을 의식하는 사람은 거의 없는 것 같다. 습관처럼 하는 언행을 보면, 왠지 제 몸은 제멋대로 취급해도 된다는 뉘앙스가 밴 듯하다. 그래서인지 대자연의 순리에 불복하여 몸에 문제가 생기면 불만이 쏟아진다. 자신이 처신을 잘못했다고 탓하는 사람은 없다. 가족과 후손에게 범죄만큼이나 몹쓸 짓을 저지를 때가 더러 있어도 이를 범죄로 여기는 사람도 없다. 예컨대, 술독에 빠지면 몸에 잘못을 저질렀다는 데는 대부분 공감할 것이다. 몸에 저지른 잘못과 마찬가지로 다른 잘못도 악하다는 점을 인정해야 하지만 그렇지 않은 분위기다. 건강의 법칙을 위한 죄는 모두 '신체적 죄'로 보아야 한다. 그런 사회적 분위기가 조성될 때, 체육교육이 중요함을 인식할 것이다.

12. 육체노동교육: 칼 마르크스의 『자본론』

■ 공장법, 즉 '생산과정의 자연발생적 발전 형태에 대한 사회 최초의 의식적이며 계획적인 반작용'은 우리가 이미 본 바와 같이, 면사·자동기계·전신과 마찬가지로 대공업의 필연적인 산물이다. 영국에서 공장법의 일반적 적용을 고찰하기 전에, 노동시간과 관계없는 그 일부 조항에 대해 간단히 언급할 필요가 있다.

보건조항은 자본가가 쉽게 그것을 회피할 수 있도록 쓴 용어법을 도외시하더라도, 그 내용이 매우 빈약해 사실상 벽에 흰 칠을 하라든가, 기타 약간의 청결 대책, 환기, 위험한 기계로부터 보호 등등의 규정들에 국한되어 있다. 우리는 노동자들의 몸을 보호하기 위해 얼마 되지 않는 비용을 공장주들이 부담하는 조항에 대해, 그들이 얼마나 미친 듯이 반대했는가를 "노동자를 희생시키는 노동조건들의 절약"에서 다시 보게 될 것이다.

상호 적대적 이해관계를 가진 사회에서 각 개인은 그 자신의 개인적 이익을 추구함으로써 공동의 복리를 촉진한다는 자유무역의 엉터리 교리가 훌륭히 실증되고 있다! 한 가지 실례만 들어도 충분하다. 주지하는 바와 같이, 지난 20년간 아일랜드에서는 아마공업과 그에 따르는 타마공장이 엄청나게 증가했다. 그 곳에서는 1864년에 이러한 공장이 1,800개나 있었다. 가을과 겨울에는 주로 부근의 소규모 농민들의 자녀들과 부인들, 즉 기계를 전혀 알지 못하는 사람들이 주기적으로 밭에서 일하던 노동을 떠나 타마공장의 압연기에 아마를 먹이는 일을 한다. 여기에서 발생하는 사고는 그 수와 종류에서 기계의 역사상 그 유례를 전혀 찾아볼 수 없을 정도다. 코크 근방의 킬디난에 있는 단 하나의 타마공장에서만도 1852년부터 1856년까지 사망이 6건, 불구 정도의 중상이 60건이었는데, 그 모두가 몇 실링의 비용이면 되는 매우 간단한 장치로 방지할 수 있는 그러한 것들이었다. 다운패트리크에 있는 공장들의 공의 화이트는 1865년 12월 15일의 공식 보고에서 다음과 같이 보고하고 있다.

"타마공장의 사고는 가장 무서운 종류의 것이다. 많은 경우 사지가 몸통에서 떨어져 나간다. 죽든가 그렇지 않으면 가련한 불구자로 되어 일생 동안 고생을 하든가 둘 중의 하나다. 국내에 공장이 증가함에 따라 물론 이 전율할 결과도 확대될 것이다. 따라서 이 공장들이 법의 규제를 받게 된다면 큰 다행이다. 나는 타마공장들에 대한 적절한 감독에 의해 신체와 생명의 큰 희생이 방지될 수 있다고 확신한다."

매우 간단한 청결·보건규정의 준수도 의회의 법률에 의거해야 한다는 이 사실보다 더 명백히 자본주의적 생산양식을 특징짓는 것이 또 어디 있겠는가?

■ 1864년의 공장법은 도자기 제조업에서 "200개 이상의 작업장에 흰 칠을 하게 시키고 청소하게 만들었는데, 다수의 경우에는 20년간이나, 또는 약간의 경우에는 전적으로 그러한 일이 절제되어 왔다." 이것이 자본가의 '절제'이다! "이러한 작업장에는 27,800명의 노동자가 고용되어 지금까지 과도한 주간 작업과 가끔 있게 되는 야간 작업을 통해 유해한 공기를 마셔 왔다. 이로 말미암아 그렇지 않다면 비교적 해가 없을 이 직업이 질병과 죽음의 위협을 계속 받게 되었다. 공장법은 환기시설을 크게 개선시켰다."

동시에, 자본주의적 생산양식은 그 본질로 보아 일정한 한계를 넘으면 어떤 합리적 개량도 하지 않는다는 것을 공장법의 보건조항은 뚜렷이 보여준다. 이미 반복해서 지적한 바와 같이, 작업이 계속되는 경우 1인당 최저한도의 공간은 500입방 피트여야 한다고 영국의 의사들은 이구동성으로 말하고 있다. 그런데 공장법은, 그 모든 강제규정에 의해, 소규모 작업장을 공장으로 전환시키는 것을 간접적으로 촉진시키며 따라서 간접적으로 소자본가의 재산권을 침해하고 대자본가에게 독점을 보장하고 있는데, 만약 공장법이 그 위에다가 각 작업장에서 각 노동자에게 필요공간을 제공하도록 강제한다면, 그것은 수천의 소자본가들을 일격에 직접적으로 몰락시키게 될 것이다. 그것은 대자본이나 소자본이나 할 것 없이 다 같이 노동력의 '자유로운' 구매와 소비에 의해 가치를 증식시킨다는 자본주의적 생산양식의 근본에 대해 타격을 주게 될 것이다. 이리하여 공장법은 이 500입방 피트의 숨쉴 공간 앞에서는 숨이 딱 막혀버린 것이다. 보건당국·공업조사위원·공장감독관들은 노동자들이 이 500입방 피트를 가지는 것이 필요한 것이지만 그것을 자본가에게 강제하는 것은 불가능하다고 재삼 반복해 말하고 있다. 그리하여 그들은 사실상 폐결핵과 기타 폐병들이 자본의 존재에 필요한 조건이라고 말하는 것이나 다름없다.

■ 공장법의 교육조항은 대체로 빈약한 것이지만, 초등교육을 아동 고용의 의무조건으로 선언했다. 이 조항들의 성공은 교육과 체육을 육체노동과 결합시키는 것의 가능성, 따라서 육체노동을 교육·체육과 결합시키는 것의 가능성을 처음으로 입증했다. 공장 감독관들은 학교 선생에게서 들은 증언으로부터 공장 아동들이 받는 교육은 비록 정규적 주간 학생들의 절반에 불과하지만, 배워 얻는 것은 같거나 때로는 더 많다는 것을 곧 발견했다.

> "사정은 간단하다. 학교에 반나절만 나가는 학생들은 언제나 정신이 맑으며, 또 거의 언제나 수업을 받아들일 수 있으며, 또 받아들이려고 한다. 일하면서 배우는 제도에서는 노동과 학업 중 어느 하나가 끝나면 다른 것은 휴식과 기분전환으로 되며, 따라서 이 제도는 양자 중 어느 하나가 중단 없이 계속되는 제도보다 아동에게 훨씬 적합하다. 아침 일찍부터 학교에 앉아 있는, 특히 날씨가 더운 때, 소년은 노동을 끝마치고 생기 있고 맑은 정신으로 오는 소년과 도저히 경쟁할 수 없다."

또 하나의 논증은 1863년 에딘버러의 사회과학대회에서 행한 시니어의 연설에서도 볼 수 있다. 그는 여기에서 무엇보다도 상류·중류계급의 아동들이 받는 단조롭고 비생산적인 장시간의 수업이 선생의 노동을 쓸데없이 증가시키며, "동시에 아동들의 시간·건강·정력을 무익하게 낭비시킬 뿐 아니라 절대적으로 유해하게 낭비시킨다."고 지적하고 있다. 로버트 오웬이 상세하게 지적하고 있는 바와 같이, 공장제도로부터 미래 교육의 맹아가 싹터 나오고 있다. 이 교육은 일정한 연령 이상의 모든 아동들에게 생산적 노동을 학업 및 체육과 결합시키게 될 것인데, 이것은 생산의 능률을 올리기 위한 방법일 뿐만 아니라, 전면적으로 발달한 인간을 생산하기 위한 유일한 방법이기도 하다.

■ 우리가 이미 본 바와 같이, 대공업은 각 인간을 어떤 한 부분 작업에 일생 동안 묶어두는 매뉴팩처적 분업을 기술적으로 타파한다. 그러나 그와 동시에 대공업의 자본주의적 형태는 그 분업을 더욱 괴상한 것으로 재생산한다. 즉 진정한 공장 안에서는 노동자를 기계의 의식 있는 부속물로 전환시킴으로써, 그리고 진정한 공장 이외의 모든 곳에서는 기계와 기계 취급 노동자를 드문드문 사용함으로써, 그리고 분업의 새로운 기초로서 부인·아동·미숙련공의 노동을 도입함으로써, 분업을 괴상한 형태로 재생산한다.

　매뉴팩처의 분업과 대공업의 기본 특징 사이의 모순은 강렬하게 표출된다. 그것은 예컨대 다음과 같은 무서운 사실에서 나타난다. 즉 근대적 공장과 근대적 매뉴팩처에 고용된 아동들의 대부분은 아주 어릴 때부터 가장 단순한 작업에 묶여 다년간 착취당하면서도 나중에 동일한 공장에서라도 유용한 어떤 기능 하나도 배우지 못한다는 사실이다. 예를 들어, 영국의 인쇄업에서는 이전에는 도제들이 단순한 작업에서 복잡한 작업으로 이행하는 종래의 매뉴팩처 및 수공업의 제도에 상응하는 하나의 제도가 있었다. 그들은 완전한 인쇄공이 되기까지 여러 가지의 훈련 과정을 거쳤다. 읽고 쓸 수 있다는 것이 모든 사람에게 인쇄공이 되기 위한 한 가지 필요조건이었다. 그러나 인쇄기가 나타나면서 이 모든 것은 달라졌다. 기계는 두 종류의 노동자를 사용한다. 하나는 기계를 관리하는 성인 노동자이고, 다른 하나는 대개 11~17세의 소년 노동자들인데 그들이 하는 일은 오로지 인쇄용지를 기계에 집어넣든가 인쇄된 종이를 기계에서 빼내는 일이다. 그들은 특히 런던에서는 1주일에 며칠간은 휴식 없이 14, 15, 16시간이나 이 고역스러운 일에 종사하며, 때로는 식사시간과 수면시간으로 불과 두 시간을 가질 뿐 연속 36시간이나 일하는 때도 있다. 그들은 대부분은 읽을 줄을 모르며 또 그들은 대체로 아주 야만적이고 비정상적인 인간들이다.

"그들이 해야 할 작업에는 그 어떤 지적 훈련도 필요하지 않다. 그 작업에는 기능도 필요 없고 판단은 더욱 필요 없다. 그들의 임금은 소년으로서는 어느 정도 높지만 그들의 성장에 비례해 상승하지 않으며, 또 대다수는 수입이 더 좋고 더 책임감이 있는 기계 관리공의 지위에 올라갈 수 없다. 왜냐하면 각 기계에는 관리공이 1명에 불과한데 소년들은 적어도 2명, 때로는 4명이나 붙어 있기 때문이다."

그들은 아동노동에 적합한 연령을 넘기만 하면, 즉 많아도 17세가 되기만 하면 인쇄업에서 해고된다. 그들은 우범자가 된다. 그들에게 다른 직업을 주려는 약간의 시도가 있었지만, 그들의 무지·난폭·육체적 및 정신적 타락 때문에 실패했다.

13. 생활경험교육: 존 듀이의 『나의 교육신조』

제1조 교육이라는 것

1. 나는 이것을 믿는다. 즉 모든 교육은 개인이 종족의 의식에 참여함으로써 이루어진다. 이 과정은 거의 출생 시부터 무의식적으로 시작하여, 그 후 계속적으로 개인의 힘을 가다듬고 의식을 채우며 습관을 형성하고 아이디어를 훈련하며 감정과 정서를 일깨워 준다. 이 무의식적 교육을 통하여 개인은 인간이 애써 놓은 지적, 도덕적, 자원을 점차로 공유하게 된다. 그는 문명이라는 합자 유산의 상속자가 된다. 이 세상의 가장 체계적이고 전문적인 교육이라 하더라도 이 일반적인 과정에서 벗어나서는 안 된다. 제도화된 교육이 할 수 있는 일은 오직 그 과정을 특정한 방향으로 조직하고 세분하는 일뿐이다.

2. 단 하나의 참된 교육은 아동이 그 안에서 살고 있는 사회적 상황의 요구에 의하여 그의 힘을 자극하는 데서 나온다. 이 요구를 통하여 아동은 한 단위체의 구성원으로서 행동하도록, 원래 자기가 가지고 있던 좁은 행위와 정서에서 벗어나 그가 속하고 있는 집단의 복지라는 관점에서 자신을 파악하도록 자극을 받는다. 자기 자신의 활동에 대한 다른 사람들의 반응을 통하여 그는 이 다른 사람들의 존재를 사회적 관점에서 파악하게 된다. 다른 사람들이 가지고 있는 가치는 아동을 거쳐 다시 그들에게로 반사되어 들어간다. 예컨대, 아동의 본능적 응얼거림에 대한 다른 사람의 반응을 통하여 아동은 그 응얼거리는 소리의 의미를 알게 된다. 즉 그 응얼거림이 분명한 언어로 변형되는 것이다. 이와 같이 하여 아동은 오늘날 언어에 요약되어 있는 풍부한 아이디어와 정서의 통합체에 입문된다.

3. 이 교육적 과정에는 심리학적 측면과 사회학적 측면이라는 두 개의 측면이 있으며, 그 가운데 어느 것 하나라도 다른 것에 종속되거나 도외시되면 나쁜 결과가 따라온다. 이 두 가지 가운데, 심리학적 측면은 교육적 과정의 기초를 이룬다. 아동 자신의 본능과 힘은 모든 교육의 자료이며 출발점이 된다. 만약 교육자의

노력이 아동의 독립적·자발적 노력으로 이루어지는 활동과 관련을 맺지 못한다면, 교육은 외부로부터의 강압으로 전락하고 만다. 그것이 모종의 외적 결과를 가져온다 하더라도, 그것을 진정한 의미에서 교육이라고 부를 수는 없다. 그러므로 아동 개인의 심리적 구조와 활동에 관한 통찰 없이는, 교육적 과정은 우발적이고 임의적인 것이 될 것이다. 어쩌다가 아동의 활동과 들어맞으면 효과를 보고, 그렇지 않으면 아동의 본성과 마찰이 생기거나 그것을 와해 또는 정지시키는 결과를 가져온다.

4. 사회적 조건에 관한 지식, 현재의 문명 상태에 관한 지식은 아동이 가지고 있는 힘을 올바르게 해석하는 데에 필요하다. 아동은 그 자신의 본능과 경향을 가지고 있지만, 우리가 그것을 사회적 맥락에 비추어 해석할 수 있기 전에는 그것이 가지고 있는 의미를 알 수가 없다. 그러기 위해서는 아동의 본능과 경향을 과거의 사회에 다시 투입하여 그것을 이전의 인류의 활동의 유산으로 해석할 수 있어야 한다. 우리는 또한, 그것을 미래에 투영하여 그것이 가지고 올 성과 또는 그것이 이룩해야 할 목적이 무엇인가를 예상할 수 있어야 한다. 바로 앞에서 사용한 예를 가지고 설명하자면, 아동의 응얼거리는 소리에서 미래의 사회적 교섭과 대화의 가능성과 잠재력을 보는 능력, 이것이 곧 아동의 본능을 올바르게 다룰 수 있도록 한다.

5. 교육의 심리학적 측면과 사회적 측면은 서로 유기적으로 관련되어 있으며, 이런 의미에서의 교육은 양자 사이의 타협이나 그 중의 하나가 다른 하나를 지배하는 것으로 규정되어서는 안 된다. 오늘날 사람들은, 교육을 심리학적 관점에서 정의하는 것은 공허하고 형식적이라는 말을 하고 있다. 다시 말하면, 그러한 정의는 온갖 정신능력의 개발에 관해서는 언급하면서도 그 능력이 어디에 쓰이는가에 관해서는 말해 주지 않는다는 것이다. 또한, 교육은 개인을 문명에 적응시키는 일이라는 식의, 사회적 관점에서의 정의는 교육을 외적, 강제적 과정으로 취급하여 개인의 자유를 사전에 정해 놓은 사회적·정치적 상황에 종속시키는 결과를

가져온다고 사람들은 말한다.

6. 교육의 두 측면을 서로 대립된 것으로 따로따로 떼어 놓고 보면, 위의 두 가지 반론은 모두 타당하다. 힘이라는 것이 참으로 어떤 것인지 알려면 그 힘의 목적·용도·기능을 알아야 하며, 그렇게 하자면 개인을 사회적 관계 속에서 활동하는 존재로 파악하지 않으면 안 될 것이다. 그러나 또 한편, 현존의 사회적 조건하에서 아동에게 적응할 수 있도록 하는 유일한 방도는 아동이 가지고 있는 모든 힘을 완전하게 발휘할 수 있도록 해주는 것이다. 민주주의와 현대 산업사회의 도래로 말미암아, 지금부터 20년 뒤의 문명이 어떻게 될지 정확하게 예측할 수 있는 사람은 아무도 없다. 따라서 아동을 모종의 엄밀하게 규정된 상황에 준비시켜 준다는 것도 있을 수 없다. 아동에게 미래의 삶을 위한 준비를 시켜 준다는 것은 아동에게 스스로를 통제할 수 있도록 하는 것, 다시 말하면, 그의 모든 능력을 언제 어디서나 충분히 활용할 수 있도록 그를 훈련시킨다는 뜻이다. 그의 눈과 귀와 손은 언제라도 사용할 수 있는 도구가 되어야 하며, 그의 판단은 그것이 적용될 상황을 파악할 수 있어야 하며, 그의 실행능력은 경제적으로 효율적으로 작용할 수 있도록 훈련되어야 한다. 이런 식의 적응에 도달하려면, 개인 자신의 능력과 취향과 관심에 대한 항구적인 존중이 있어야 한다. 즉, 교육은 늘 심리학적인 고려에 비추어 점검되어야 하는 것이다.

7. 요약컨대, 내가 믿는 바로는, 교육을 받는 개인은 사회적 개인이며, 사회는 개인의 유기적 통합체이다. 아동에서 사회적 요인을 빼어 버리면 남는 것은 추상적 존재뿐이다. 사회에서 개인적 요인을 빼어 버리면 남는 것은 무기력하고 생명 없는 덩어리뿐이다. 그러므로 교육은 아동의 능력과 관심과 습관에 대한 심리학적 통찰로 시작해야 한다. 교육의 모든 고비를 통제하는 것은 바로 그와 동일한 고려에 의해서이다. 아동의 능력과 관심과 습관은 끊임없이 다시 해석되지 않으면 안 된다. 매 단계에서 우리는 그것들이 무엇을 의미하는지 알아야 하는 것이다. 우리는 그것들을 사회적 맥락에 비추어, 다시 말하면 그것들이 사회에 어떤

봉사를 할 수 있는가 하는 관점에서 해석하지 않으면 안 된다.

제2조 학교라는 곳

8. 나는 이것을 믿는다. 즉 학교는 다른 무엇이기 이전에 하나의 사회적 기관이다. 교육이 사회적 과정인 만큼, 학교는 당연히 사회생활의 한 형태가 되어야 한다. 이러한 의미에서의 학교는 아동에게 인류가 물려받은 자원을 공유하고 자기 자신의 힘을 사회적 목적에 사용하도록 양육하는 데에 가장 효과적인 모든 사회기관들이 집결된 곳이다.

9. 그러므로 교육은 삶의 과정 그 자체이며, 미래의 삶을 위한 준비가 아니다.

10. 학교는 삶의 전형적인 모습을 나타내어야 한다. 이 삶은 아동이 가정에서, 이웃에서, 놀이터에서 살고 있는 삶, 그것과 다름없이 실감과 생기를 가진 것이어야 한다.

11. 삶의 여러 형식들, 그 자체로서 살 가치가 있는 삶의 형식들을 통하여 이루어지는 교육이 아니라면, 그것은 언제나 진정한 실재의 대용물일 뿐이며, 족쇄를 채우고 목을 조르는 일로 되고 만다.

12. 사회기관으로서의 학교는 현존의 사회생활을 단순화하여야 한다. 학교는, 말하자면, 사회생활을 태아의 형태로 축소하여야 한다. 현재의 삶은 너무 복잡하여, 아동이 직접 접촉하면 혼란과 산만에 빠지게 된다. 현재 진행 중인 수많은 활동에 압도당하여, 아동은 질서정연하게 반응하는 자신의 힘을 잃어버리거나, 그렇지 않으면 다양한 활동에 자극되어 자기 자신의 힘을 때이르게 발휘하려 들다가 지나치게 전문화된 길로 빠지거나 와해되어 버린다.

13. 이와 같이 단순화된 사회생활로서의 학교는 가정생활을 출발로 하여 거기서 점차 성장해 나오는 모습을 띠어야 한다. 학교의 생활은 아동이 가정에서 이미 익숙해 있는 활동들을 취하여 그것을 계속 시켜 나가야 한다.

14. 학교는 가정에서의 활동을 아동에게 보여 주어 아동이 점차로 그 활동의 의미

를 알게 되도록, 그리하여 그 활동과의 관련에서 자신의 역할을 수행할 수 있도록 하는 방식으로 그것을 재현해 주어야 한다.

15. 이것은 아동의 성장에 계속성을 부여하는 유일한 방법이고, 아동이 가지고 있는 과거 경험배경에 학교교육이 새로운 아이디어를 부여하는 유일한 방법이며, 이 점에서 그것은 심리학적 필수조건이다.

16. 이것은 또한 사회적 필수조건이기도 하다. 왜냐하면 가정은 이때까지 아동이 양육되고 도덕적 훈련을 받은 사회생활의 형태이며, 여기에 비하여 학교는 가정생활과 밀접하게 결부되어 있는 아동의 가치관을 심화·확대시키는 것을 임무로 삼기 때문이다.

17. 현재의 교육이 실패하는 가장 큰 원인은 학교가 사회생활의 한 형태라는 이 근본적 원리를 무시한다는 데에 있다. 현재의 교육에서는 학교를 학생들에게 정보를 제공해 주는 곳, 공부를 가르쳐 주는 곳, 습관을 형성해 주는 곳으로 생각한다. 학교에서 습득되는 이런 것들의 가치는 주로 먼 장래에 있는 것으로 생각된다. 아동은 미래의 다른 어떤 것을 하기 위해 이런 것들을 배워야 한다고 생각된다. 요컨대 그것은 단순한 준비이다. 그 결과로, 이런 것들은 아동의 현재 생활경험의 일부가 되지 못하고 따라서 진정한 교육이 되지 못한다.

18. 도덕교육은 이와 같이 학교를 사회생활의 한 양식으로 보는 관점을 중심으로 하여 전개된다. 가장 훌륭하고 가장 깊은 도덕적 훈련은 바로 일과 사고가 단일체를 이루는 사태 속에서 다른 사람들과 관계를 맺음으로써 이루어진다. 현재의 교육체제가 이 단일체를 파괴하거나 도외시하는 한, 진정하고 본격적인 도덕훈련은 어렵거나 불가능하다.

19. 아동이 일의 자극과 지침을 받는 것은 지역사회의 생활을 통해서이다.

20. 현재의 상황에서 그 자극과 지침이 지나칠 정도로 교사에게서 나오는 것은, 학교가 사회생활의 한 형식이라는 것을 망각하고 있기 때문이다.

21. 학교에서의 교사의 위치와 역할도 이와 동일한 기초에 입각하여 해석해야 한

다. 학교에서 교사는 아동에게 관념을 주입하고 습관을 형성하는 사람이 아니라, 지역사회의 한 구성원으로서 아동에게 미쳐야 할 영향을 선정하고 아동이 이 영향에 올바르게 반응하도록 도와주는 사람이다.

22. 학교에서의 훈육은 학교생활 전체에서 나와야 하며, 직접 교사에게서 나와서는 안 된다.

23. 교사의 일은 단순히, 그가 가지고 있는 보다 풍부한 경험과 보다 성숙된 지혜로, 생활의 훈육이 아동에게 어떤 방식으로 이루어져야 하는가를 결정하는 데 있다.

24. 아동의 성적이나 진급에 관한 모든 문제도 위와 동일한 기준에 비추어 결정해야 한다. 시험의 용도는 오직 아동이 사회생활을 해 나가는 데에 얼마나 적합한가를 사정하고, 아동이 어떤 점에서 가장 유용한 봉사를 할 수 있으며 어떤 점에서 가장 도움을 필요로 하는가를 시사 받는 데 있다.

제3조 교육의 내용

25. 나는 이것을 믿는다. 즉 아동의 사회생활은 그의 모든 훈련 또는 성장을 집중시키고 관련짓는 기초이다. 사회생활은 아동에게 무의식적 단일체가 되며 그의 모든 노력과 그의 모든 성취에 배경을 이룬다.

26. 학교 교육과정의 내용은 사회생활의 원초적·무의식적 단일성을 출발점으로 하여 거기서 점차 분화된 형태를 나타내어야 한다.

27. 이 사회생활과의 훈련을 떠나서 읽기·쓰기·지리 등등, 여러 개의 세분된 교과들을 너무 갑자기 아동에게 제시하는 것은 아동의 천성에 역행하는 것이고, 교과에서 생길 수 있는 최선의 윤리적 결과를 얻기 어렵게 만든다.

28. 학교 교과들을 서로 관련짓는 진정한 구심점은 과학도 아니고, 문학도, 역사도, 지리도 아니며, 오직 아동 자신의 사회적 활동이다.

29. 과학, 또는 소위 '자연 공부'가 교육을 통합하는 구심점이 될 수 없는 것은, 인

간 활동과의 관련을 떠난 자연 그 자체는 단일체가 아니기 때문이다. 자연 그 자체는 공간과 시간에 흩어져 있는 수많은 다양한 물체들일 뿐이며, 이러한 자연을 그 자체로서 공부의 구심점으로 삼으려고 하는 것은 집중이 아닌 분산의 원리를 따르는 것이다.

30. 문학은 사회적 경험을 되받아서 표현하고 해석하는 일이며, 따라서 그것은 그러한 경험에 앞서는 일이 아니라 그것을 뒤따르는 일이다. 그러므로 문학은 통합된 교과를 요약하는 수단은 될지 모르나 교과통합의 기초는 될 수 없다.

31. 다시, 역사의 교육적 가치는 사회생활과 사회적 성장의 여러 면모를 제시하는데 있다. 사회생활과 관련 없는 단순한 역사로 취급되면, 그것은 먼 과거로 내던져져서 생기 없고 무기력한 것이 되고 만다. 인간의 사회생활과 진보의 기록으로 취급되면, 그것은 풍부한 의미를 지니게 된다. 그러나 내가 믿는 바로는, 역사를 이런 관점에서 취급하려면 아동에게 사회생활을 직접 제시하는 일이 병행되지 않으면 안 된다.

32. 교육의 제1차적 기초는 인류의 문명을 이룩하는 데 작용한 것과 동일한 방향의 일반적인 건설적 능력이 아동에게도 작용하고 있다는 사실에 있다.

33. 아동에게 그가 물려받은 사회적 유산을 의식하도록 하는 오직 한 가지 방법은 오늘날의 문명을 이룩한 활동의 근본적 유형들을 아동이 직접 수행할 수 있도록 기회와 능력을 부여해 주는 것이다.

34. 교과를 서로 관련짓는 구심점은 이른바 표현활동 또는 구성활동이다.

35. 학교에서 요리·바느질·수공 훈련 등이 차지하는 위치는 이 기준에 비추어 판단해야 한다.

36. 이런 것들은 많은 다른 교과 위에, 그런 교과의 지적 부담을 완화하기 위하여 도입될 것도 아니고, 그런 교과와는 별도의 추가적 성취를 위한 특별교과도 아니다. 내가 믿기로는, 교과의 유형으로 말하면, 그런 활동들은 사회적 활동의 근본적 형식이며, 아동이 보다 형식적인 교과에 들어갈 때, 일단 그런 구성활동

을 통하여 들어가는 것이 가능하고 또 바람직하다.

37. 과학 공부의 교육적 효과는 과학이 현재의 사회생활을 가능하게 한 자료와 과정을 드러내어 준다는 데 있다.

38. 현재 과학교육의 가장 곤란한 문제점은 학습 자료를 순전히 객관적 형태로 제시하거나 아동이 이미 경험한 것과는 별개의 전혀 새로운 종류의 경험으로 취급한다는 데 있다. 사실상, 과학은 우리가 이미 한 경험을 해석하고 통제하는 능력이며, 그 가치 또한 여기에 있다. 교과로서의 과학은 새로운 교과로서 가르칠 것이 아니라, 이전의 경험에 이미 들어 있었던 요인들을 드러내어 보여주는 것으로서, 그리고 그 경험을 더 쉽게, 더 효과적으로 조정하는 도구를 제공하는 것으로서 가르쳐야 한다.

39. 현재 우리는 문학과 언어에서 사회적 요소를 빼내어 버림으로써 그 효과가 가지고 있는 가치를 많이 잃어버리고 있다. 교육학 책에서 언어는 거의 언제나 단순히 생각을 표현하는 수단으로 취급되어 있다. 물론 언어는 논리적 도구이지만, 그것은 근본적으로, 또 일차적으로 사회적 도구이다. 언어는 의사소통의 방안이고, 한 개인이 다른 사람들의 생각과 느낌을 공유하는 도구이다. 단순히 개인적 정보를 얻는 방법으로, 또는 이때까지 배운 것을 남에게 떠벌리는 수단으로 취급한다면, 언어는 그것이 가지고 있는 사회적 동기와 목적을 잃어버린다.

40. 그러므로 이상적인 학교 교육과정에는 교과를 일렬로 나열한다는 것은 있을 수 없다. 만약 교육이 삶이라면, 모든 삶은 처음부터 과학적 측면, 예술과 문화의 측면, 그리고 의사소통의 측면을 가지고 있다. 그러므로 어떤 학년에 적당한 교과는 단순히 읽기와 쓰기라든지, 다음 학년에 가서는 읽기와 문학, 과학 등을 가르쳐도 좋다고 말하는 것은 옳지 않다. 그러므로 교과를 배우는 데서 진보는 일렬로 늘어선 교과를 배워 나가는 것이 아니라, 경험에 대한 새로운 태도, 새로운 관심이 발달해 가는 과정이다.

41. 교육은 경험의 계속적인 재구성으로 파악해야 한다. 교육의 과정과 목적은 하

나이고, 서로 다른 것이 아니다.

42. 교육의 바깥에 교육의 표적과 기준을 제시하는 목적을 설정하는 것은 교육의 과정이 지니고 있는 의미의 대부분을 박탈하고, 우리에게 외적인 가짜 자극에 의존하여 아동을 대하도록 한다.

제4조 교육방법의 성격

43. 나는 이것을 믿는다. 즉 교육방법의 문제는 궁극적으로 아동의 힘과 관심의 발달이 이루어지는 순서에 관한 문제로 귀착된다. 학습 자료를 제시하고 취급하는 법칙은 아동 자신의 본성에 씌어 있다. 그렇게 때문에 나는 이하에 적힌 명제들이 교육을 해나가는 정신을 결정하는 데 최고의 중요성을 가진다고 믿는다.

44. 아동의 본성 발달 과정에서, 능동적 측면이 수동적 측면에 선행하며, 외적 표현이 내적 각인에 선행하며, 근육의 발달이 감각의 발달에 선행하며, 운동기능이 의식적 감각기능에 선행한다. 내가 믿기로는, 의식은 운동 또는 충동에 그 근본을 두고 있으며, 의식적 상태는 행동을 통하여 그 모습을 드러낸다.

45. 학교 공부에서 시간과 정력을 낭비하는 대부분의 원인은 위의 원리를 도외시하는 데에 있다. 아동은 수동적으로 받아들이고 흡수하는 태도를 취하도록 강요된다. 이 상황은 곧 아동에게 그의 본성의 법칙을 따르지 못하도록 하는 상황이며, 여기서 생기는 결과는 마찰과 낭비이다.

46. 아이디어 또한, 행동에서 나오며 행동을 더 잘 통제하기 위하여 사용된다. 추리력과 판단력을 발달시키려고 하면서 행동의 수단을 선택하고 배열하는 문제를 전연 고려하지 않는 것이 오늘날 교육방법의 근본적 오류이다. 그 결과로 우리는 아동에게 임의적이고 무의미한 상징을 제시한다. 상징은 지적 발달에 필요불가결하지만, 여기서 상징의 위치는 노력을 절약하는 도구가 된다. 상징 그 자체만을 제시하면, 그것은 외부에서 강제로 부과된 무의미하고 임의적인 아이디어의 덩어리에 지나지 않는다.

47. 심상은 수업의 중요한 보조수단이다. 아동이 그에게 제시된 교과에서 무엇인가 얻는 것이 있다면, 그것은 바로 그 교과에 관련하여 아동 자신이 형성하는 심상이다.

48. 현재 아동이 학습을 할 수 있도록 기울이고 있는 노력의 십분의 구를 아동이 올바른 심상을 형성하도록 하는 데 할애한다면, 가르치는 일은 엄청나게 촉진될 것이다.

49. 현재 수업을 준비하고 자료를 제시하는 데 들이고 있는 시간과 노력을 보다 현명하고 유익하게 쓰는 방법은 그것을 아동의 심상형성 능력의 훈련에 쓰는 일이다. 교사는 아동이 경험에서 접하게 되는 여러 가지 교과내용에 관하여 명확하고 선명한 심상을 계속적으로 형성·확대해 나가도록 돌보아 주어야 한다.

50. 관심은 힘이 성장해 간다는 신호이고 징후이다. 내가 믿기로, 관심이 있다는 것은 능력이 생기기 시작한다는 것을 나타낸다. 따라서 아동의 관심에 관한 부단하고 세밀한 관찰은 교육자에게 무엇보다도 중요하다.

51. 아동에게서 관찰되는 관심은 그가 현재 도달해 있는 발달의 정도를 나타낸다고 보아야 한다.

52. 아동의 관심은 또한 아동이 지금 막 들어가려고 하는 발달의 단계를 예고해 준다.

53. 아동기에 일반적으로 나타나는 관심에 대한 계속적이고 동정적인 관찰을 통해서만 성인은 아동의 삶에 들어갈 수 있다. 그 때 비로소 성인은 아동이 그 삶에서 무슨 일을 할 태세가 되어 있으며 아동이 가장 기꺼이, 가장 보람 있게 다룰 수 있는 자료가 어떤 것인지를 알 수 있다.

54. 아동의 관심을 간지려서도 안 되고 억압해서도 안 된다. 아동의 관심을 억압하는 것은 아동을 성인으로 바꿔치기 하는 일이고, 그렇게 함으로써 지적 호기심과 민첩성을 약화시키고, 자발성을 억압하며 관심을 짓밟아버리는 것이다. 아동의 관심을 간지리는 것은 순간적으로 지나가는 사안을 영원한 것으로 착각하는 것이다. 관심이라는 것은 언제나 밑에 숨어 있는 힘의 외적 표식이다. 중요

한 것은 이 밑에 숨어 있는 힘을 알아내는 것이다. 아동의 관심을 간지리는 것은 표면의 밑을 파고들어 갈 수 없기 때문에 나타나는 현상이며, 여기서 생기는 어김없는 결과는 진정한 관심을 일시적인 기분이나 변덕으로 대치하는 것이다.

55. 정서는 행동의 반사이다.

56. 정서에 상응하는 활동과 관련짓지 않고 정서를 자극 또는 유발하려고 하는 것은 건전하지 못한 병적인 정신 상태를 초래한다.

57. 만약 우리가 선과 진과 미에 대하여 올바른 행동과 사고의 습관을 길러 줄 수만 있다면, 정서문제는 대체로 보아 저절로 해결된다.

58. 생기 없이 멍청한 것, 형식주의와 전례답습, 이런 것들 다음으로 우리의 교육을 위협하는 폐단으로서 감상주의만큼 큰 것이 없다.

59. 이 감상주의는 감정을 행동으로부터 분리하려고 하는 데서 필연적으로 따라오는 결과이다.

제5조 학교와 사회진보

60. 나는 이것을 믿는다. 즉, 교육은 사회의 진보와 개혁의 근본적 방법이다.

61. 단순히 법률을 제정한다든지, 형벌로 위협한다든지, 기계적인 또는 외적인 제도를 바꾸는 것에 의존하는 일체의 개혁은 순간적이고 비효율적이다.

62. 교육은 사회적 의식을 공유하게 되는 과정을 조정하는 일이며, 이 사회적 의식을 기초로 하여 개인의 활동을 조절하는 것이야말로 유일하게 확실한 사회재건의 방법이다.

63. 이러한 생각은 개인주의적 이상과 사회주의적 이상을 동시에 존중한다. 개인의 인격형성을 올바른 삶의 단 하나의 진정한 기초로 인정한다는 점에서 보면, 그것은 개인을 존중하는 것이다. 이 올바른 인격이 단순히 개인의 훈시나 모범이나 권유로 형성되는 것이 아니라 제도적·공동체적 삶의 형식이 개인에게 끼치는 영향으로 말미암아 형성된다는 것, 그리고 사회적 유기체가 그 하나의 기관

인 학교를 통하여 윤리적 결과를 결정한다는 사실을 인정한다는 점에서 보면, 그것은 사회를 존중하는 일이다.

64. 이상적인 학교에서는 개인의 이상과 제도의 이상이 혼연일체가 되어 있다.

65. 그러므로 교육에 대한 의무는 지역사회가 져야 할 최고의 도덕적 의무이다. 법률과 형벌에 의하여, 사회적 선동과 토론에 의하여, 사회가 그 자체를 조정하고 형성해 가는 과정은 다분히 비체계적이고 우연적인 것이다. 그러나 교육을 통하여 사회는 그 자체의 목적을 설정하고, 그 자체의 수단과 자원을 조직하고, 그렇게 함으로써 그것이 나아가고자 하는 방향으로 확고하게, 또 경제적으로 그 자체를 가다듬어 나갈 수 있다.

66. 사회가 일단 이 방향으로의 가능성과 그 가능성을 실현하는 데 따르는 임무를 인정하면, 교육자가 자신과 주의와 금전의 자원을 자기 마음대로 처분한다는 것은 상상할 수 없게 된다.

67. 학교가 사회의 진보와 개혁의 가장 중요하고 효과적인 관심사임을 역설하여, 사회 전체가 학교라는 곳에서 하는 일이 무엇인지 깨닫게 되고, 교육자가 그 일을 적절하게 수행하는 데 충분한 장비를 갖추도록 할 필요성을 느끼도록 하는 것, 이것은 교육에 관심이 있는 모든 사람의 과업이다.

68. 이런 의미에서의 교육은 과학과 예술이, 인간경험으로 생각할 수 있는 가장 완전하고 긴밀한 관계로, 결합된 형태를 나타낸다.

69. 그리하여 인간의 힘에 적절한 형체를 부여하고 그것을 사회에 유용하도록 적응시키는 예술이 최고의 예술이고, 그것이 가지고 있는 유용성을 살리는 사람이 가장 훌륭한 예술가이다. 이 일을 위해서는 인간으로서 할 수 있는 최선의 통찰과 동정심과 요령과 실행력이 필요하다.

70. 심리학적 연구의 발달로 개인 심리의 구조와 성장의 법칙에 대한 통찰이 증가함에 따라, 그리고 사회과학의 발달로 개인들의 올바른 조직체에 대한 지식이 증가함에 따라, 이제 우리는 모든 과학적 자원을 교육의 목적에 활용할 수 있

게 되었다.

71. 이와 같이 과학과 예술이 손을 잡을 때, 인간 행동의 가장 엄숙한 동기가 생겨나며, 인간 행위의 가장 순수한 자원이 솟아나며, 인간의 본성이 할 수 있는 최선의 봉사가 보장된다.

72. 교사는 단순히 개인들을 훈련시키는 일을 하는 사람이 아니라, 올바른 사회생활을 형성하는 일을 하는 사람이다.

73. 교사는 누구나 그 직분의 존엄성을 깨달아야 한다. 그는 적절한 사회질서를 유지하고 올바른 사회의 성장을 도모하는 특별한 일을 담당한 사회적 공복이다.

74. 이리하여 교사는 언제나 신의 참 예언자이고, 진정한 신의 왕국으로의 안내자이다.

14. 유용한 교양교육: 화이트헤드의 『교육의 목적』

- 교양은 활발한 사고력이며 미와 인간성에 대한 예민한 감수성이다. 그러므로 단편적인 지식은 교양과 전혀 관계없는 것이다. 백과대사전으로 많이 알고만 있는 사람이야말로 이 지상에서 가장 쓸 데 없는 존재다. 우리가 길러내야 할 사람은 교양과 어떠한 특수한 방향에서의 전문적 지식, 이 두 가지를 구비하고 있는 사람이라야 한다. 그들의 전문적 지식은 그들에게 출발점을 제공할 것이고, 그들의 교양은 철학의 깊이와 예술의 높이에까지 그들을 인도할 것이다.

- 가치 있는 지능의 발달은 스스로의 계발에 있고, 그것은 일반적으로 16세 무렵부터 30세 무렵까지 일어난다는 것을 기억해야 한다. 도야에 관해 보면, 그 가장 중요한 부분은 어머니의 손으로 12세 이전에 이루어진다. 사고의 움직임이 활발하도록 도야시키는 데 무엇보다도 경계할 일은 이른 바 생기 없는 지식, 환언하면 활용되지 않고 테스트 되지도 않는, 그리고 새로운 관계에 있어 결합되지도 않은 채, 그대로 정신 속에 받아들여지는 관념이다.

- 교육 사상에서 가장 뚜렷한 현상은 어떤 획기적인 시대에는 수많은 천재를 배출시킨 학원들이 다음 세대에는 단순하게 현학적이고 일상 과정적 모습을 노정하게 되는 것이다. 그 이유는 학교교육이 생기 없는 관념의 주입주의로 흘러갔기 때문이다. 생기 없는 관념의 교육은 무용할 뿐만 아니라 가장 해로운 것이다. 퇴보이자, 시대에 낡은 일이다. 몇몇 지적 격동기를 제외하고 과거의 교육은 전적으로 이러한 생기 없는 관념의 교육에 빠지고 말았다. 과거부터 인간성을 자극하여 위대한 것으로 인도한 모든 지적 혁명은 생기 없는 관념에 대한 정열적인 반항이었다. 그런데 인간 심리를 그렇게까지도 병적으로 몰이해한 나머지 어떠한 교육제도로서 제멋대로 만들어낸 생기 없는 관념에다 새로이 인간성을 묶어 버리려고 하였다는 것은 무엇보다도 슬퍼할 사실이다.

■ 이와 같은 지적 타락을 어떻게 방지할 수 있을까? 여기에서 우리는 두 개의 교육적 계율을 선언한다.

첫째, '너무 많은 과목을 가르쳐서는 안 된다!'

둘째, '가르칠 것은 철저하게 가르쳐야 한다!'

많은 과목을 가르치면서 내용의 부분만을 가르치는 결과는 결합되지 못한 관념을 수동적으로 받아들이는 것에 그친다. 생기로 충만한 활력의 섬광으로 빛나는 모습을 거기에서는 찾아볼 수 없다. 한 아동의 교육에서 채택한 주요한 지식은 소량이면서도 또한 중요한 것이라야만 한다. 그들에게 가능한 모든 결합은 허용되어야만 한다. 이리하여 그 어린이는 그것을 자기 자신의 것으로 만들고 실제 생활환경에서 현재 당장의 시점에서 이것을 적용하는 방법을 이해하지 않으면 안 된다. 어린이는 그의 교육의 바로 첫걸음으로부터 발견의 기쁨을 경험하여야만 한다. 그가 이루어야 할 발견은 일반적 지식은 자기의 생활을 통하여 쏟아져 나오는 사건들의 흐름, 즉 그의 인생에 대한 이해를 주는 것이라야 한다. 내가 여기에서 의미하는 이해는 단순한 논리적 분석 이상의 것을 가리킨다. 물론 그것도 포함되어 있기는 하다. 그것은 프랑스의 격언인 '모든 것을 이해한다는 것은 모든 것을 용서한다는 것이다!'라는 표현에서의 이해이다. 흔히 현학자들이 유용한 교육을 비웃지만, 유용하지 않다면 무엇이 유용하단 말인가? 재능을 수지 속에다 쌓아 두어도 좋을까? 교육은 당연히 유용한 것이라야 한다. 그것은 인생에서 목적의 여하를 불문하고 필요하다. '이해'가 필요한 한 교육은 필요하다!

■ 우리들이 원하는 이해는 어디까지나 현재에 대한 이해이다. 과거에 관한 지식의 유일의 효용은 현재를 이해하기 위한 수단으로서이다. 젊은이들에게 현재에 대한 몰이해보다도 유해한 것은 없다. 현재는 모든 것을 포함하고 있다. 그것은 성스러운 터전이다. 왜냐하면 그것은 과거이며 또한 미래이기 때문이다. 성자들의 만찬 자리는 하나의 거룩하고 영적인 회합이다. 하지만 이와 같은 모임이 가능한 시공은 단 하나밖에 없다. 그것이 현재이다.

■ 교육의 과학적 이론적 방면을 고찰해볼 때, 여기서도 기억되지 않으면 안 될 것은 활용되지 않는 관념은 매우 해롭다는 것이다. 관념의 활용이란 감각·지각·감정·희망·욕구 등에 의해 또는 사고와 사고를 조정하는 심적 활동에 의해 혼합된 우리들의 인생을 형성하고 있는 '흐름'에다 그 관념을 연관시키는 것을 의미한다. 수동적으로 유리된 관념을 검토함으로써 그네들의 마음을 요새화하고 있는 사람들의 존재를 나는 상상할 수가 있다. 아마도 신문 편집인 가운데 몇몇 사람들을 제외하고는 인간은 그렇게 창조되지는 않을 것이다.

■ 과학적 훈련에서 하나의 개념에 관하여 제일 처음으로 해야 할 일은 그 개념을 증명하는 일이라고 말하고 싶다. 하나의 개념은 그것을 포함하는 여러 가지 명제가 진실이 아니라면 그다지 큰 가치가 있다고는 할 수 없다. 따라서 하나의 개념을 증명하는데 주요한 부분은 경험에 의하거나 이론에 의하여 그 개념에 관련하는 명제의 참됨을 증명하는 데 있다. 그렇다고 그 진실 여부에 관한 증명을 그 개념을 도입하는 최초에 하지 않으면 안 된다는 말은 아니다. 결국은 교사 각자의 권위에 의하여 주어지는 확언은 그 개념의 증명으로서 충분하다. 일련의 명제에 최초로 부딪쳤을 때 우리는 무엇보다도 그 중요성을 평가하는 것부터 시작해야 한다. 이는 우리가 모두 인생의 후반부에서 하고 있는 것이다.

■ 교육은 지식을 효과적으로 이용하는 기술을 체득하는 일이다. 이 기술은 전달하기 쉽지 않은 기술이다. 진정으로 교육상 가치가 있는 교과서가 나올 때마다 몇몇 비평가는 그 책을 가지고 가르친다는 것은 매우 어려운 일이라고 말할 것임에 틀림없다. 물론 그 책을 가지고 가르친다는 것은 어려울 일이다. 그것이 쉽게 될 수 있다면, 그러한 책은 불살라 버려야 한다. 왜냐하면 그러한 책이 교육적으로 구성되어 있을 리가 없기 때문이다. 교육에서도 다른 경우에서와 마찬가지로 넓고 화려한 길은 명승지로 통하고 있지 않다. 그와 같이 안일한 교과서는 차후의 외면적 시험에 나올 만한 문제를 실제로 기억시킬 만한 책이나 또 여러 개의

강의와 같은 것이다. 덧붙여서 말하고 싶은 것은 한 학생에게 한 과목을 직접 가르친 교사가 생각하고 조절한 문제를 직접적으로 그 학생에게 묻는 것이 아니라면, 어떠한 교육제도도 불완전하기 그지없다. 학생들의 교육과정에 관해서나 성적에 관한 보고는 외부에 있는 평가자에 의하여서도 가능한 일이다. 그러나 실제로 가르치는 이에 의해, 엄격하게 지도되지 않은 질문이나 또는 적어도 그 교사와의 일정한 협의에 의하여 감명을 받지 못한, 그런 문제는 절대로 내서는 안 된다. 이 원칙에도 몇몇의 예외는 있다. 그것은 어디까지나 예외인 것이며 일반 원칙하에 고려될 수 있는 것이다.

- 이론적 지식은 언제나 학생들이 교육과정 내에서 그 중요한 응용의 자리를 마련해야 한다는 데 있다. 이는 실제에서 적용하기에 매우 곤란한 방침이다. 그 방침 자체 내에는 모든 교육의 중심과제로서 지식에 활기를 띄우게 하고, 생기 없는 것이 안 되도록 하는 문제가 포함된다. 최선의 방법은 여러 면의 요소에 의존하고 있으며, 그 가운데 한 가지도 소홀히 해서는 안 된다. 즉 교사의 소질, 학생들 지능의 형태, 장래 생활에 대한 학생들의 희망, 학교의 직접적 주위 환경에 의하여 제공되고 있는 제반 기회 및 이들 제요소의 결합적 작용들이다. 이러한 이유로 말미암아 획일적인 외부의 시험이 치명적으로 해롭다는 뜻이다.

우리가 그러한 시험을 좋아하지 않는 이유는 매우 결정적인 것이며 동시에 매우 실제적이다. 그것은 교양이 지향하는 최선의 부분을 죽여 버린다. 여러분이 경험의 관점에서 교육의 주요 임무를 분석하여 본다면, 그 성공적 수행은 여러 가지 요소가 미묘하게 작용되는 일에 의한 것임을 알 수 있을 것이다. 왜냐하면 우리는 산 인간의 정신을 다루고 있으며, 무생물을 다루고 있지는 않기 때문이다. 호기심이나 판단력을 일으키고, 사태의 복잡한 얽힘을 처리하는 힘을 주며, 또한 특수한 문제에 관하여 그것을 내다보는데 이론을 적용할 줄 아는 여러 가지 능력은, 하나의 시험 문제 유형이나 이미 예측되는 고정된 규칙 등에 의하여 주어지는 것은 아니다.

■ 적당한 훈련을 한다면, 학생들에게 죽은 지식의 일정량을 주입하는 것은 언제나 할 수 있는 일이다. 교과서를 갖다가 그들에게 배우게 할 때, 그 자체는 좋은 일이다. 어린이는 1차방정식을 해명하는 방식을 암기한다. 그러나 한 어린이에게 2차방정식의 해결법을 가르치는 목적은 무엇일까? 이 문제에 관해서는 한 가지 전통적인 해답이 있다. 정신은 일종의 기구인데 우선 그것을 가려야만 쓸 수가 있는 것으로, 1차방정식을 푸는 힘을 기르는 것은 정신을 예민하게 하는 과정의 일부분이라고 한다. 이런 해답 속에는 오랜 시대에 걸쳐서 그것이 살아 있을 만한 이유도 있다. 그러나 그것은 반 정도의 진리밖에 가지고 있지 못하다. 따라서 현 세계의 천재를 질식시키기에 충분한 근본적 과오를 범한다. 사람의 정신을 하나의 죽은 도구에다 비교한 최초의 책임자가 누구였는지 알 수는 없다. 누가 시작을 하였건 간에 많은 저명한 사람들이 그와 같은 해답에 대하여 쏟아준 찬사에 의하여 그 해답이 권위 있는 것으로 되어 온 것임에 틀림없다. 그 권위가 무겁다 할지라도, 또한 찬성하는 사람이 많다고 할지라도, 나는 종래에 교육이론에 도입된 것 가운데 가장 치명적이고 가장 그릇되고 가장 위험한 관념의 하나로서, 이를 서슴지 않고 비난한다.

■ 사람의 정신은 결코 수동적인 것은 아니다. 그것은 미묘하고 수용력이 풍부하고 자극에 대해 감응성을 가지고 있는 부단한 활동이다. 우리는 그 정신을 날카롭게 할 때까지 정신의 생명을 연기시킬 수는 없다. 우리가 취급하는 주제에 부수되는 모든 흥미는 현재 이 자리에서 환기되어야 한다. 그리고 우리가 학생들 마음속에 강화해 주려고 하는 어떠한 능력도 현재의 이 자리에서 사용되어야 하며, 또한 우리들의 교수에 의하여 주어지는 정신활동의 모든 가능성도 즉시 그 자리에서 전개되어야 한다. 이것이 교육의 철칙인 동시에 매우 지키기 어려운 법칙이다.

　곤란한 점은 바로 일반적 개념의 파악이라든가, 정신의 지적 습성이라든가, 또는 정신의 성취에서 볼 수 있는 즐거운 흥미 같은, 아무리 정확히 조절한다 할

지라도 언어의 형태로서 환기될 수는 없는 데 있다. 실제로 가르치는 교사들은 누구나 할 것 없이, 교육은 매일매일 그리고 시시각각으로 세세한 일을 습득하고 거기에서 숙련되어가는 참을성 깊은 과정임을 알고 있다. 배움의 길에는 일반적 법칙의 빛나는 쾌적한 통로를 거쳐 나가는 왕도가 없다. 지름길이 없는 것이다. 숲을 보고 나무를 보지 못한다든가. 나무만 보고 숲의 전모를 모조리 꿰뚫어 볼 수는 없는 경우도 있다. 그것이 숲을 이해할 때 겪는 곤란이다. 그런 곤란함이 교육에도 존재한다. 교육의 문제는 학생들에게 나무를 통해 숲 전체를 볼 수 있도록 하는 데 있다.

현대의 교육과정에는 여러 과목을 분리하여 가르치는 교육의 생기를 죽이는 일이 종종 발생한다. 아무런 소용도 없는 대수나 기하, 역사를 가르치고 또한 도저히 숙달할 수 없는 한두 개의 외국어 암기에 치중하며, 언어학적 주석이나 문학적 구상이나 등장인물의 짧은 해석이 붙어 있는 문학 등을 가르치고 있다. 이와 같은 과목만을 제각기 가르칠 때, 왕성한 생기에 충만되어 있는 생활을 표시한다고 할 수 있을까? 사실 이와 같은 과목의 내용에 대하여 할 수 있는 가장 적당한 비평은, 신이 천지를 창조할 때 그의 마음속에 그려보기는 하였으나 아직도 그것을 어떻게 종합해 내야 옳은지를 결정짓지 못하고 있었을, 매우 분주한 내용 목록과 같은 것이다.

■ 학문에는 단순히 일반교양만을 부여하는 코스도 없고, 전문지식만을 부여하는 코스도 없다. 일반교육을 위하여 배우는 여러 과목도 원래는 전문적으로 연구되는 전문과목이다. 일반적으로 정신활동을 조성하는 방법의 하나는 전문적 몰두, 즉 어떠한 한 가지 일에 대하여 전심(專心)하는 데 있다. 우리는 학문이라고 하는 상의를 조각으로 나누어서는 안 된다. 교육이 주어야 할 일은 개념의 힘, 개념의 미, 개념의 구조에 대한 두터운 감각이다. 동시에 그 인간의 생활에 특별한 관련을 갖고 있는 일정한 지식이다.

개념의 지식을 음미하기 위해서는 어떠한 전문적 연구의 영향하에만 성장할 수 있는 교양 있는 정신의 구조를 더듬어 보면 된다. 내가 말하고자 하는 것은 장기판의 전모를 보는 눈, 그리고 상대방이 품고 있는 일련의 개념 구조의 양상을 식별하는 눈이다. 하나의 전문적 연구 이외에는 일반개념의 정확한 구성, 구성되는 경우의 여러 개념의 상관관계, 인생을 이해하는데 그 가치에 대하여 어떠한 이해도 부여할 수 있는 것은 없다. 이와 같이 단련된 하나의 정신은 보다 심원한 동시에, 또한 보다 구체적이기도 할 것이다. 그것은 추상을 이해하고 사실을 분석하는 일에 수련을 받고 있기 때문이다.

모든 정신적 특질 가운데 가장 엄격한 것이 자라나지 않으면 안 된다. 그것은 품위(品位)에 대한 감각이며 심미(審美)에 대한 감각이다. 품위와 심미에 대한 감각은 예견할 수 있는 목표를 낭비하지 않고 단순하게 직접 달성하는 것에 대한 찬양에 기초한다. 미술에서의 품위, 문학에서의 필체, 과학에서의 식견, 이론에서의 수법, 또한 실제 활동에서의 고명한 태도 등은 모두 그 근원을 같이 하는 심미적 특질이다. 항상 발전하고 사양하는 경지이다. 주제 자체를 사랑하는 본질적 사랑은 그 탐구 속에 표명되어 있는 것처럼, 품위에 대한 사랑이다. 거기에는 정신의 후갑판을 헤매는 무미한 즐거움은 없다.

■ 다시 출발점으로 되돌아가 교육의 효용을 논의해 본다. 가장 아름다운 의미에서의 품위(品位) 또는 품격(品格)은 교육받은 정신이 최후에 도달하는 지점이다. 그것은 가장 유용한 정신이다. 그만큼 모든 사람들에게 영향을 끼친다. 품위에 대한 센스를 가진 관리자는 낭비를 미워하고, 기사는 그 재료를 절약하고, 또한 품위를 아는 직공은 일을 훌륭하게 마친다.

품격(品格)이야말로 최후의 덕성(德性)이다!

그러나 품격의 위에 있으면서 지식의 위에 있는 무엇인가가 존재한다. 희랍의 신까지도 지배하는 운명과 같은 막연한 형이 있다. 그것이야말로 힘이다. 품격은 힘의 형성이며 힘의 자제이다. 그러나 결국 소기의 목표를 달성하는 힘이 기본적인 것이 된다. 우선 필요한 일은 목적지에 도달하는 것이다. 우리는 품격에 대하여 머리를 쓸 필요는 없다. 다만 문제를 해결해 나가고 인간에게 주어진 신의 길을 정당화하면 된다. 자기의 본분을 다하며, 기타 나에게 주어진 일을 완수해 나가면 된다.

그렇다면 품격이 무슨 도움이 될까? 간단하다. 품격 때문에 다른 생각 없이 목적을 위하여 전진할 수 있다. 또한 바람직하지도 않은 연소도 일으키지 않을 수 있다. 즉 품격 때문에 목적에 도달할 수 있고, 목적 이외의 어떠한 일에도 개의치 않는다. 또 품격에 의하여 활동의 효과가 산정되고, 이리하여 얻어진 선견지명(先見之明)은 사람에게 부여되는 신의 최후의 선물이다. 품격 때문에 우리들의 힘은 증가된다. 왜냐하면 우리들의 정신은 아무런 관련도 없는 것에 의하여 방해되지 않으며, 따라서 우리들의 목적 수행이 더욱 쉽게 되기 때문이다. 품격은 전문가에게만 주어진 지상의 특권이다. 품위는 전문적 연구의 소산이며, 전문연구가 교양과 문화면에 하는 특수한 기여이다.

■ 한 나라의 젊은이들은 교육이라는 중대한 문제를 생각한다. 그들은 어리석은 타성 때문에 몸을 망치고 희망을 짓밟히고 나아가서는 국민적 실패로 끝날 교육을 생각할 때, 마음속에 일종의 야성적 분노를 억제하기 어렵다. 현대생활의 여러 조건에서 이 법칙은 절대 덕이다. 단련된 지성을 존중하지 않는 민족은 멸망한다. 우리가 가지고 있는 모든 영웅주의와 모든 사회적 매력과 모든 기지와 우리 땅과 바다 위에서의 모든 승리를 동원한다 할지라도, 운명의 손가락을 뒤로 돌릴 수는 없다. 오늘 우리는 자신을 유지하고 있지만 내일 학문이 한걸음 더 전진할 것이다. 그때 교육받지 못한 자에게 선언될 판결로부터 상고는 있을 수 없다.

우리는 문명의 여명 이래로, 어느 시대에도 볼 수 있었던 교육적 이상의 낡은 계략보다 열등한 것에 만족할 수 없다. 교육의 본질적 차원은 '종교적'이어야 한다. 이때 '종교적'이라는, 종교적 교육이란 무엇일까?

종교적 교육이란 '의무(義務)'와 '경건(敬虔)'을 가르치는 교육이다. 의무는 여러 가지 일에 대처하는 꺾임이 없는 조절력으로부터 생긴다. 지식이 있더라도 문제를 미연에 방지하는데 무지한 자는 죄악을 범하고 만다. 현재는 그 속에 존재의 전부를 보유하며, 과거 및 미래에 걸친 시간, 즉 영원의 모든 실재를 포괄하고 있는 사실을 인식하는 일, 이것이 바로 경건한 마음의 기초가 된다.

15. 자유평화교육: 몬테소리의 『교육과 평화』

■ 인간 자체의 발달을 돕기 위해 '인간적' 측면을 고려하는 데 절대적 필요성이 요구되고, 인간 생활에 많은 차이가 있는 조건들을 생산하는 과학적 발견을 응당히 취해야만 한다. 이것이 '교육의 의무'이다.

교육은 사회에서 자기들의 목적을 의식하는 '개인을 변화시키는 조직', 거기에서 유래하는 특별한 윤리적 가치와 개인의 '인간적 가치 발달'의 이중적 관점에 의해 고려되어야만 한다. 이때 문화의 새로운 형태는 윤리적인 새로운 형태를 동반하여야 한다. 인간의 노동에 의해 이루어지는 모든 풍요로움은 인간 자체를 어리석게 하지는 않는다. 윤리적 원동력, 창조적 정신, 지성, 인간적 원동력 등 아무 것도 상실하지 않는 방법 안에서 변화하고, '연구하는 것'을 요구한다. 특별히 인간은 자기의 윤리적 원동력 안에서 변화한다. 윤리는 사회생활의 근거가 되며, 특별히 인간 사이의 상호관계를 주시하게 한다.

■ 가장 훌륭한 가치를 책임지는 것은 인간의 건강 자체이다. 개인의 건강은 자기의 자연미 안에서 생활의 자세와 사람을 지배하는 것과 상관된다. 인간은 자신을 응시하고 있는 질병에 대항하는 것이 아니라, 모든 질병에 대항하는 방비를 갖춘 건강한 인간이 되도록 노력하는 목적을 설정하는 것을 습득해야 한다. 문제는 태만에 의해 인간이 타락되어 가고 있다는 점이다.

■ 인간은 진정한 정신력의 재창조를 위해서 다시 어린이로 되돌아갈 필요성을 느낀다. 어린이는 진실을 직시할 수 있는 자다. 그것은 빛나는 작은 불꽃과 같은 은총으로 전이된다. 어린이들의 고유한 특징들의 무의식적인 양면성은 수만 번 반복하는 분명하지 않은 전쟁 안에서 상호간에 격투하고 있다. 인간 가운데 최초의 전쟁은 선생님과 제자, 부모와 자식이 서로 사랑하도록 되어 있는 숙명적인 인륜이다.

- 충돌을 피하는 것은 근본적으로 정치적인 일이고, 평화를 창조하는 것은 근본적으로 교육적인 사명감이다. 교육은 인간을 새롭게 창조하는 것만으로 조직되는 것이 아니라, 사회생활에 현존하는 조건과 인류의 목적을 향해 방향을 잡도록 제시하는 작업이다. 인간은 자기 능력을 가치 있게 생각하고, 자기의 위대함으로부터 교육되어지는 것이 필연적이다.

- 교육은 중요한 문제점이나 우리가 교차하고 있는 특별한 사회적 방법 안에서 책임을 지고 있다. 교육은 가장 완전하고 창조적인 무기의 역할을 필요로 한다. 교육은 자기를 창조하는 것 안에서 인간을 인도하는 신비한 본능을 변화시켜야만 하는 의무가 있다. 인격은 계속적인 경험에 의해서 창조되어지고 있다. 평화는 인간 본능에 근거하는 사회적 조직과 인류애의 실천적 원천이다. 평화는 실천적 원리를 지배하는 것이 아니라, 실천적 원리를 발전시키는 일이다. 인간은 우주 위에서 자신의 능력을 의식하게 된다. 그리고 인간은 자연 위에 근거하므로 모든 인류의 공동체이고, 보편적인 유일한 원천이다.

- 출생 때부터 어린이는 정신적 생명을 부여받은 자로 단지 어리기 때문에 정신적으로 아직 미성숙할 뿐이다. 어린이의 인격은 활동적이고 정교하며, 섬세한 본능에 의해 생성되도록 지도되어야 한다. 사회는 인간 성숙을 부정적이거나 긍정적인 방향으로 결정하는 어떠한 것에 의해 정신적 기원을 가치화하고, 인류의 창조자로서 어린이를 가장 중요하게 고려해야만 한다.

- 현대인들은 메마르고 고독한 세계를 쓸쓸히 살아가고 있다. 하지만 고독하고 메마른 인간들이 서로 일치하는 것은 하나의 사회가 아니다. 어떠한 인간적 발전이나 도덕적 향상도 정화된 사회로 일치시킬 수는 없다. 모든 인간들은 서로 분리된 삶을 살고 있지만, 모두가 한 덩이로 얽히어 사막에 있는 모래의 미립자와 같다. 인류의 가장 큰 위험은 텅 비어 있는 정신 상태라 할 수 있다.

■ 교육을 교수 방법의 문제로만 제한하여 고려할 것이 아니라, 사회적인 문제로 고려해야 한다. 이것은 교육이 모든 인류를 응시하는 첫 번째 질서라는 관점에서이다. 다른 많은 사회적 문제들은 소수의 사람이나 성인들과 관계하지만, 어린이의 사회적 문제는 모든 사람들을 포용해야 한다.

■ 교육은 가르치는 것만이 아니다. 이 개념은 모든 학교에서 이루어지는 교수 방법이고, 교육은 생명에 순명하는 보호교육이라고 할 수 있다. 교육은 출생 때부터 정신적 발전 안에서 어린이를 도와주는 일이다. 어린이는 출생 때부터 정신적 생명을 가졌다고 할 수 있다.

■ 어린이는 겨우 움직일 수 있는 연약한 존재이다. 어린이의 움직임을 방해하는 성인이 어린이를 교육하려고 생각한다. 어른은 '독재자'이다. 독재자는 타인의 인격을 고려하지 않고, 자기의 자유의지에 복종하고, 그렇게 행하기를 원하고 있다. 이것은 인류 발전에 조력할 수 있는 광의의 문제를 위한 교육적 사명감을 말한다. 전체적으로 부족한 이 세계에 청소년과 어린이를 위한 세계를 창조해야만 한다. 어린이를 위한 정상화는 자기 활동성의 훈련과의 관계를 밀접하게 결합시키는 일이다.

■ 텅 비어 있는 백지 상태나 결여된 것을 기쁜 마음으로 채우는 것이 교육의 의무이다. 교육의 우선적 목적은 바로 인류의 무궁무진한 발전과 인격을 변화시키는 데 있다. 개인의 변화가 차츰차츰 이루어지는 것은 인간 본능에 근거한다. 어린이는 기대하지 않았던 어떤 것을 표현한다. 어린이가 분명하게 표현하는 것은 의심할 필요가 없다. 어린이는 자유로운 해방자, 자유인이 되어야 한다. 자유는 개인의 행동을 통하여 완전히 독립된 가능성으로 존재하지는 않는다. 모든 협조는 분리된 하나하나의 개인에 의하여 이루어진다. 인간의 환희는 사물을 사용하는 일인 동시에 환경을 완전하게 사용하는 것이다. 미래적 평화를 위한 희망은 어른들이 어린이에게 줄 수 있는 가르침 속에 자리 잡는 것이 아니라, 정상적 발

달 속에 새로운 인간으로 안착하는 데 있다.

■ 새로운 것은 언제나 세계의 어떠한 지역에서도 모든 국가의 미래를 인식하게 하며, 인류의 관심을 표현한다. 또 새로운 세계는 직접적 계시를 취한다. 욕망, 그것은 세계의 길에 도전하고 여행하는 가장 보편적인 역할을 한다. 우리 시대를 연구하는 학문은 '평화의 학문'이다.

■ 모든 사람은 우주의 생명력을 가지고 있다. 지구의 존속은 각기 다른 여러 가지 종과 관련되어 있다. 이러한 것들은 각각 특별한 책임과 확실성을 가진다. 생활하고, 먹고, 생산하는 동물들은 결국 다른 것의 생명과 더불어 상호 관계 속에서 특별한 책임에 응답하는 생명의 주기를 갖게 된다. 하나의 생명은 다른 생명과 더불어 상호 관계를 맺기 때문이다. 생명에 대해 연구한다는 것은 생명 자체를 유지하는 힘을 관찰하는 일과 같다. 자연은 이 세상에 존재하는 단계이고, 초자연은 인간이 전진하면서 창조해 가는 단계이다. 인간은 자기의 노동을 초자연적인 것과 더불어 창조할 능력이 있는 위대한 노동자이다. 인간은 자기 것과 사유재산만을 위해 노동해서는 안 되고, 엄숙하고 훌륭한 가치가 있는 어떠한 것을 창조하기 위해 노동해야 한다. 개인적 이익에 봉사하기 위해서가 아니라, 온 인류에 봉사하기 위한 행위여야 한다. 이런 관점에서 인간사는 긍정적인 관심을 창조한다. 인간이 다른 동물과 다른 점은 지적 동물이라는 것이다. 인간의 소질 자체는 절대로 스스로 패배하지 않는다.

■ 가치 있는 것은 항상 커다란 사물을 보는 것이 아니고, 사물의 기원을 바로 보는 일이다.

■ 진리는 일반적으로 단순성을 통해서 터득할 수 있고, 단순한 사물 속에 존재한다. 잘못 살아가는 인간에 의해 조직된 복잡한 사회를 이해한다는 것은 참으로 어려운 일이다.

■ 생명체가 우주의 균형을 유지한다. 동물은 환경과 분리되어 생활하는 것이 아니라, 환경에 적응하며 생활한다. 식물도 또한 마찬가지이다. 생명체는 가장 강한 창조자이다. '생명은 생명을 유지시킨다.' 동물은 환경을 보존하는 자이고 정화하는 자이며, 작업하는 창조자이다. '세상을 창조하는' 가장 훌륭한 것을 위해서 행동한다. 인간은 지성과 손으로 노동을 하게끔 되어 있다. 창조자 인간의 유일한 본능이 바로 그것이다.

■ 모든 인간이 보증하는 인간 최고의 유일한 보물은 영원한 보석인 인간의 지성이다. 그렇기 때문에 교육은 인격 보호에만 목적을 두어서는 안 되고, 인격의 정상화나 행복한 삶을 인간에게 줄 수 있는 값진 보석과 같은 목적을 향해 방향을 잡아야 한다. 오늘날 요구되는 것은 인간의 위대함을 향해 인격의 방향을 잡아주는 참교육이다.

■ 자유로운 개성은 모든 사실의 근본이다. 자유는 모든 것의 기초이다.

16. 현대 교육의 여러 차원들: 존 롤스의 『정의론』

■ 롤스(J. Rawls)에 의해 기술된 자유주의적 입장은 절차를 매우 강조한다. 롤스는 '원초적 입장(the original position)'이라고 부르는 전략상의 '정의(正義)' 이론을 세웠다. 원초적 입장에서, 참여하는 모든 사람들은 완전히 합리적인 개인들이다. 그만큼 사회에서 그들이 행할 수 있는 어떤 다른 입장이 있을 것이라 생각할 수는 없다. 그들은 앞으로 살아갈 규칙을 새롭게 창조해야만 한다. 이제 당신이 사회에서 적어도 다른 사람들보다 유리하게 살려고 한다면 어떤 규칙을 선택해야 할까? 원초적 입장에서 사람들은 그들의 재능, 동맹, 기획, 사랑, 약함 등과 관련되는 '무지의 장막'에 가려져 있다. 그들은 자신의 인격이나 개성을 알지 못한다. 도대체 그들이 선택한 규칙은 무엇인가?

■ 롤스는 그가 말한 두 가지 원리 가운데, 첫 번째에 보다 명확한 표현을 했다. 그것은 원초적 입장에서 숙고된 것으로부터 도출되었고, 나중에 '보다 중요한 규칙(priority rules)'을 그 개념 속에 채워 넣었다. 두 가지 원리 가운데 첫 번째 진술은 다음과 같이 읽을 수 있다.

첫째, 개개인은 다른 사람들에 대해, 그와 비슷한 자유와 모순되지 않는 가장 광범위한 기본적 자유에 대해 평등한 권리를 지니고 있다.

둘째, 사회 경제적 불평등은, 그들이 '이성적으로 모든 사람들에게 이익이 되기를 기대했던 것'과 '그들의 지위와 임무가 모든 것에 열리도록 애착을 가지는 것', 이 둘 다를 조정했다.

그리고서 롤스는 '기본적 자유,' '모든 사람들의 이익,' 그리고 '모든 것에 대해 열리는 일'의 의미를 묘사하는 데 착수한다. 우리는 학교에서 평등과 정의를 논의할 때, '모든 사람의 이익'과 '모든 것에 대해 열리는 일'을 고려할 것이다. 롤스는 이러한 기술을 통해 포괄적이고 매혹적 정의에 관한 이론을 세웠다.

- 로크와 루소의 전통에서 강조했던 사상적 가정들은 공동체 이전에 개인들이 먼저 존재한다. 그리고 그들은 공동체와 사회가 형성되었을 때, '사회계약'에 들어간다. 그러나 하나의 테크닉으로서 묘사되는 수준과 그런 주장 가운데, 인간은 이러한 가정을 거부할 수 있음을 주목하라! 그것은 정의에 관한 이론을 세우는 최선의 길을 규정한다. 물론, 우리가 만약 그 입장에 선다면, 그때 우리는 전적으로 추상적 가설의 조건에서 세워진, 실제 사회에서 삶에 적용될 수 있는 이 이론을 어떻게 보여주어야 할지, 보다 어려운 임무에 직면할 것이다.

  여기에서 관찰할 일은 칸트주의와 롤스를 추종하는 자유주의자들에 반대하는 공동체주의자들의 문제이다. 무지의 장막 뒤에서 토의하는 개인은 이 세상의 실제 사람이 아니다. 그리고 그것의 출현은 실제 사람들을 위해 더 이상 가설적일 수 없다. 롤스와 칸트는 합리성과 순수한 논리적 과정에서 생겨난 절차에 지나치게 의존했다. 그와 대조적으로 실제 이 세상 사람들은 엄격하게 논리적이지 않은 종류의 일에 영향을 받아왔다. 더욱이 공동체주의자들에 의하면, '선'의 개념은 '권리'를 논의하는 것보다 앞선다. 자유주의와 공동체주의자들 사이의 논쟁은 가끔씩 선과 권리보다 더 앞선 어떤 것이 있다고 한다. 어떤 관점에서는 선에 대해 공유하고 있는 의미는 어떤 절차의 논의보다도 선행되어야만 한다. 다른 관점에서는 절차적 권리가 선의 구축보다 선행되어야만 한다.

- 롤스가 주장하는 고도의 합리성 속에서, '개인주의자들의 역설'을 볼 수 있다. 개인주의는 신성불가침이고, 인간의 권리는 '정해진' 것이다. 그런데 아직도 인간은 그러한 개인주의를 인식하지 못하고 있다. 롤스 자신은 모든 철저한 합리적 인간들은 서로 일치하고 있기 때문에 유일하게 인간만이 진실로 무지의 장막 뒤에서 '토의'할 필요가 있다고 말한다.

  공리주의자의 생각이 권리를 넘어, 보다 중요한 '선[행복]'의 입장에서 칸트주의자와 다를지라도, 그것은 공동체주의자들에 의해 비판되는 모습 속에서는 서로 닮아 있다. 타인을 넘어 개인이나 집단이 좋아하는 유일한 방식은 그 효용성을 계산하는 작업이다. 예를 들면, 선한 일에 대해 토의하는 가운데, 공리주의자들은 늙은 사람들보다 젊은 사람들이 더 좋아하는 정책을 수립한다. 왜냐하면 행복의 기준은 젊은 사람들에 의해 더 잘 이루어질 그것의 증가에 있기 때문이다. 다시 말하면, 공리주의자들에게 의해 고무된 그런 사고가 최고의 합리성이다. 그것은 도덕적 상황 가운데 우리들 대부분이 사고하는 그런 부류는 아니다. 이것은 이제 우리에게 익숙한 경고임을 기억하라! 일상인들이 이러한 방식을 생각하지는 않지만, 공리주의자들은 여전히 그렇게 해야만 한다고 주장한다. 그들은 이러한 권고를 공리주의의 원리와 실제로서 방어했다. 인간은 실제로 행위하며, 결국, 고통보다는 행복을 원한다.

■ 사회이론가들 사이에서, 듀이의 입장은 관심 있는 사안 가운데 하나이다. 비록 듀이가 확실히 결과주의자일지라도, 명백하게 공리주의자는 아니다. 그는 공리주의를 거부했다. 왜냐하면 공리주의자들이 주장하는 최대의 선은 오류가 있다고 생각했고, 수단과 목적을 완전하게 분리하는 데 반대했기 때문이다. 듀이에 의하면, 목적은 항상 실현해 가는 목적이지, 최종적인 것이 아니다. 그리고 수단은 무언가를 성취하고 있는 것을 포함하기 때문에 그것은 쉽게 목적과 분리되지 않는다. 그리고 수단은 그와 비슷한 윤리적 분석에 복종해야만 한다.

어떤 학자들은 듀이에게 '실용적 자유주의'라는 꼬리표를 붙인다. 그리고 또 어떤 학자들은 '민주적 공동체주의자'라고도 한다.

전자에 의하면, 듀이가 절차에 대해 주요하게 여긴 점을 중시한다. 그런 동시에 실제 사회 속에서 그들의 노력은 실행되었다고 주장한다. 듀이에 의하면, 정의는 앞서서 일어나는 토의와 숙고의 절차에 의해서가 아니라 결과에서 드러난다. 듀이는 스스로 전체 사회의 계약 전통을 그 사회와 분리했다. 진정으로 그는 그것이 아주 사라지기를 바랐다. '합리적으로 심사숙고된 인간의 행위라기보다는 무례하게 지성화한 감정과 습관이 실제적으로 이제는 비슷해져 버렸고, 다른 어떤 사고들도 심각하게 경제·정치·철학의 기초로서 제공되기가 쉽지 않다!'

후자에 의하면, '민주적 공동체주의자'에 대해, 현재 학자들은 이전의 위계적, 엘리트주의, 배타적 공동체주의자들의 형태와는 구분하는 경향이 있다. 몇몇 공동체주의자들은 사회가 다소 고정되어 있다고 가정하는 오류를 저질렀다. 그들은 이미 인정된 상식적 가치와 전통을 매우 강조하였다. 그와 대조적으로 듀이는 항상 사회의 역동적 관점을 주장하였다. 듀이의 관점에서 사회는 항상 건설되고 있다. 그리고 그것은 민주적 시험을 지나야만 한다. 하나의 민주주의 사회는 완전히 내부적으로 평가될 수는 없다. 우리는 다른 사회와 연결하여 수적으로, 양적으로 평가해야만 한다. 듀이에 의하면, 우리가 처음에 토의했던 것처럼, 사회는 상호 의사소통하고 끊임없는 탐구를 수행한다. 공동체주의자들이나 아리스토텔레스주의의 형태를 띠는 대부분의 철학자들과 교육가들에게서 사회는 전달에 선행한다. 듀이와는 대조적으로 이러한 사상가들은 그들이 효과적으로 의사소통하기 전에 개인에게 사회의 가치와 도덕이 가르쳐져야만 한다고 주장한다. 교육에서 이러한 관점은 대개 상식적인 교육과정을 통한 가치 전이를 위한 권고로 바뀐다.

■ 보살핌의 윤리는 여러 가지 방식에서 듀이의 민주적 공동체주의자들과 모순되지는 않는다. 듀이는 항상 민주주의는 어떤 수준과 관련되어 있다는 사실을 믿었다. 유사하게도, 보살핌의 윤리는 기본적인 인간관계와 함께 이론을 정립하기 시작했다. 사고가 사회적 투기장 속에서 움직임에 따라, 그것은 여전히 실재적 조건과 탄탄하게 연결되고, 실재 개인이 바라는 것 가운데 남아있다. 그것은 보편적이지 못하고, 낯선 세계 밖으로 이전되어 어떤 물음을 던질 수도 있다. 예를 들면, 만약 이것이 나 자신의 아이들 중 하나라면 어떻게 되겠는가? 이러한 따위의 물음은 한결 같이 할 필요는 없지만, 공평하게 대답되어져야 한다. 오히려 그들은 가족 구성원이 여러 다른 성격과 적성, 관심들을 아이들에게 포함시키기 위해 확장하는 사고의 경험을 제안해야만 한다. 이러한 사고 경험에서, 우리는 우리의 상상적 아이들 또는 개인적이고 사회적인 성격의 우리들 자신을 떼어놓

을 수 없다. 그리고 우리는 우리의 권고가 우리의 상황과 위치의 산물임을 인식한다. 게다가 우리는 확실하게 우리의 바깥에 있는 사람을 생각하는 사회적·교육적 권고를 새로이 창조할 수 있다. 우리는 그런 경험 속에서 새로운 목소리에 결합되면서 확장되거나 역전되는 것을 인식한다.

■ 듀이는 비록 체계적 사고 경험을 따르지는 않았을지라도, 그와 유사한 질문을 던졌다.

> '가장 현명한 최선의 부모가 그 자신의 아이를 위해 원하는 것은 사회의 모든 아이들도 원하는 것이어야만 한다. 우리가 학교에 대해 생각할 때, 어떤 사고는 폭이 좁고 좋지도 않으면서 행위 되었다. 그것은 우리의 민주주의를 파괴한다!'

이 구절은 '가장 현명한 최선의' 부모에 대한 물음을 야기한다. 이러한 부모들이 원하는 것은 무엇인가? 게다가 부모가 낳은 또 다른 아이들을 데리고 있다고 가정해 보라. 부모는 그 다른 아이들을 위해 다른 일을 원하지 않을 것인가? 이러한 모든 사고 경험 속에서, 우리는 추상적이지 않기 위해 주의해야만 한다. 그래서 완전하게 모든 실제 인간의 본질을 잃어서는 안 된다. 우리는 '전체화' 또는 우리 자신의 일의 계획에 대해 다른 사람들을 동화시키는 일반화를 저질러서는 안 된다. 그리고 아직 우리는 단지 우리 자신의 이야기만을 말하고, 단지 우리 자신의 관심에만 신경 쓰고, 단지 우리 자신의 가치만을 인식하는 좁고 이기적인 계획으로 우리 사회가 붕괴되기를 원하지는 않는다.

참고문헌

한국교원단체총연합회(1991). **교권사건판례집**. 서울: 한국교원단체총연합회.

고경화(2001). "로크" 연세대학교 교육철학회 편. **위대한교육사상가들** Ⅱ. 서울: 교육과학사.

高樹藩(1974). **正中形音義綜合大字典**. 臺北: 正中書局.

고요한(1989). **교육의 수월성과 평등**. 서울: 학민사.

곽삼근(2006). "인적자원개발에 대한 사회철학적 논의 – 한나 아렌트의 행위하는 인간의 관점에서". 한국평생교육학회. **평생교육학연구**. 12 – 2.

권대봉(1996). **평생학습 사회교육**. 서울: 학지사.

권양이. **원격평생교육방법론**, 공동체, 2020.

金宗西 외(1987). **坪生教育原論**. 서울: 교육과학사.

김경동 외(1997). **한국교육의 신세기적 구상** : 2000년대 한국교육의 방향과 과제. 서울: 한국교육개발원.

김귀성·노상우(2001). **현대교육사상**. 서울: 학지사.

김병옥(1986). **칸트 교육사상 연구**. 서울: 집문당.

김수민. 백선환. **챗 GPT 거대한 전환**. 알에이치코리아, 2023.

김영래(2003). **칸트의 교육이론**. 서울: 학지사.

김용헌(1998). **사회교육과 열린 평생학습**. 서울: 독자와 함께.

김정원(2006). "인적자원개발의 재조명: 개념적 접근". 한국인적자원관리학회. **인적자원관리연구**. 13 – 3.

김정환·강선보(2005). **교육학개론**. 서울: 박영사.

김창환(2004). "헤르바르트" 연세대학교 교육철학회 편. **위대한교육사상가들** Ⅲ. 서울: 교육과학사.

김효근(1999). **신지식인**. 서울: 매일경제신문사.

노진호(2001). "정보화사회에서의 지식과 교육". 교육철학회. **교육철학**. 25집.

뒤르껭. 이종각 역(1978). **교육과 사회학**. 서울: 박영사.

듀이. 이인기 역(1981). **학교와 사회**. 서울: 박영사.

듀이. 이홍우 역(2007). **민주주의와 교육**. 서울: 교육과학사.

마르크스. 김수행 역(2015). **자본론(상·하)**. 서울: 비봉출판사.

마이클 마쿼드·엥거스레널즈. 송경근 옮김(1994). **글로벌 학습조직**. 서울: 한언.

목영해(1994). **후현대주의 교육학**. 서울: 교육과학사.

몬테소리·조성자 역(1990). **교육과 평화**. 서울: 창지사.

문교부(1988). **문교 40년사**.

박영환(1996). **인간과 교육**. 서울: 형설출판사.

뱅크스. 모경환 외 역(2008). **다문화교육 입문**. 서울: 아카데미프레스.

서울대학교 교육연구소(1998). **교육학대백과사전**. 서울: 하우동설.

徐厚道(2003). **教育學通論**. 北京: 北京工業大學出版社.

성기산(2005). **서양교육사연구**. 서울: 문음사.

성낙인(2017). **헌법학**. 서울: 법문사.

세르게이 영. 이진구 옮김. **역노화**. 더퀘스트, 2023.

世界哲學大事典편찬위원회(1972). **世界哲學大事典**. 서울: 성균서관.

손인수(1987). **교육사 교육철학 연구**. 서울: 문음사.

스펜서. 유지훈 옮김(2019). **무엇을 가르칠 것인가**. 서울: 유아이북스.

신창호(2003). "교육이념으로서 홍익인간에 대한 비판적 검토". 안암교육학회. **한국교육학연구**
9 - 2.

신창호(2005). **교육학개설**. 고양: 서현사.

신창호(2005). **인간 왜 가르치고 배우는가**. 서울: 서현사.

신창호(2012). **교육이란 무엇인가**. 서울: 동문사.

신창호(2015). **교육철학 및 교육사**. 박영스토리.

신창호(2016). **민주적 삶을 위한 교육철학**. 서울: 우물이있는집.

신창호(2016). **배려**. 서울: 고려대학교출판문화원.

신창호(2017) **한국교육 무엇을 고민해야 하는가**. 서울: 박영스토리.

신창호(2018). **논어의 지평**. 서울: 우물이있는집.

신창호(2018). **존 듀이 교육학의 원류를 찾아서:「나의 교육 신조」독해**. 서울: 우물이있는집

아리스토텔레스. 천병희 역(2009). **정치학**. 서울: 숲.

아리스토텔레스. 천병희 역(2013). **니코마코스 윤리학**. 서울: 숲.

안기성(1988). 헌법과 교육. **교육법학연구**. 창간호.

안기성(1989). **교육법학연구**. 서울: 고려대출판부.

안기성(1994). 평등에 관한 교육법 해석학. **교육법학연구**. 제6호.

안기성(1995). 교육의 전문성과 자주성에 관한 교육법 해석학. **교육법학연구**. 제7호.

에릭 프롬. 박병진 옮김(1986). **소유냐 존재냐**. 서울: 육문사.

오인탁(2001). **파이데이아**. 서울: 학지사.

오천석(1973). **발전한국의 교육이념 탐구**. 서울: 배영사.

오춘희(2001). "코메니우스". 연세대학교 교육철학회 편. **위대한교육사상가들 II**. 서울: 교육과
학사.

유네스코 21세기 세계교육위원회 편(1997). **21세기 교육을 위한 새로운 관점과 전망**. 서울: 오름.

유현숙 외(1999). 지식기반사회에서의 학교교육 정책 방향과 과제. 서울: 한국교육개발원.

윤정일 외(1999). **교육행정학원론**. 서울: 학지사.

윤종록(1998). 21세기형 인재육성에 관한 연구. **지역개발연구** 99.

이계학(1994). 연구문제. 이계학 외. **한국인의 전통가정교육사상**. 성남: 한국정신문화연구원.

이규호(1977). **교육과 사상**. 서울: 배영사.

이만규(1947). **조선교육사**. 서울: 을유문화사.

이문원(2002). **한국의 교육사상가**. 서울: 문음사.

이상희(1997). 정보화시대 학교와 교사의 역할. 크리스챤 아카데미 편. **정보화시대 교육의 선택**.
서울: 대화출판사.

이옥화(1996). 정보사회의 학교교육. **정보사회와 윤리**. 서울: 아산사회복지사업재단.

이종태 외(2000). 한국교육 위기의 실태와 원인 분석. 서울: 한국교육개발원.

이형행(1993). **교육학개론**. 서울: 양서원.

이홍우(1991). **교육의 개념**. 서울: 문음사.

임태평(2000). **플라톤 철학과 교육**. 서울: 교육과학사.

정범모(1994). **교육과 교육학**. 서울: 배영사.

정순목 · 김인회(1982). **교육이란 무엇인가**. 서울: 대은출판사.

정영근(1999). **교육과 인간의 이해**. 서울: 문음사.

정우현(1988). **교사론**. 서울: 배영사.

조용개(2008). **생태학적 삶을 위한 환경윤리와 교육**. 파주: 한국학술정보.

주삼환(2000). **지식정보화 사회의 교육과 행정**. 서울: 학지사.

최혜영(2004). **그리스 문명**. 서울: 살림출판사.

칸트. 김영래 옮김(2003). **교육학강의**. 서울: 학지사.

칸트. 백종현 역(2018). **교육학**. 서울: 아카넷.

칸트. 조관성 역(2007). **교육학 강의**. 서울: 철학과현실사.

코메니우스. 김은권·이경영 편역(1998). **세계도회**. 서울: 교육과학사.

플라톤. 박종현 역(2005). **국가·정체**. 서울: 서광사.

플라톤. 최광열 역(2014). **플라톤의 국가**. 서울: 아름다운날.

피터스. 이홍우 역(1994). **윤리학과 교육**. 서울: 교육과학사.

한국교원단체총연합회(1997). 교원의 사회적·경제적 지위에 관한 교원 인식 조사. 서울: 한국
　　교원단체총연합회.

한국교육개발원(2008). 세계의 인재교육과 인재정책 포럼 자료집.

한글학회(1992). **우리말큰사전 4 옛말과 이두**. 서울: 어문각.

한스 쇼이얼. 이종서·정영근·정영수 옮김(1993). **교육학의 학문적 성격**. 서울: 양서원.

허친스. 조희성 옮김(1996). **대학이란 무엇이며, 무엇을 위한 대학교육인가?** 서울: 학지사.

헤르바르트. 이근엽 역(1988). **일반교육학**. 서울: 연세대출판부.

홍후조(2002). **교육과정의 이해와 개발**. 서울: 문음사.

후쿠야마. 이상훈 옮김(1995). **역사의 종말**. 서울: 한마음사.

화이트헤드. 오영환 역(2004). **교육의 목적**. 서울: 궁리.

화이트헤드. 유재덕 역(2009). **교육의 목적**. 서울: 소망.

P. H. Phenix(1958). *Philosophy of Education*. New York: Holt, Rinehart and Winston.

UNESCO(1947). *Fundamental Education*. N.Y: Macmillam Co.

저자약력

신창호(申昌鎬)
현) 고려대학교 교육학과 교수

주요 학력
고려대학교 학사(교육학/철학)
한국학중앙연구원 석사(철학)
고려대학교 박사(Ph. D, 교육철학 및 교육사학)

주요 경력
고려대학교 입학사정관실장/교양교육실장/교육문제연구소장/평생교육원장
한국교육철학학회 회장/한중철학회 회장/한국학중앙연구원 이사/중국형수학원 특빙교수

주요 논저
≪한국교육 무엇을 고민해야 하는가≫(1·2), ≪한국교육사의 통합적 이해≫, ≪교육철학≫, ≪교육철학 및 교육사≫, ≪교육과 학습≫, ≪수기, 유가 교육철학의 핵심≫, ≪유교의 교육학 체계≫, ≪율곡 이이의 교육론≫, ≪세계 종교의 교육적 독해≫, ≪톨스토이의 서민교육론≫, ≪존 듀이 교육학의 원류를 찾아서≫, ≪사서－한글 논어/맹자/대학/중용≫(역), ≪논어의 지평≫, ≪배려≫, ≪관자≫(공역), ≪주역절중≫(공역) 외 100여 편.

연구 관심
고전(古典)의 현대 교육학적 독해

이메일: sudang@korea.ac.kr

제2판
네오 에듀케이션 – 시대정신에 부합하는 교육학 창조 –

초판발행   2019년 8월 23일
제2판발행   2024년 2월 15일

지은이   신창호
펴낸이   노 현

편 집   배근하
표지디자인   BEN STORY
제 작   고철민·조영환

펴낸곳   ㈜ 피와이메이트
               서울특별시 금천구 가산디지털2로 53 한라시그마밸리 210호(가산동)
               등록 2014. 2. 12. 제2018-000080호
전 화   02)733-6771
f a x   02)736-4818
e-mail   pys@pybook.co.kr
homepage   www.pybook.co.kr
ISBN   979-11-6519-457-4 93370

정 가   23,000원

박영스토리는 박영사와 함께하는 브랜드입니다.